実践 知的財産法
● 制度と戦略入門

木棚照一 編 Shoichi Kidana
浅野 卓・石田正泰・中山真里・菱沼 剛 著
Takashi Asano, Masayasu Ishida, Mari Nakayama & Takeshi Hishinuma

法律文化社

はしがき

　本書は，知的財産法を基礎からできる限り具体的にわかりやすく解説し，同時に，知的財産をどのように創成し，権利化し，活用するのが最も経営資材としての知的財産を活かすみちであるかなど，いわゆる知的財産戦略を考えるきっかけを与えることを目指した入門書である。人の知的活動から生じる価値のある財産は，法律学の観点から取り扱われることが多いように思う。しかし，そのほか様々な学問の観点から扱うことができる。そのなかで，本書では経営学的視点から知的財産を扱う見解に着目して，この見解をできる限り取り込んで知的財産の入門書を企画した。このような企画を立てるに至ったのは次の3つの事情からである。

　まず，知的財産の研究をめぐる環境変化に着目する必要があると考えた点である。私は，日本で山田鐐一，桑田三郎両教授の下で知的財産法を学んだ後，1979年1月から1980年9月にかけて当時の西ドイツのミュンヘン市にあったマックス・プランク無体財産法研究所に留学する機会を得た。この分野で世界的な水準にある研究所でバイアー (Prof. Dr. F. K. Beier) 所長, ラーン (Dr. G. Rahn) 主任研究員の指導の下で, 世界の諸国から集められた若い研究者と交流し，大きな刺激を受けた。帰国後，北川善太郎教授の（後に，京都比較法研究所という財団法人になった）研究会や紋谷暢男教授が中心となっておられた発明協会の研究会などに参加させていただき，実質法的な研究にも若干足を踏み入れた。ところが，2015年3月に上記の研究所を訪れてみると，研究所の看板に「イノヴェーション」という文字が付け加えられていた。これは，経済・経営分野の学問からの知的財産に関するアプローチも念頭におき，場合によってはそれと対峙することを通じて，従来行ってきた法学的研究をさらに進め，それによって新たな社会的な要請に対応しようとする試みとみることができる。わが国の学問状況をみても知財専門大学院の研究，教育にも類似の傾向をみることができる。本書の執筆者の石田正泰氏と浅野卓氏は，知的財産法の専門家であるが，同時に知財経営学の研究者でもある。本書の特徴の1つは，知財に関

する経営学的な視点を盛り込んでいるという点にある。それが，知的財産といろいろな形で接点をもっている社会人や今後接点をもつことになるであろう学生にとっても有益であろうと考える。

　次に，この企画の基礎となったのは，これまで4年間私が勤めてきた名古屋学院大学の地域志向教育研究（COC）に参加し，知的財産を名古屋市や愛知県の地域活性化に活かそうとしたことであった。COC自体は文部科学省のプロジェクトの一環であり，大学の所在する名古屋市熱田区を中心とした地域活性化を研究するとともに，それを教育実践にも活かしていこうとするものである。これは，地域商業まちづくり，歴史観光まちづくり，減災福祉まちづくりの3つの分野に分かれ，その範囲はきわめて広く，多様である。私たちの企画は，「アイデアからの地域活性化とビジネス創出」(2014年度)，「地域に根差す企業のための知財戦略とビジネスモデル」(2015年度)，「地域から世界に羽ばたく中小企業のための知財経営」(2016年度)というテーマで年4回の講演会，研究会を行うことであった。早稲田大学時代から知り合っており，このような研究の経験をもつ浅野氏を共同研究者に選んで研究を開始した。私がモデレータとなり，浅野氏が主として講演し，質疑応答の時間をできる限りたっぷりとり，参加者からアンケートなども取って講演内容が参加者の要望に応えるものになるように工夫した。第5章を執筆していただいた石田氏は，浅野氏の東京理科大学専門職大学院における恩師であり，2015年度の講演者の1人である。本書は，このような経験を活かし，2016年度の地（知）の拠点整備事業，地域施行教育研究の成果の1つとして公表するものである。知財を地域活性化に活かすという観点からも，本書を利用していただければ，企画者としてこれに過ぎる悦びはない。

　最後に，本書は，知的財産法を法学部の2単位科目として講義し，または，経営学部その他の学部で2単位の知的財産に関する講義をするのに使いやすい教科書を提供することを目指して企画された。私は，これまで知的財産法の講義をした経験がまったくないわけではないが，本来国際私法学を中心に研究してきた者であるから，2単位科目の知的財産法を講義した経験がなかった。既刊のどの教科書を使用するか非常に迷った。その中で最も良いと思われるものを選んで教科書に指定したが，学生にとって少し難しすぎるようで，説明のた

めの資料やレジュメを配布するなどよりわかりやすくする工夫をしなければならなかった。その際に，早稲田大学法学研究科博士課程における私の指導学生であった中山真里氏の大阪経済大学でのパワーポイントの資料を参考にさせていただいた。本書の執筆者として中山氏に加わっていただいたのは，そのこととも関連する。「知的財産と国際関係」の章については，日本の特許庁，ジュネーヴの世界知的所有権機関（WIPO），ニューヨークの国連本部でも勤務経験を積まれ，2017年度から私の後任として名古屋学院大学の法学部知的財産法担当教授に赴任された菱沼剛氏に執筆を依頼した。

　これらによって本書が知的財産に興味をもつ学生や社会人にわかりやすく，親しみやすいものになったかどうかは，私には現時点ではわからない。この種の書の執筆には，執筆者間の十分な討論や打ち合わせが不可欠である。ところが，種々の事情から執筆内容の執筆者全員による検討や調整をする機会をもつことができなかった。その点では不十分ではなかったかという不安が残る。本書が多くの人に読まれ，教科書等として使われることを期待している。

　本書の刊行にあたり企画段階から最終校正に至るまで法律文化社の田靡純子社長に懇切なご配慮を賜わった。心からお礼を申し上げる。

2017年3月1日　　木棚　照一

目　次

はしがき

第1章　知的財産法概説 ——————————————— 1
1. 知的財産とその保護について　1
   知的財産とは　　保護の理由：自然権論と報奨説　　法的な保護
2. 知的財産保護の必要性と知的財産保護戦略　4
3. 知的財産権の種類と効力　8
4. 知的財産保護強化と知的財産権の活用　10

第2章　特許法(1)：客体，特許要件 ——————————— 12
1. 特許制度概説　12
   特許制度の沿革　　特許制度の意義
2. 特許法上の発明とその例　15
   特許権の客体(保護対象)としての発明　　発明の具体的記載　　発明の種類
3. 発明の要件　18
   自然法則の利用　　技術的思想　　創作性　　高度性
4. 特許を受けるための要件　20
   産業上の利用可能性　　新規性　　進歩性　　公序良俗または公衆衛生を害するおそれのある発明でないこと(32条)　　先願であること　　明細書の記載が規定どおりになっていること

第3章　特許法(2)：発明者(職務発明を含む)，出願手続，審査・審判 ——— 27
1. 特許を受けることができる者　27
   発明者主義　　特許を受ける権利　　出願人の資格　　共同発明　　冒認出願　　職務発明
2. 出願手続　33
   特許出願の手続の流れ　　出願書類　　出願の単一性　　出願の効果　　特殊な出願　　国際的な出願　　出願公開　　補正

③ 審査および審判　45
　　審査　　審判

第4章　特許法(3)：特許権侵害 ─────────── 47
① 特許権の効力と特許権侵害　47
　　特許権の効力　　特許権侵害
② 特許権侵害の種類　49
　　文言侵害　　均等論による侵害　　間接侵害
③ 民事的救済　52
　　権利者の請求権　　侵害主張に対する抗弁
④ 刑事罰　55

第5章　特許法(4)：ライセンス，独占禁止法，営業秘密 ─── 56
① ライセンス　56
　　ライセンス契約とは何か　　ライセンス契約の役割　　まとめ
② 独占禁止法　60
　　契約自由の原則とは　　知的財産ライセンス契約と独占禁止法21条　　独占禁止法の規制対象　　法的措置（エンフォースメント）　　まとめ
③ 営業秘密　64
　　営業秘密とは何か　　不正競争防止法による営業秘密の保護　　営業秘密・ノウハウの管理　　営業秘密・ノウハウの活用　　まとめ

第6章　実用新案法 ──────────────────── 69
① 実用新案権の保護とその推移　69
　　実用新案権とは何か　　実用新案権の沿革と動向
② 実用新案権の登録要件　71
③ 実用新案登録出願の手続　71
　　出願書類　　審査　　補正　　特殊な出願
④ 実用新案権の効力　75
　　実用新案権の効力　　効力の制限　　実用新案技術評価書　　無効審判　　訂正
⑤ 実用新案権の活用　78

　　　　　　法定実施権　　裁定実施権
　　6　実用新案権の侵害　79
　　　　　　侵　害　　権利者からの請求権　　侵害主張に対する抗弁　　刑事罰

第7章　意 匠 法 ──────────────────── 84

　　1　意匠制度概説　84
　　2　意匠登録の要件　86
　　　　　　新規性　　創作非容易性　　工業上の利用可能性　　不登録意匠　　先願性
　　3　出願・審査・審判　90
　　　　　　出　願　　審　査　　審　判
　　4　意匠権の登録と効力　91
　　　　　　意匠権の登録　　意匠権の効力
　　5　侵害・救済方法　94
　　　　　　権利者の請求権　　侵害主張に対する抗弁　　刑事罰

第8章　商標法(1)：概説，登録要件，登録手続 ─────── 99

　　1　商標法概説　99
　　　　　　商標法の沿革　　商標法の機能　　商標とは何か
　　2　商標の登録要件　102
　　　　　　商標の使用意思　　商標の積極的登録要件　　商標の消極的登録要件
　　3　団体商標，地域団体商標，防護標章の登録　106
　　4　商標登録出願，審判と審判請求制度　107

第9章　商標法(2)：商標権の効力，商標および商品・役務の類似の基準，侵害および活用 ── 111

　　1　商標権とその効力　111
　　2　商標および商品・役務の類似の基準　112
　　　　　　商標の類似　　指定商品，役務の類似
　　3　商標権侵害　115
　　4　商標権侵害の主張に対する対抗措置　116
　　　　　　商標権侵害訴訟における抗弁　　並行輸入の抗弁：パーカー事件　　先使用
　　　　　　の抗弁

目　次　vii

⑤ 商標権の活用　120

第10章　不正競争防止法 ———————————————— 122

① 不正競争防止法概説　122

　不正競争防止法の沿革　　法で定められた不正競争行為

② 不正競争行為の種類（2条1項）　123

　商品・営業主体混同行為（1号）　　著名商品等表示の無断使用行為（2号）　　商品形態の模倣，頒布行為（3号）　　営業秘密の不正取得・使用・開示行為（4号〜10号）　　技術的制限手段の回避装置提供行為（11号，12号）　　ドメイン名の不正取得・保有・使用行為（13号）　　原産地・品質等の誤認惹起行為（14号）　　信用毀損行為（15号）　　代理人による商標の不正使用行為（16号）

③ 不正競争行為の救済方法　130

　民事上の救済　　刑罰規定

④ 適用除外（19条）　132

第11章　著作権法(1)：目的・構造，著作物，著作者の権利 ———— 134

① 著作権法の目的と構造　134

② 著　作　物　136

③ 著作者の権利：総論　138

　著作者の権利とは　　保護期間の始期　　保護期間の終期　　著作者の権利の譲渡　　公衆とは

④ 著作者人格権　142

　概　要　　公表権　　氏名表示権　　同一性保持権と「不行使特約」　　名誉・声望保持権

⑤ 著作財産権　143

　概　要　　複製物を作ることに係る権利　　複製物を使わずに公衆に伝えること（提示）に係る権利　　複製物を使って公衆に伝えること（提供）に係る権利　　二次的著作物の創作・利用に係る権利と「譲渡契約における特掲」　　商品化権

第12章　著作権法(2)：著作者，著作者の権利の侵害 ——————— 149

① 著　作　者　149

　概　要　　職務著作　　映画の著作物　　具体的帰結と職務発明との比較

② 著作者の権利の侵害　152

　　　　著作者人格権の侵害の要件　　著作財産権の侵害の要件　　依拠性と類似性
　　　　所有権との関係　　契約の対価　　侵害の救済手段
　　3　著作財産権のライセンス　157
　　　　概　要　　出版権　　二次的著作物・編集著作物・データベースの著作物の
　　　　場合
　　4　著作財産権の制限　159
　　　　概　要　　私的使用のための複製　　付随対象著作物の利用　　引　用

第13章　著作権法(3)：著作隣接権，著作権法以外の保護 ——— 163

　　1　著作隣接権者　163
　　2　著作隣接権　164
　　　　著作者の権利との関係　　著作隣接権とは　　保護期間　　著作隣接権の譲
　　　　渡
　　3　著作隣接権の侵害　167
　　　　実演家人格権の侵害の要件　　許諾権としての著作隣接権の侵害の要件
　　　　侵害の救済手段
　　4　著作権法以外の保護　170
　　　　概　要　　特許法による保護　　意匠法による保護　　不正競争防止法によ
　　　　る保護　　氏名・肖像権およびパブリシティ権
　　5　現代的課題：間接侵害　173
　　　　問題の所在　　カラオケ法理とその展開　　直接侵害惹起の予備的・幇助的
　　　　行為

第14章　農林水産業と知的財産：種苗法，地理的表示法 ——— 176

　　1　農水知財の意義　176
　　2　種苗法1：目的と保護対象　177
　　3　種苗法2：出願と品種登録　177
　　　　品種登録の手続　　登録要件
　　4　種苗法3：育成者権　179
　　　　存続期間と効力　　カスケイドの原則　　育成者権の侵害
　　5　地理的表示法1：目的と保護対象　184
　　6　地理的表示法2：概要と特徴　184
　　　　制度の概要　　地域団体商標との比較にみる本質的特徴　　ブランド・エク

　　　　　イティの効率的な蓄積　　グッド・ウィルの生産地への帰着
　7　地理的表示法3：申請と特定農林水産物等登録　188
　　　　　登録の手続　　登録要件　　申請書類

第15章　知的財産と国際関係　——————————　192
　1　国際的保護の原則　192
　2　多国間条約と国際機構　193
　　　　　多国間条約　　知財国際機構の概要・役割　　世界的課題と知財との関連性
　　　　　の深まり　　非拘束的枠組み
　3　地域および二国間協定　201
　4　国際的知財紛争　203

第16章　ブランド戦略　——————————　205
　1　コモディティ化の要因　205
　2　ブランド戦略の概要　206
　　　　　ブランド戦略の歴史　　ブランド戦略と商標戦略の関係
　3　価値の変遷　210
　4　価値の4分類　211
　　　　　概要　　モノの機能的価値(①の価値)　　モノの感性的価値(②の価値)
　　　　　コトによる機能的価値(③の価値)　　コトによる感性的価値(④の価値)
　　　　　戦略的経験価値モジュール　　ブランド・ビルディング・フレームワーク
　5　事業経営におけるブランド戦略および知財戦略の位置づけ　216
　　　　　ブランド戦略と知財制度の関係　　価値の3原則

第17章　知財戦略(1)：保護対象と存続期間の戦略　——————　219
　1　知財戦略の3つの軸　219
　　　　　知財制度の要点　　知財戦略の3つの軸　　事業分野と知財戦略の3つの軸
　2　保護対象(価値)に係る戦略　223
　　　　　特許群(権利群)ポートフォリオ　　意匠の3次元的保護　　経験経済への移
　　　　　行　　知的財産ミックス・地域価値ミックス　　時系列を意識した知的財産
　　　　　ミックス
　3　存続期間に係る戦略　228
　　　　　ライフサイクル・マネジメント　　マーケット・シフト　　クオーツ式腕時

計におけるマーケット・シフトおよび特許権の有効性

第18章　知財戦略(2)：収益機会の戦略 ──────── 235

1. 知的創造サイクル　235
    知的創造サイクル　知的創造サイクルの逆回し
2. 必須特許戦略　236
3. オープン・クローズ戦略　237
    社会構造の変化　オープン・イノベーション　オープン・クローズ戦略　ライセンス類型　戦略的標準化の類型
4. 三位一体の事業経営　244
    知財経営モデル　三位一体の事業経営　要所技術の条件　国際斜形分業
5. オープン・クローズ戦略の展開　248
    オープン・クローズ・モデルの特徴　複数知財の使い分けの側面を発展させたモデル　オープンの側面を発展させたモデル　中核知財と収益の源泉を分離させたモデル　知財の新しい活用方法を提示するモデル　まとめ

索　引

図表一覧

第1章
図1　権利侵害に関する図　3
第3章
図1　特許出願の手続の流れ　35
図2　特許出願の願書の書式　36
第5章
図1　ライセンス契約概念図　56
表1　ライセンス契約のキーポイント　56
図2　知的財産法と独占禁止法　62
第6章
図1　実用新案登録出願の手続の流れ　72
図2　実用新案登録出願の願書の書式　73

図3　実用新案技術評価請求書の書式　76
第7章
図1　意匠登録出願の手続の流れ　89
第8章
図1　商標登録出願の手続，審判手続の流れ　109
第9章
図1　商標権の効力　112
第11章
図1　著作権法の構造　134
図2　著作者の権利と著作隣接権の関係　136
図3　排他的独占権をめぐる法律関係　139

図4 保護期間の計算方法 141
表1 著作権法上の公衆 142
図5 著作者の権利・著作隣接権の構造 144
図6 特許発明の実施の構造 145
図7 公衆送信に関連する概念 146

第12章
図1 著作者の権利の帰属 150
表1 著作者人格権および著作財産権の帰属 152
表2 特許を受ける権利の帰属 152
図2 複製物・二次的著作物と同一・類似の関係 154
表3 特許権のライセンスと著作財産権のライセンス 157
図3 二次的著作物等のライセンス 159
表4 著作財産権の制限 160

第13章
表1 著作隣接権 165
表2 著作隣接権の保護期間 166
図1 ワンチャンス主義 168
表3 著作隣接権侵害の救済手段 169
図2 不正競争防止法による著作権法の補完 171
表4 氏名・肖像等に係る権利 172

第14章
図1 品種登録の流れ 178
図2 品種登録要件の関係性 179
図3 育成者権の効力と複製権・翻案権の効力 180
図4 従属品種・交雑品種の利用と二次的著作物の利用 181
図5 カスケイドの原則 182
表1 品種の利用 183
表2 地理的表示法上の農林水産物等 184
図6 地理的表示の付着方法 185
図7 特性と生産地の結びつき 187
図8 登録の手続 188
図9 主な申請書類の関係 191

第16章
図1 ブランド・エクイティ 207
表1 ブランド戦略のターニングポイント 208
表2 価値の変遷 211
表3 価値の4分類 212
図2 ブランド・ビルディング・フレームワーク 216
図3 ブランド戦略と知財制度の関係 217

第17章
表1 知財法と保護対象 220
図1 知財戦略の3つの軸 222
表2 事業分野と知財戦略の3つの軸 222
図2 意匠の3次元的保護 224
図3 知財権法と不競法 225
表3 不競法による知財法の補完 225
図4 時系列による意匠の知財ミックス 227
図5 時系列による営業標識の知財ミックス 227
図6 ライフサイクル・マネジメントと特許権の有効性の限界 229
図7 腕時計の市場動向と知財戦略 232

第18章
図1 知的創造サイクル 235
図2 知財情報解析を組み込んだマーケティングに基づく必須特許の研究開発 237
図3 実施の自由度と投資の大小 238
図4 専用実施権のイメージ 241
図5 通常実施権のイメージ 241
図6 ライセンスの形態 242
表1 戦略的標準化の類型 243
図7 知財経営モデル(三位一体の事業経営) 245
図8 国際斜形分業 247
表2 オープン・クローズの対象と収益の源泉 248
図9 収益に係る知財戦略モデルの変遷 250

第1章 知的財産法概説

1 知的財産とその保護について

　知的財産法を一言でいえば，知的財産の保護を規律する法ということができる。それでは，知的財産とはどのようなものをいうか？知的財産はなぜ保護されなければならないのか？知的財産の法的保護にどのようなものがあるか？に疑問を持つであろう。まず，それらの点から考えてみよう。

(1) 知的財産とは

　人の知的活動によって生じる無体の財産的価値のある成果物を知的財産という。知的財産基本法（平成14年12月4日法律第122号）2条1項は，「発明，考案，植物の新品種，意匠，著作物その他の人間の創造的活動により生み出されるもの（発見又は解明がされた自然の法則又は現象であって，産業上の利用可能性があるものを含む。），商標，商号その他事業活動に用いられる商品又は役務を表示するもの及び営業秘密その他の事業活動に有用な技術上又は営業上の情報をいう」と定義している。

　これは次の3種類に分類することができる。第1に，人の知的創作活動から生じる発明，考案（小発明），物品の形状・文様・色彩などに関する意匠，植物新品種，半導体の集積回路配置，技術的な秘密情報（ノウハウ）である。第2に，文芸，学術，美術，音楽の著作物，実演家の実演放送などがある。第3に，人の知的活動の結果得られる信用を保護する営業標識があり，商品や役務の標関する商標，ロゴマークやTシャツのワンポイントマーク，地理的表示がある。第1と第2の知的財産は人の知的な創作活動の成果物である点は共通するが，第1のものは産業上利用することができるアイデアないしその成果についての情報を価値の本体とするのに対し，第2のものは文芸，学術，美術，音楽などの表現を価値の本体とする点で異なる。第3の営業標識は，人の知的創

作物ではないので，それが使用され，識別作用や顧客吸引力を有することによって初めて価値が生じるのである。

（2）保護の理由：自然権論と報奨説

このような知的財産が権利として保護されなければならない理由をどのように説明するかについては，自然権論と報奨説の対立がみられる。前者には，人がその労働によってつくりだしたものを所有するという労働所有説（ジョン・ロック）と，人がその自由意志による人格ないし精神の表出物としてその創作した無体物を所有するという精神的所有権論（ヘーゲル）とがある。自然権論は，知的財産権を保護するための理論として一定の役割を果たしてきたことは否定できない。しかし，知的財産権は他者の行動の自由を直接制約する権利であるから，ロックの前提とした自己所有の原理によっては十分説明することはできない。また，知的財産権は他者の自由意志の表出である権利行使と衝突するから，自由意志の表出という点のみから知的財産権を根拠づけることは困難である（例えば，田村善之「知的財産法政策学の試み」知的財産法政策学研究20号〔北海道大学大学院法学研究科，2008年〕1頁以下参照）。

現在では，報奨説に立って，知的財産権の正当化根拠を権利者自身の利益保護というよりも，それが社会全体の利益に役立つという政策的観点をいれて説明するのが支配的である。つまり，人の知的活動によって創作された知的財産を誰でも勝手に使用することができるとすると，知的財産を創出しようとする者が減少し，または知的財産を創出した者が秘匿化するために，産業や文化の発展が促進されず，社会全体として不利益を被ることになるからである。

（3）法的な保護

このように産業や文化の発展を促進するためには，知的財産を法的に保護しなければならないが，その保護のあり方にはいくつかの方法が考えられる。まず，知的財産について特別な保護を与えず，不法行為に関する一般規定である民法709条以下の損害賠償請求によって保護する方法である。次に，特定の類型の行為を法的に規制し，損害賠償請求のほか差止請求を認める方法（行為規制による方法）である。例えば，不正競争防止法上の他人の周知ないし著名表

示の使用行為,他人の商品形態の模倣行為,営業秘密の不正利用行為が規制されているのはその例である。

さらに,知的財産について排他的な独占権利を付与する方法である。この方法によるもので,産業財産権については,出願,登録手続を経て権利対象が公示される。そのうち,特許権,意匠権,商標権については法定の保護要件が欠けているかを審査する制度があり,審査により拒絶理由が見出せない場合にのみ登録が認められ,これによって権利保護の安定性を保障しようとしている。それに対して実用新案権については,方式審査のみを行い実体的な保護要件の審査は行われず,迅速な登録に重点がおかれている。いずれの場合においても,第三者が公示された保護対象と同一または類似のものを権利者に無断で使用すると侵害となり,そのような行為は排除されることになるので,絶対権と呼ばれる。

また,著作権,著作隣接権については,著作物等の完成とともに無方式で発生し,権利者がその表現を侵害者が真似たことを証明することによって初めて排他性が働き,侵害行為を排除することができるので,相対権といわれることがある。

図1　権利侵害に関する図

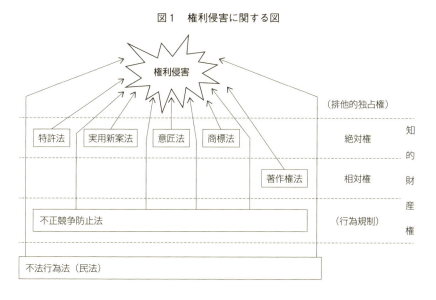

第1章　知的財産法概説　　3

知的財産保護において，このように，行為規制として保護する場合，無方式により保護する場合，出願から登録に至る一定の方式を要件として保護する場合があり，排他的効力に強弱がある。新しい知的財産が生じた場合はまず行為規制による保護から進めるべきであり，徐々に排他性を強めた保護に発展させていくべきだとする議論もある。知的財産権の成長過程的な捉え方は理論的なアイデアとして興味深い。しかし，知的財産権の保護の発展史をみても，必ずしもこれを裏づけることはできない。むしろ，知的財産にどのような保護を与えるかは，知的財産の性質，保護の目的，根拠などを考慮して権利者の利益の必要性と社会全体の利益をどのように調整するのが適切かという観点から決定されるべきであろう。

2 知的財産保護の必要性と知的財産保護戦略

　知的財産は技術思想や営業標識，創作的表現などのような無体物であるだけに，その内容を知れば，競争業者により比較的容易に模倣できる特性，つまり，誰でも，何時でも，何処でも，権利者から占有を奪うことなく利用できる性質（ユビキタス性）をもつ。知的財産に対する模倣を安易に認めてしまうと，開発費用や労力をかけて創作する意欲を減殺し，文化や産業の発達にも影響し，社会全体に多大な損害を及ぼす危険がある。
　日本は，明治維新以降，欧米の文明を取り入れ産業や文化を発達させ，国民の生活の向上に役立てるために，比較的早くから特許制度を導入し活用してきた。新技術の開発が日本の産業の発達の基礎となったことは次の例からも明らかである。

【例1】豊田佐吉の世界最初の動力による自動織機の発明
　1867年遠州国敷知郡（ふちのごおり）山口村（現，静岡県湖西市）に生まれた豊田佐吉は，1885（明治18）年の専売特許条例に刺激され，発明に一生をささげることにより人の役に立ちたいと考えるようになった。佐吉の生まれ育った地方は遠州木綿の産地として知られていたが，佐吉は村の農家で使われていた手織（てばた）に興味をもち，能率の悪い手織を改良することを思いつき，大工仕事のかたわら発明に没頭し，1890年東京の上野へ行き，「第3回国内勧業博覧会」に出品の機械の構造を正しく理解するため

に1カ月間連日会場に通った。その年の秋「豊田式木製人力織機」を完成し、翌年に初めての特許を取得した。これは、これまで両手で織っていたものを片手で織れるように改良したもので、織りムラが生じず品質の向上に役立ち、作業能率が4～5割向上したといわれる。現在の東京都台東区にこの機械を採り入れた織布工場を開業し、その織布は好評であったが、1年で工場を閉鎖し、豊橋の叔父や佐吉の支援者であった石川藤八の家に住み込みながら動力織機の研究を開始した。

佐吉は、1896年に日本初の蒸気機関を使用した豊田式木鉄混製動力織機を完成させ、98年8月に「織機」の特許を取得した（特許第3173号）。さらに、動力源も工夫するなど研究に没頭して、1903年に豊田式鉄製自動織機（T式）を発明した。これは、機械を止めないで横糸を自動的に補充する自動杼換（ひがえ）装置を装備した世界で最初の無停止杼換式自動織機であった。しかし、この製作と試験を他人に任せたこともあって性能試験の結果は芳しいものではなかった。佐吉はその改良発明に努め、1905（明治38）年に縦糸の送り出し装置を備えた豊田式38年式織機を、さらにその翌年に38年式を改良し能率と織物品質を高めた豊田式39年式織機を完成させた。1907年、三井物産の勧めにより、東京、大阪、名古屋の有力財界人の資金提供を得て豊田式織機株式会社（現、豊和工業株式会社）が設立され、佐吉は常務取締役技術部長に就任し発明研究を続けた。1910年、同社が業績不振に陥ると、佐吉は同社の常務を辞職して米国、英国への視察旅行に出かける。ニューヨークでタカジアスターゼの発明などで知られる高峰譲吉博士を訪れ、「発明者は、その発明が実用化されて社会的に有用な成果が得られるまでは決して発明品から離れてはならない。それが発明者の責任である」と激励される。

佐吉は、1923（大正12）年豊田紡織刈谷試験工場を建設し、そこで営業試験を重ねて、24年に無停止杼換式豊田自動織機（G型）を完成した。これは、生産性や織物品質の点でも世界一の性能を発揮したといわれている。佐吉が生涯で取得した日本の権利は、特許権40件、実用新案権5件の計45件にのぼった。また、日本特許8件を海外19カ国に出願し、計62件の外国特許権を取得した。佐吉は、最もよく特許制度を利用し、成功した一人といわれている。

【例2】御木本幸吉の世界最初の円形真珠養殖法の成功

御木本幸吉は1856年志摩国鳥羽浦大里町（現、三重県鳥羽市）のうどん屋「阿波幸」の長男として生まれ、幼名を吉松といった。祖父の吉蔵は先見性に富んだ商人であって一代で財をなしたが、父の音吉は商売より機械の改良発明に興味があり、祖父の遺産のほとんどを食いつぶしていた。吉松は13歳でうどん屋のほか青物の行商を始めて元手をつくり、18歳のとき米穀商を始めた。20歳で家督を継いで幸吉と名乗り、「海の国では海の物を商うべき」と宣言し、海鮮取引を手がける。そのなかで幸吉は、天然真珠を生み出す真珠貝が乱獲され、絶滅の危機に瀕していることに衝撃を受けて、勝海舟らと長崎の海軍伝習所で学んだ海洋測量の第一人者であった柳楢悦に相談し、英虞湾での真珠貝と真珠の養殖を決意する。ところが、真珠を人間の手で作り出すということはきわめ

て難しく，リスクの多い試みであった。真珠は，真珠貝の体内に入った砂粒や寄生虫などが刺激となって真珠核が分泌され，それを核として真珠が形成される。しかし，その確率はきわめて低く，100個から1000個の真珠貝から一粒出てくるかどうかであり，それも必ずしも宝石的価値を有するとは限らず，しかも，貝を開けた時点で貝は死滅する。

1890（明治23）年，32歳になった幸吉は，「第3回国内勧業博覧会」に真珠貝と真珠を出品し，審査官であった東京帝国大学・箕作佳吉教授に出会い，その助言を得て，妻うめとともに本格的に真珠養殖を始めた。1892年突如大発生した赤潮により，養殖した真珠貝のほとんどが死滅し，心ない人々から「真珠狂い」という嘲笑を浴びた。ところが，死滅を免れた貝から奇跡的に半円真珠5個が出てきた。これを契機として翌年に世界で初めて半円真珠の養殖法に成功し，96年「真珠素質被着法」で特許を取得した（特許第2670号）。幸吉は，99年に装飾真珠の専門店を開き，博覧会や展覧会への出品にもこだわりながら，天然真珠と同じような真円真珠の養殖に取り組んだ。

1902（明治35）年に再び大規模な赤潮が発生して養殖していたほとんどの貝が死滅した。ところが，死んだ貝を開いてみると大粒の真円真珠5個がみつかった。これに勇気を得て研究が本格的に進められ，05年に確実に真珠貝に核を巻かせる方法を確立し，08年には，「真円真珠養殖法」で特許を取得した。このようにして世界の研究者たちが夢見た人工真珠の養殖が可能になった。幸吉は，銀座通りに御木本真珠の本店を出し，すべての真珠に正札を付け，一切値引きをせず，不良品を焼却処分にして「ミキモト・パール」のブランド価値を高めることにも成功した。幸吉は，その他真珠稚貝の養殖に関する発明等によって多数の特許を取得し，これを事業の発展に利用した。

【例3】池田菊苗の日本食の昆布のうま味成分の調味料の製造方法

池田菊苗（きくなえ）は，1864年薩摩島津家の京都留守居役池田春苗の二男として京都市室町上長者町上るで生まれた。菊苗は明治維新後の先進諸国に追いつくために尽くそうとする志を立てていたが，教育制度が未整備で正規の教育を受けた期間は短く，私塾や知己を頼りに英語，漢学，化学などを学んだ。1881（明治14）年，18歳になった菊苗は，当時の池田家の家計が行き詰まっていたので，自分の衣服や寝具を売り旅費として上京し，その翌年に大学予備門（後の第一高等学校）に入学し，授業料免除，給費支給を受けた。1885年東京帝国大学理科大学化学科に入学し，ロンドン大学に留学して有機化学を学んだ桜井錠二教授に師事し，学問的には生まれて間もない物理化学を専攻した。大学卒業後も高等師範学校に定職をもちながら大学院で研究し，96年に33歳で東京帝国大学理科大学助教授に就任した。同年に2年間のドイツ留学を命じられ，ライプチッヒ大学のオストワルド教授（Prof.Wilhelm Ostwald，1909年のノーベル化学賞受賞者）の下で1年半研究に従事した。帰途，ロンドンに滞在していた夏目漱石と交流し，1901（明治34）年10月に帰国，東京帝国大学教授に就任し，理論化学の第一人者として活躍した。

菊苗は応用科学に関する将来性に着目し，1907（明治40）年味覚に着目し，昆布等に含まれているうま味成分の研究を開始。約40kgの昆布から30gの有機酸を結晶化することに成功し，グルタミン酸がうま味物質であることを解明し，その後グルタミン酸ナトリウムが調味料として適当であると見極めた。菊苗は，特許が発明家と企業者の利益を守るとするオストワルドの教えもあって，「グルタミン酸塩を主成分とする調味料を製造する方法」について特許を出願し，08年7月に特許を取得した。菊苗は，特許出願とともに実業界に調味料の事業化を働きかけたが，日露戦争後の不況期ということもあってか，引き受け手が現れず，かねてから菊苗の研究に関心をもっていた二代鈴木三郎助と特許取得の翌月，特許共有の契約をして事業化を進めることにした。新調味料のネーミング等が検討され，08年11月に割烹着姿の女性に「味の素」の文字を配した商標を，その翌年に「味の素」の文字商標を登録した。工場規模における濃塩酸によるたんぱく質の加水分解と分解物の処理については世界に範となるものがなく，種々の技術的な課題が生じたが，それを解決して，09年2月に商品が完成し，5月26日に商品として一般販売されることになった。池田菊苗には，その他にも独特のアイデアを生かした発明が多数あり，その取得した特許は，国内で32件，外国で17件もある。

　企業経営や競争力の強化の観点からみても自社の研究の成果である知的財産を開発し，これに関する権利を適切に取得し，知的財産を上手に活用することは重要な課題となっている。他社が追随することができないような優れた技術やコンテンツ等の優良な知的財産を有する企業は，売上高の増大，企業のイメージ向上，保有する資産価値の増加などが可能になり，投資家の評価も高まり，営業資金の調達も容易になる。とはいえ，どのような知的財産をどのように創作するかについては，技術者や製作者の視点ばかりではなく，営業的な視点から市場の需要を正確に把握し，どのようなものが消費者に受け入れられるかを絶えず検討し，生み出すべき知的財産や活用すべき知的財産を適切に管理することが重要である。

　以上の例は主として特許権に関するが，その他にも次のような例がある。

【例4】ユニクロ，クロネコヤマト，スターバックスは，ブランド戦略としてロゴマークの使用を中心に消費者に企業イメージをアピールすることに成功している。

【例5】IBM，マイクロソフト，グーグルは，コンピュータプログラムが著作権で保護されることを活用して，他社の無断の模倣を禁止し，市場の独占が可能となり，飛躍的に企業の成長がみられた。

これらの例でも分かるように以下のような諸問題を正確に理解しておくことが必要である。
① どのような知的財産権がどのような要件に基づき保護されるのか，知的財産権を取得するにはどうすればよいか，それぞれの知的財産権の特徴を理解したうえでどの知的財産権をどのように取得するのが最も適切か。
② 他社が自社の知的財産権を無断で使用し，自社の知的財産権を侵害している場合に，どのような請求ができるのか，どのような請求をするのが最も適切なのか。
③ 自社が他社の知的財産権を使用したい場合，どのようにすればよいのか。
④ 自社の研究開発した知的財産が自社の事業展開からみて不要になった場合，他社に実施許諾や譲渡をし，その収益を新たな発明の開発資金に充てたいがどうすればよいか。

本書では，これらの知的財産権をめぐる諸問題について主として法学的な観点から述べる。さらに，知的財産を経営資産としてどのように創造し，活用すべきかという経営戦略の観点をも含めて解説する（特に16～18章）。

③ 知的財産権の種類と効力

まず，産業上の創作意欲を促進する産業財産権からみてみよう。なお，2002年7月策定の知的財産戦略大綱において，明治以来使われてきた「工業所有権」が「産業財産権」に改められた。

(1) **特許権**は，自然法則を利用した技術思想の創作のうち高度のものを保護対象とする（特許法2条）。保護の技術的範囲は，願書に書かれた「請求の範囲（クレームともいう）」を基準にして決定されるが，均等論による拡張が認められることがある。権利取得には特許庁への出願が必要で，出願の日から3年以内に審査請求があれば，審査官により審査が行われ，特許要件を欠くことが明らかにならない場合に限り登録され，権利が成立する。登録日より権利の効力が発生する。権利の効力は強力であるが，権利の存続期間は出願から20年を原則とする（医薬品の特許等については期間延長制度がある）。権利の内容は排他的独占権である。

(2) **実用新案権**は，物品の形状，構造または組み合わせに係る考案を保護対象とする（実用新案法1条）。考案というのは，自然法則を利用した技術思想の創作である点では特許と同じだが，高度性を要求されない小発明を指す。また，物品の形状等に限定されているので，方法の考案や化学物質，組成物は含まれない。特許庁への出願により，実質的な成立要件については無審査性で登録される。権利行使には特許庁の技術評価書を提出する必要がある。権利の存続期間は出願日より10年。権利内容は排他的独占権である。

(3) **意匠権**は，独創的で美的な外観を有する物品の形状・模様・色彩を保護対象とする。特許庁への出願の後，意匠登録要件審査のうえで登録される。存続期間は設定登録の日より20年である。権利保護の範囲は狭いが，比較的権利取得がしやすい権利といわれている。権利内容は排他的独占権。

(4) **育成者権**は，種苗法による植物の新品種を保護対象とする。農林水産省へ出願，登録要件を審査した後登録される。登録により権利が成立し，品種登録の日より25年間，権利が存続する。権利内容は有償頒布・生産・輸入の独占権である。収穫物とその販売，自家採種（農家が収穫物の一部を種子として自ら翌年使用する行為）には及ばない。

(5) **回路配置利用権**は，半導体の回路配置を保護対象とする。登録により権利が発生する。保護期間は設定登録の日より10年。排他的利用権が付与され，内容的には盗用禁止権である。他人の同一創作物には及ばない。善意購入者には権利は及ばず，悪意の場合でも利用料相当額を権利者に支払えば，輸入，販売が認められる。

次に，営業上の標識保護権，これを保護する市場秩序維持法についてみてみよう。

(6) **商標権**は，文字，図形，記号，立体的形状，もしくは色彩またはこれらの結合，音その他政令で定める標章を保護対象とする。指定された商品，役務についての使用独占権を権利内容とする。特許庁へ出願し，登録要件の審査を受けたうえで登録される。権利の保護期間は設定登録の日より10年であるが，産業的創作保護権と異なり何回でも更新登録が可能である。不正に商標が付されている商品については，パリ条約9条および不正競争防止法2条1項1号，2号で規定されている。

(7) **原産地表示**は，商品に地理的出所を表示し，商品の品質を保証する標識を保護対象とする。虚偽の表示や誤認を生じさせる行為に対し差止請求権，損害賠償請求権が認められる。

さらに，文化的創作保護権をみてみよう。

(8) **著作権**（著作者人格権）は，文芸，学術，美術，音楽で思想または感情を創作的に表現した著作物，コンピュータ・プログラム，データベースを保護対象とする。保護期間は創作のときより創作者の死後50年までとされている。排他的利用権を内容とするが，基本的には無断複製を禁止する権利であり，他人が同一創作物を独自に創作した場合には権利は及ばない。

(9) **著作隣接権**は，実演，レコード制作，放送などにおける実演家等の権利を保護対象とする。実演，レコードの最初の固定，放送日等の属する年の翌年から起算して50年を保護期間とする。録音，録画による複製権・放送権や貸与権などを内容とする。

通常，工業所有権または産業財産権という場合には，(1)特許権，(2)実用新案権，(3)意匠権，(6)商標権をいう。これらの権利は，特許庁への出願手続を経て登録され，排他的独占権が付与される。

不正競争防止法上の権利は，不法行為の特別法上の権利であり，行為規制法である点に特徴がある。損害賠償請求権のほかに，差止請求権が認められる。営業秘密はこれによって保護されている。営業秘密の保護は企業のノウハウや顧客リストの盗用，不正使用を禁止するものであり，その保護要件は，①秘密管理性，②有用性，③非公知性である。

これらの知的財産権は，単に国内的保護のみでは十分でないので，条約による国際的保護が行われている。この点については，本書第15章を参照。

知的財産の法的保護は，以上述べた知的財産権による保護に尽きるものではない。他人の権利侵害に対する救済の一般法である民法上の不法行為による保護が問題となることがある。

4 知的財産保護強化と知的財産権の活用

知的財産制度とりわけ特許制度は，発明という知的財産に対し排他的な独占

権を付与するので，その弊害が現れることも少なくない。その弊害を是正する役割を担うのが独占禁止法である（この点については，第5章2参照）。時代により，国によってアンチパテント政策（知的財産権による独占化に消極的な政策）とプロパテント政策（知的財産の独占化に積極的な政策）のいずれかが前面に出てくるが，異なるのはこの点と関連する。現代のわが国は，プロパテントの流れのなかにある。

　わが国は，2002年2月の小泉首相の施政方針演説において知的財産の戦略的保護・活用を国家の目標とする旨が表明され，知的財産戦略会議や知的財産戦略本部が設置され，2002年12月に知的財産基本法が制定された。2003年7月「知的財産の創造・保護及び活用に関する推進計画」が策定され，2004年には知的財産高等裁判所設置法が制定されるなど知的財産保護強化の政策が採られてきた。これは，近時における米国のプロパテント政策に影響された日本の国家戦略である。しかし，米国においてもプロパテント政策に行き過ぎが反省され，修正されているように，現在，知的財産をどのように・どの程度の保護するのが適正なのかを考えていくことが必要である。

　他方で，自社業務における課題をいかに発見し，その課題解決のための研究開発をどのように進め，その成果を生かしてどのような知的財産権をどのように取得し，それをどう活用するのが最も有効かを考えて，企業戦略を立てて実行していくことが重要である。本書では，このような視点も入れて知的財産権を考えていくことにしたい。

　　◆参考文献
　　高橋義郎『現代経営と知的財産権―技術と経済と法の相乗作用〔第2版〕』創成社，2003年
　　玉井誠一郎『知財戦略経営概論―知識経済社会を生き抜く教養』日刊工業新聞社，2011年
　　田村善之『知的財産法〔第5版〕』有斐閣，2010年
　　紋谷暢男『知的財産権法概論』有斐閣，2006年
　　J. M. アッターバック（大津正和・小川進監訳）『イノベーション・ダイナミクス―事例で学ぶ技術戦略』有斐閣，1998年

第2章　特許法(1)：客体, 特許要件

1 特許制度概説

(1) 特許制度の沿革

　特許制度は，技術的な思想である発明について，権利者に一定期間，一定の要件の下で排他的独占権を与えて，発明の保護を図り，発明活動を奨励するとともに，発明を公開してその利用を促進する。この制度は，出願後20年の特許権の存続期間が経過した後，誰でもその発明を利用することができるものとするので，社会の技術の進歩を促し，産業の発展に寄与する。

　初期の原始的な特許の萌芽は，13，14世紀頃，ヨーロッパにおいて，君主により，織物や石鹸，時計や刃物等の製造や輸出等に対して一定期間独占を賦与する特権が個別に認められていたことにみられる。特許という文言は，英語で"Patent"と称し，ラテン語の"Patere"（公開する）に由来し，君主から賦与された特権に関連していた。1474年のヴェネチア特許法が，産業を発達させるために技術革新と技術者の流出防止と誘致を主眼として，特許を付与する慣例が世界で初めて成文化された。ヴェネチア特許法は，当時において画期的で，現代特許法の基本的な特徴を備えたものであった。その国においてこれまでに製造されていない，新規かつ独創的な考案を完成した者は，特定の行政機関に申告するものとし，これによって発明者の同意や許諾なしに当該発明に一致または類似するものを製造することを10年間禁止された。侵害する者に対しては，発明者は治安判事の下に召喚する権利があり，治安判事により金銭を支払い，装置をただちに破壊するように命じられた。ガラス製造技術等の取引の拡大に伴い，この考えが欧州に広まった。

　その後16世紀に，英国では外国技術者による技術の導入を促すために，国内における営業の特権が賦与された。これは，君主の親書による公開文書（"Letters Patent"）で行われた。熟練した外国技術者を優遇して，国内産業の育

成のための施策として用いられた。17世紀初めのジェームズ1世の時代には，新規の技術ではない既存の産業にまで君主による恣意的な特許状の賦与がなされるようになり，既存の事業を妨害する弊害が生じた。そのため，議会は1623年の専売条例（Statute of Monopolies）を制定し，真の発明を除いて，君主により賦与されるあらゆる独占的な特権を非合法化した。真実かつ最初の発明者に対して特許が認められ，特許状の賦与から14年間は，他者は特許を実施できないものとされた。産業革命以降，蒸気機関等の新たな技術が新産業の育成に貢献し，特許制度は世間の注目を集めるようになった。1730年以降，特許の要件として明細書を登録し，新規の方法を公表させるようになり，特許期間経過後は公衆が新たな技術的知識を利用できるようになった。1852年の英国特許法では，特許出願に対して特許を付与するまでに願書を公示し，公衆に異議を申し立てる機会を付与するようになった。特許の明細書に記載された技術内容は同業者の技術知識の向上に役立ち，特許制度は技術の発展に多大な貢献をし，特許制度も精緻化されていった。

　わが国では，開国後，1871（明治4）年に専売略規則が制定された。布告は，政府は特別の恩恵をもって専売を許可するとされ，発明者の権利を認めたものではなかった。新規の発明を行った者は，明細書，図面等を添付し願書を管轄地方官に提出し，管轄地方官が中央政府民部省へ提出するものとされた。民部省で有益であるか審査し，世間で既知のものには許可を与えず，年限は発明の内容により区別し，第1等は15年，第2等は10年，第3等は7年とされ，専売の免許を与えるときは，民部省より布告されるとされた。しかし，当時の政府は法規の運用に習熟しておらず，審査を担当するには外国人を雇う必要があり，当時はまともな発明もできなかったため，翌年に実施が中止された。

　その後，1885（明治18）年に専売特許条例が，88（明治21）年に初代の専売特許所長高橋是清が海外の調査に基づいて立案した特許条例が制定された。この特許条例では，特許の請求は発明者の権利と明記され，特許局の審査官が出願の審査を行い，真実の最先の発明者に当然特許が付与されるという根本原則を明記した。新規で有益な工業機械製造品および合成物を発明し，または工業機械製造品および合成物の新規で有益な改良を発明した者は，特許を受けることができるとし，特許の審査により特許を与えるとされた者は，農商務大臣の認

可を経て特許原簿に登録され，特許証を付与されるものとした。

　1888（明治21）年の特許条例の公布以降，特許法典は1909（明治42）年，21（大正10）年，59（昭和34）年と新たな法の制定が行われ，現行特許法の基礎が確立した。わが国では数々の優れた発明が生み出され，豊田佐吉による木製人力織機（特許第1195号，1891年），屋井先蔵による乾電池（特許第2086号，1893年），御木本幸吉による人工真珠（特許第2670号，1896年），池田菊苗による人工調味料グルタミンソーダ（特許第14805号，1908年），鈴木梅太郎による脚気の治療成分アベリ酸（ビタミンＢ１）（特許第20785号，1911年），八木秀次による無線通信用の電波指向方式アンテナ（特許第69115号，1926年），三島徳七による電動機やセンサなどに用いられ高い磁力を有するＭＫ磁石鋼（特許第96371号，1932年）等，特許として世に公表された。これらの優れた発明は事業化され，製品の品質や生産性の向上，新たな産業の確立，科学技術の進歩や公共の福祉の促進を可能にし，利潤を生み出し，わが国の経済成長，社会の発展に貢献してきた。

（2）特許制度の意義

　特許制度は，発明者の権利を保護し，発明行為を奨励し，産業発展につながるものである。特許制度がない明治維新前の時代では，全国に通用する特許立法またはそれに相当する制度がなく，新規に特殊な技術を発明した者は，他人にそれを知られてしまうと，その使用を阻止できなくなるため，絶対に秘密にして，もっぱらその承継人のみに伝授する以外に方法はなかった。発明の内容を巻物にして一家相伝とし，門外不出として秘密を守っていた。特許制度は，発明を公開し，使用を促し，技術的な研究開発の重複を回避し，効率化する制度である。特許制度がなくては，発明は長らく秘密とされて埋没し，技術の進歩や産業の発展に貢献することもないので，現代社会のような高度な技術の発展は実現できなかったであろう。

　現代においては，発明を奨励し，報償を与え，承認する必要性，取引における技術の貢献を提唱することに重点を置くのではなく，投資を保護する観点から特許の保護を主張する見解がある。企業や研究機関，各種法人等で，金銭を支払い，模倣されて損害を被るものが独占権で保護されなければならないという考えである。このような考えからは，あらゆる種類の無形の投資の成果を自

分のものとみなして、特許権を認める伝統的な要件を無視することになりかねない。他方で、世界市場のグローバル化が進み、特定の巨大企業により数多くの特許権が取得され、知識の囲い込み、競合者を排除し、特許の壁により市場シェアを獲得しようとする独占の弊害も生じている。そこで、私人に対して特許を独占させる弊害が強調され、社会全体の利益を損なうものとして、特許権の正当性を批判する見解もある。これらの見解も踏まえ、特許制度を健全に発展させる志向が必要であろう。

2 特許法上の発明とその例

(1) 特許権の客体(保護対象)としての発明

　特許権の対象となる発明について、世界の特許法を比較法的にみれば、発明の定義規定をおく国は少ない。いかなる対象も発明となりうることが便宜であり、米国の連邦最高裁では、人の手で作られたあらゆるものは特許となりうるとされ（Diamond v. Chakrabarty 206 U.S.P.Q. 193 (1980)）、ゴルフのパッティング方法（特許第5616089号、1997年）、ブランコの揺らし方も特許となっている（米国特許第6368227号、2002年）。

　欧州特許条約においても、すべての技術分野におけるあらゆる発明に対して欧州特許は付与されるとされ（欧州特許条約52条1項）、消極的に除外事由を列挙するに過ぎない（欧州特許条約53条）。

　1995年に発効したTRIPS協定においては、発明の概念を広く考え、すべての技術分野の発明について特許が与えられると明記されたが（TRIPS協定27条1項）、バイオテクノロジーの分野においては特許を認めるべきでないとする市民団体やカナダ等の反対意見がある。加盟国は、公序良俗に反する発明（人、動物もしくは植物の生命もしくは健康を保持しまたは環境に対する重大な損害を回避することを含む）、人または動物の治療のための診断方法、治療方法および外科的方法等について、特許の対象から除外できるとしている（TRIPS協定27条2項、3項）。

　わが国では、1959（昭和34）年の現行特許法制定の際に明確性を期すために発明の定義規定が導入された。発明とは、「自然法則を利用した技術思想の創

作のうち高度のものをいう」(特許法2条1項。以下，特許法に限り条数のみを表示)。これは，19世紀末のコーラー（Joseph Kohler）の見解に基づく。しかし，時代が進展し技術の発展するなかで，発明の概念を固定化しすぎると，時代の新しい要請に応えにくくなるおそれが生じる。コンピュータソフトウェア，生物関連発明，ビジネス方法などがその例である。

(2) 発明の具体的記載

　発明とは，技術に関する従来の課題の解決策である。特許を公開することの代償として，発明について一定期間独占権を付与するため，出願にあたり発明の技術的内容を明細書に開示する必要がある。明細書には，発明の名称，図面の簡単な説明，発明の詳細な説明が記載され（36条3項），技術文献として重要な意義を有する。発明の具体的内容を理解するには，明細書の記載事項を読むと分かりやすい。明細書は，以下の様式で作成する（特許実施規則24条の2様式第29号）[*]。

① 技術分野…その発明が完成する以前，従来どのような技術があったのか。
② 背景技術，先行技術文献…特許を受けようとする発明に関連する従来の技術についての文献。
③ 発明が解決しようとする課題…発明がどのような問題点を解決したのか。
④ 課題を解決するための手段…課題に基づいて解決した発明の具体的手段。
⑤ 発明の効果…発明によって得られる優れた作用・効果を記載する。従来技術に対してどのような進歩性を有するかを客観的に裏づける。

　　＊　例としての切り口が安全な缶蓋（プルトップ缶）の発明（有限会社谷内製作所谷啓二，特許1762945号，平成4年）
　　　① 従来の技術背景（背景技術）食品の缶詰は，上面全体を開けるプルトップ缶が主流であるが，切り口で皮膚を傷つけるおそれがあり危険。
　　　② 発明が解決しようとする課題…切り口で指を切ったりするおそれのない安全な缶の開発。落下時の耐衝撃性や，錆止め等の目的による補修ニスの塗布の問題点も解消する必要。
　　　③ 課題を解決する手段…指が切り口に触れないように，蓋になる円盤を全周にわたりループ状に折り曲げ，切り口になる部分を折り曲げた湾曲部分で隠れるようにする。
　　　④ 発明の効果…開けやすく，しかも安全に開封できる。落下しても内側にループ部があるため，衝撃を吸収できる。補修ニスも安全に塗布できる。

このプルトップ缶の特許により，欧米を中心に世界17カ国で特許を取得した。後にアメリカのメーカにアメリカの権利を譲渡した。

(3) 発明の種類

発明には，物の発明と方法の発明（2条3項）がある。物の発明（1号）は，発明を実施することで物が生産され，その生産物を使用し，譲渡できる場合をいい，電子計算機に対する指定であり，一定の結果を得ることができるように組み合わされたプログラムなども発明の要件を満たす場合には，物に含まれる。方法の発明は単純な方法の発明（2号）と物を生産する方法の発明（3号）に分けられる。単純な方法とは，測定方法，分析方法，運転方法等をいう。物を生産する方法は，例えば，鱈を刃物で順次切断して鱈子を傷つけずに取り出す方法，化学発明についてA物質とB物質に触媒Cを混入し，化学反応を起こさせてD物質を取り出す方法などである。

特許権を取得する際には，なるべく広い権利範囲を確保するために，物質特許を取得する際に，物を生産する方法の発明についても特許を取っておくべきである。例えば，A物質とB物質にC触媒を加えて製造した胃腸の消化を助ける胃腸薬Dを発明したとする。この場合には，医薬品Dの製造方法およびC触媒の培養方法についても権利化しておくべきである。また，ロボットの新しい制御方法を用いて製造した産業機械を発明したとする。この場合，産業機械の物質特許だけではなく，ロボットの制御方法およびロボットの制御方法を用いて製造した産業機械の製造方法についても権利化しておくべきである[*]。

> * 未完成発明
> 　一応発明らしい外観を示すが，課題の解決の具体的方法が不完全なものを未完成発明という。単なる思いつきに過ぎず，第三者がその明細書を見ても実施することができないものは，もちろんこれにあたる。化学発明の分野では，特許請求の範囲では概括的記載をしておき，実験により裏づけられた明細書の実施例がそれより狭いことがある。このような場合に，実験により裏づけられていない以上，実現可能性がないものと評価され，未完成発明とされることがある。特許請求の範囲を適切に補正することにより対処できることがある。安全性が必須な分野で危険防止方法がとられていない発明も未完成発明と評価される。未完成発明なのか，明細書の開示不十分（36条4項）なのかが問題になる事例もある。

3 発明の要件

発明の要件は，①自然法則の利用，②技術思想であること，③創作であること，④高度であることの4つである。

(1) 自然法則の利用

自然力の利用の要件は，今日では，コンピュータプログラムやバイオテクノロジーなどを含めてかなり広く解する必要がある。*自然法則自体は，自然法則の利用とはいえず，発明ではない。例えば万有引力の法則自体は，自然法則の「利用」とはいえない。単なる商品の陳列方法や販売方法などの活動，純粋な学問上の法則や数式（数学，経済学，法学等），人為的な取り決め，ゲームや暗号は自然法則ではない。自然法則に反するものも発明とはいえない。例えば，永久運動機関はエネルギー保存の法則という自然法則に反するものであるので，その例としてあげられる。

発明者が自然法則を認識している必要はない。結果的に自然法則を利用していれば足りる。この点に関しわが国の判例は，発明の課題の解決方法と作用効果についての因果関係や理論的関連性について科学的認識を欠き，または誤った認識を有していたとしても，発明として認められるとしている（東京高裁昭和62年10月29日判決，東京高裁平成5年9月28日判決）。自然法則を利用した特定の技術的手段により一定の効果が発生すれば発明として認められる。

> * コンピュータ・ソフトウエアと自然法則の利用
> コンピュータ・ソフトウエアは，プログラムを作成し，実行させるためのシステムである。コンピュータの使用方法，プログラムだけでなく，システム設計書，フローチャート，マニュアル等を含む，情報処理のための指令の組み合わせである。プログラムそのものは計算式に類似し，人の先進的過程にすぎず，自然法則を利用していないから発明として認められない。しかし，（ⅰ）プログラムがハードウエアと一体となり，そのハードウエアの性能を高めたり，制御する方法ないし装置となり，あるいは，（ⅱ）プログラムを記録したコンピュータにより読み取り可能な記録媒体として出願すれば，登録が可能になる。
> 具体例をあげてみよう。①プログラムがハードウエアを制御する方法ないし装置となっている場合。例えば，ゴムの加硫形成を行う工場機械を制御するプログラムはこれにあたる。②プログラムを記録したコンピュータによる読み取り可能な記録媒体そのものである場合。

例えば，図書館等管理装置，医療事務管理システムはこれにあたる。
　要するに，自然法則の利用というのは，自然科学上の因果律に従っていることを意味し，常に一定の効果が得られること，つまり反復可能性が必要である。必ずしも100％でなくとも，わずかの確率であっても効果が得られるのが確実であれば，自然法則の利用が認められる。しかし，時代の発展とともに，この要件を不要とすべきとする見解もある。

(2) 技術的思想

　特許の対象である発明は，技術思想でなければならない。技術というためには，一定の目的を達成するための具体的手段であり，実施可能性があり，かつ反復可能性があることが必要である。そのためには，当該技術分野の平均的水準にある第三者が行っても同じ結果に到達できることが必要になる。単なる技量（コツ），演奏技術，スポーツの技などは，ここでいう技術ではない。

　技術思想は抽象的ではなく，具体化される必要がある。当該技術の通常の知識を有する者が反復実施して技術的効果を上げることができる程度にまで具体化されたものである必要がある。単に課題のみ，着想だけを提示し，その具体的な解決方法が提示されていないものは発明ではない。また，提示された解決方法では目的が達成できないものは未完成発明と呼ばれる。

(3) 創 作 性

　発明は技術思想の「創作」である。単に既存のものを見つけたに過ぎないものは発見であり，発明ではない。もっとも，厳密にいうと発明と発見の境界線を明確に画することは容易ではない。用途発明，ある物の属性を発見し，その属性から新たな用途への使用に適することを見出す発明をいう。例えば，既知の化学物質であるDDTに殺虫効果があることを発見し，この属性を利用して，殺虫剤の発明や殺虫方法の発明をする場合である。また，爆薬としてのダイナマイトが狭心症の治療に適することを発見し，その用途の薬を開発する場合もこの例になる。ある者の属性や用途の発見自体は発明でないが，発見された属性を一定の目的に使用する行為に創作性が認められるからである。

　従来にない新しいもの，陳腐でないものであることを要するという議論もある。しかし，これは，特許付与の要件である新規性や進歩性で判断されるべきである。発明自体の要件として考察する必要はない。

(4) 高度性

　発明とは、「自然法則を利用した技術思想のうち高度のもの」と定義されている（2条1項）。実用新案の対象である考案と区別するために設けられたに過ぎない。なお、考案については、「自然法則を利用した技術的思想の創作」とされている（実用新案法2条1項）。高度性の要件は、発明の本質的に重要な要件ではなく、特許出願後にこの条件を欠く場合に実用新案登録出願に変更し、また、その逆に変更することも可能である（6条1項、実用新案法10条）。産業に大変革をもたらすような大発明である必要はない。従来ないような機能を発揮するのであれば、改良品でもこの要件を満たすことになる。

　なお、実用新案法は、1899（明治32）年に外国人にも特許が認められるように特許法を改正したため、技術水準の低い日本人の発明に特許が認められることが少なかったので、日本人の発明の奨励のために小発明を保護する制度として1905年にドイツ法に倣い制定された。この制度は、日本の家内工業や日用雑貨工業など当時の主力産業を支えた。国際的に審査期間の短縮が要請され、1993年ドイツの旧法に倣って無審査性に移行し、出願も次第に減少している。なお、ドイツでは現在は審査制をとっている。

4 特許を受けるための要件

　特許を受けるためには、発明該当性のほかの以下の3つの「特許を受けることができる発明」の要件を満たす必要がある。①産業として実施することができるか（産業上の利用可能性）、②新しいかどうか（新規性）、③容易に考えだすことができないかどうか（進歩性）（29条）。

　これらのほか、次の3つの要件が問題になる。④公の秩序、善良の風俗または公衆の衛生を害する恐れのある発明でないこと（32条）、⑤同一発明について先に出願されていないこと（39条、29条の2）、⑥明細書の記載が規定どおりに行われていること（36条、37条）④の要件は消極的特許要件といわれる。⑤と⑥の要件は出願手続に関わる要件である。このほかに、出願人が特許を受ける権利を有することが必要であるが、これについては次章で扱うことにする。

(1)産業上の利用可能性

　特許法の目的が産業の発展に寄与することにある（1条）ところから，産業上利用可能な発明のみを保護している（29条1項柱書）。産業とは，工業に限らず，農林水産業，鉱業，商業，サービス産業などを含む。何らかの産業に利用可能であれば足りる。安全性や経済的意味における利用可能性は問題にならない。医薬品の安全性の問題はむしろ薬事法上の製造承認に関する問題となる。

　医療関連発明のうち，医薬や医療機器については，特許を受けることができる。しかし，医療行為に関する発明，つまり，人を手術，治療，診断する方法に関しては，審査実務においては，医療行為は産業ではなく，産業上利用できる発明にあたらないという理由で特許を受けることができないとされている。その実質的な理由は，人道上の配慮，つまり，医療行為に関する発明に特許を認めてしまうと，医師による適切かつ迅速な治療行為が阻害されるからである。しかし，遺伝子治療や再生治療が急速に進歩し，企業でも医療技術の研究開発が行われるようになり，医療行為に関する発明にも特許を認めるべきという議論が行われている。

(2)新 規 性

　新規性の内容は，これまでにない新しいものであることが必要である。その判断の基準時は特許出願時となる。特許法の目的である産業の発展に寄与するような発明にのみ排他的独占権を与える必要がある。既存の技術と同じものに独占権を付与すると，かえって競争を阻害し，産業の発展を阻害する。すでに公表した場合やインターネットのサイトにアップロードした場合が新規性がない例にあたる。

(1) 新規性喪失事由

　次の3つの新規性喪失事由が定められている。

① 　公　　知（29条1項1号）

　特許出願前に日本国内または外国において公然知られた発明。例えば，学会発表，講演，技術説明会などによって公然と第三者に知られうる状態になれば公知となる。公知となる地域的範囲は，「日本又は外国において」であり，世界的にみる。1959（昭和34）年の現行特許法においては，①②については，日

本国内で生じた事由に制限されていた。しかし，1999年の改正で世界主義に移行し，インターネットにより開示された発明も公知の発明に追加された。
② 公 用

　特許出願前に日本国内または外国において公然実施された発明（29条1項2号）。当該発明を使用した製品が一般公衆の知るべき状態におかれたこと，およびその状態で使用されたことを意味し，例えば，第三者が知りうる形で製品として販売したことはこれにあたる。

③ 刊行物記載

　特許出願前に日本国内または外国において頒布された刊行物に記載された発明または電気通信回路を通じて公衆に利用可能な状態になった発明である。例えば，図書や雑誌論文，CD-ROMで公表したり，インターネットのサイトにアップロードした場合にはこれにあたる。

　この場合に問題となる公然性は，発明者のために秘密にすべき関係にない不特定の人に知られることを意味する。不特定の人の多い・少ないはその認定に関係がない。例えば，取引先の工場に納入しただけでは公知になるとはいえない。試作用の機械の木型の枠の供給業者が工場内で試作機を目撃しても，秘密保持義務の約定の下で立ち会っている限りは，公知とはならない。しかし，秘密保持義務を負わせることなく試作機の閲覧を希望する者に閲覧させていた場合には公知になる。

　刊行物の頒布と新規性喪失について，原本が公開され，何人も自由に複写できる状態にあるが，誰も現実には複写せず，あるいは複写したことの立証のない場合であっても，頒布された刊行物にあたる（最高裁昭和61年7月17日一小判，民集40巻5号961頁）。刊行物が現実に頒布されたときに，新規性は喪失する。頒布とは，刊行物が一般に閲覧可能な状態で配布または公衆にアクセス可能であることで足りる。誰が閲覧したかの立証は不要である。

(2) 新規性喪失の例外（30条）

　新規性を失った発明すべてを特許できないとすると権利者に厳しすぎ，むしろ産業の発展を妨げるおそれも生じるので，例外規定で救済してきた。しかし，旧30条のように場合を限定すると，近年の発明公開の多様化に対応できなくなる。例えば，インターネットで配信された発明は例外の適用対象となる

が，テレビで発表された発明は適用対象とされないという不均衡が生じた。そこで，2011年特許法改正により「特許を受ける権利を有する者の行為に起因して」新規性を喪失した発明にまで30条の適用対象を拡大した。
① 「意に反して」公知となった発明（30条1項）

　旧2項の場合を新規性喪失の例外とみなすことを明らかにし，この場合には，発明者本人が知らないことが多いから，3項で要求されるような書面を特許庁長官に提出する必要がないものとした。旧法で要求されていた手続を緩和した。この場合の典型例は，詐欺，脅迫，スパイ行為により公開された場合や秘密保持契約に違反して公開された発明である。

② 特許を受ける権利を有する者の「行為に起因して」公知となった発明（30条2項，3項）

　旧法で規定されていた試験を行うこと，刊行物や電気通信回路を通じての発表，特許庁長官が指定する博覧会への出品だけではなく，ラジオやテレビで公開することや研究開発資金を調達するための投資家への説明，研究開発コンソーシアムの勉強会での口頭発表なども含まれることになった。しかし，発明，実用新案，意匠または商標に関する公報に掲載されることによって新規性を喪失した場合には，例外規定の適用を受けることができない（30条2項括弧内）。さらに，この例外条項の適用を受けようとする者は，出願と同時に特許庁長官にその旨を記載した書面を提出し，かつ，それを証明する書面を出願日から30日以内に提出しなければならない（30条3項）。

(3) 進 歩 性

　当業者が容易に考え出すことができない発明であることが必要である。新規性のない発明から当業者が容易に発明できるものは「進歩性のない発明」とされる。このような発明に独占権を付与すると，かえって弊害が生じることになるからである。進歩性の判断基準は，特許出願当時の当業者の技術レベルとされる[*]。当業者というのは，その発明の属する技術分野における通常の知識を有する者とされる（29条2項）。

* 特許になる発明の発掘

特許権を取得するにあたっては，従来の先行特許や技術文献を調査し，新規性や進歩性といった特許要件を満たし，できる限り広く強い特許を取得する必要がある。戦略的に強い特許を数多く取得するために，発明の発掘から発明の把握，出願に至るまでのプロセスを整理すると以下のようになる。

① 日常的な発明の発掘　　技術課題の整理，発展。発明を展開し，技術分野ごとに特許を分類した特許マップを用いて，自社の技術力を分析する。体系的，網羅的に特許権を取得し，改良特許，応用特許，周辺特許を取得し，漏れのない特許群を形成する。

② 発明の把握　　技術的に最良の手段や方法が選択されているか，他の方法で実現することができるか，他の手段で同一の効果が得られるか，等を検討する。各部門の相互協力関係の構築が不可欠である。営業部門における顧客からのクレーム，問題点の指摘などの情報を収集し，新製品の提案，改良品の提案等に結びつける。製造部門における製造方法についてのノウハウや不良品の事例を蓄積し，研究開発部門に反映する。知財部門における他社特許権の出願情報，登録情報，侵害製品の情報等を提供することなどがあげられる。

③ 発明の完成　　従来技術を前提に，その技術で実現できない問題点を解決し，改善する必要性に着想を得て，解決手段を研究し，発明を完成させる。発明の内容を把握し，確実に特許を取得できるように確保し，できる限り広く発明を展開し，発明の本質を常に広い概念（上位概念）で把握する。

④ 権利化　　他の方法に置き換えて，他の技術分野への用途を探してみることも必要。従来技術を念入りに調査し，従来技術との関連性を把握して，新規性，進歩性の判断材料に生かしていく。特許以外の権利化の道も考えてみる。例えば，実用新案，意匠，著作権等。

⑤ 特許情報の調査　　公開特許公報と特許掲載公報を調査し，出願中または特許を得ている技術と同一の出願を避ける。特許情報の効用としては，(i)最先端の技術の指標，最新技術動向を把握し，無駄な研究開発を回避し，効率的に研究開発をするために必要である。(ii)技術情報の宝庫として技術情報を収集し，効率的な研究開発が可能になる。(iii)権利情報を得て，紛争を回避することができる。これは自社の権利取得を確実にするためにも必要であるが，他社の権利を侵害しないようにするためにも必要である。

（4）公序良俗または公衆衛生を害するおそれのある発明でないこと (32条)

　TRIPS協定にみられるように，あらゆる分野の発明に特許が付与されるべきとする考えが強まっている。この規定は，限定的に解釈されている。公序良俗または公衆衛生を害することが明白で，かつ，害する以外に活用することができないことが明白な事例のみが消極的な特許要件にあてはまるものと解される。例えば，偽造通貨製造装置やアヘン吸入器などがこれにあたる。

　生物に関する発明でこの問題が論じられている。とりわけ，西欧諸国では新たな動物の特許を認めるべきかについて議論が分かれている。新しい動物の創造は動物愛護あるいは神への冒涜として特許を認めるべきでないとの議論が有力である。これは宗教感情や民族感情等に大きく依存するために，他の法令で

特許法と切り離して規制すべきではないかと考えられる。例えば，クローン人間の創作の研究や実施の規制等が問題になる。

(5) 先願であること

　特許権は，発明者に自動的に付与されるのではなく，最初に出願した者に付与される（39条1項）。かつては先発明主義もあったが，現在ではその最も有力であった米国が2011年に先願主義に移行している。出願の先後は出願日で決定し，時間の先後を問わない。同一の発明について複数の出願があったときは，出願人の協議で特許を受けることができる者を決定する。協議が成立しないか，協議をすることができない場合には，いずれの出願人も特許を受けることができない（39条2項）。

　後願の発明が先願の発明の明細書，図面に記載された発明と同一である場合にも後願を排除することができる（29条の2）。これを拡大先願という。この制度は，1970（昭和45）年の改正により出願公開制度の導入に伴って導入されたものである。遅くとも1年6カ月後には，出願公開により公開されるので，このような発明は新しい技術を提供することにならないからである。第三者の出願を防止するために防衛出願をする代わりに，これが利用されることもある。

　発明者主義により，当該発明を完成させた自然人のみが発明者権（特許を受ける権利等）を取得するものとされる。実務や判例においては，法人の発明能力を否定している。法人は発明者から発明を承継して出願人となることができるとされている。

　日本の特許法においては，他人がした発明についても特許を受ける権利を承継すれば出願することができる。

(6) 明細書の記載が規定どおりになっていること

　明細書の発明の詳細な説明は，当業者がその実施をすることができる程度に明確かつ十分に記載されているものであることを要する（36条4項1号，実施可能要件）。とりわけ，権利を求める技術的範囲が明確であることが必要とされる（36条6項）。これらの要件を満たしていないと，出願書類の記載に不備があるとして受理することができない。特許出願は，出願から1年6カ月で公開さ

れ，技術情報としての役割をもつ。明細書から技術内容が正確に把握できなければ，次の発明を生み出す技術情報になれない。

◆参考文献
上塚司『高橋是清自伝』千倉書房，1936年
清瀬一郎『特許法原理』学術選書，平成10年
中山信弘『特許法〔第3版〕』弘文堂，2016年
Peter Drahos with John Braithwaite, *Information Feudalism: Who Owns the Knowledge Economy?*, The New Press, 2002.
Robert Patrick Merges and John Fitzgerald Duffy, *Patent Law and Policy: Cases and Materials*, Matthew Bender & Company, Inc., 2007.

第3章 特許法(2)：発明者(職務発明を含む)，出願手続，審査・審判

1 特許を受けることができる者

(1) 発明者主義

　特許を取得できる権利の主体は，真実の発明者とその承継人に限られる（特許法29条。以下，本章では特許法に限り条数のみを表示）。歴史的には出願主義も存在した。例えば，15世紀後半からのヴェネチアの特許制度は，10世紀にイランで成立した風車等国内では知られていない外国の技術を導入するために制定されたといわれている。他国における他者の発明を，自国において初めて出願し，その技術を導入した者に特許を認めた。これは輸入特許と呼ばれる。

　発明者は，真に発明をした自然人をいう。当該発明の創作に現実に貢献した者，より厳密に言い換えれば，当該発明に特有の課題解決手段としての特徴的部分を創作した者である。このような者が複数いる場合には，共同発明者になる。単なる補助者，助言者，資金の提供者，命令を下した者は発明者にあたらない。しかし，現実には発明の多くは企業や大学の研究所において多くの人が関わるプロジェクトによって生み出されているので，事案に応じた具体的個別的判断によることになる。誰がどのように関与したかについて，記録や研究ノートを作成したり，事前に契約等により権利の帰属関係を明確にしておく必要がある。

　発明者でない者でその発明に関する特許を受ける権利を承継していない者が出願し，特許を受けること（いわゆる冒認出願）は許されない（49条7号）。そのような者が誤って特許を付与された場合には，その特許は無効とされる（123条1項6号）。

　発明者の氏名は，住所または居所とともに願書，公開特許公報，特許（掲載）公報に掲載され，特許証にも記載される。

(2) 特許を受ける権利

　発明者は，自己のした発明が法定の要件を満たす限り，特許を受ける権利を取得する（33条）。特許を付与するかどうかは，国の裁量に基づくものではなく，出願人の法定の要件を満たす出願があれば権利を付与すべきものである（権利主義）。私権であり，財産権として利用，移転，侵害に対する救済が認められる（33条，34条，34条の2，34条の3，65条1項）。特許庁の拒絶査定に不服があれば，特許庁に審判を申し立てることができ，特許庁の審決に不服があれば，知的財産高等裁判所に訴え出ることができる。

　発明を完成した者は，何らの形式的行為を要することなく当然にその発明についての発明者権を取得する。発明者権は，特許を受ける権利を生じさせるだけではなく，発明者名誉権等の実体的権利を含むものである。特許を受ける権利は各国の実定法上認められる権利であり，国に対して自己のした発明に対し特許を出願し，権利付与を請求することができる権利である。

(1) 特許を受ける権利の移転

　特許を受ける権利は移転することができる（33条1項）。例えば，ベンチャー企業が発明をした後に特許を受ける権利を大企業に譲渡することにより資金を手に入れ，大企業は特許出願をすることにより特許権を取得することができる。出願前における特許を受ける権利の取得の対抗要件は出願であり（34条1項），出願後は，相続その他の一般承継を除き，承継人による特許庁長官への届出が効力発生要件となる（34条4項）。

(2) 特許を受ける権利のライセンス（仮専用実施権・仮通常実施権）

　技術はあるが資金力の乏しい大学（TLO）や中小企業やベンチャー企業等では，出願前の段階でも特許を受ける権利をライセンスすることで資金調達を行い，活用する要請がある。2008年の特許法改正で，登録前でも，特許を受ける権利に基づいて取得すべき特許権について最初に添付した明細書，特許請求の範囲または図面に記載した事項の範囲内で，仮専用実施権（34条の2），仮通常実施権を設定できるようになった（34条の3）。そのための登録が認められ，登録することで第三者への対抗力を具備する。仮専用実施権および仮通常実施権は，特許権として登録されれば排他権を有し，専用実施権が設定され，通常実施権が許諾されたものとみなされる（34条の2，34条の3）。仮専用実施権およ

び仮通常実施権は，出願中の権利の補正や分割後も効力を有し，出願の放棄や取り下げには仮専用実施権者の同意が必要となる（34条の2）。

(3) 特許を受ける権利の担保権の設定

特許を受ける権利について質権の設定はできない（33条2項）。公示方法がなく，取引の安全のためであるが，資金調達の便宜のために，立法上公示方法について規定する必要があろう。譲渡担保については認められると解される。

(3) 出願人の資格

特許を出願するためには，法律上の権利主体となりうる資格が必要である。町内会や民法上の組合のような法人格のない社団にはこの資格は認められない。もっとも，法人格のない社団または財団であっても，代表者または管理人の定めのあるものはその名において一定の手続は可能で，出願審査請求，異議申立て，無効審判または延長登録無効審判，再審を請求できる（6条）。わが国で営業所を有し，登記された外国法人のほか，日本国内に住所または居所を有する外国人や条約で定められた外国人等にもこの資格が認められる。それ以外の外国人については相互主義がとられている（25条）。

(4) 共同発明

(1) 共同発明者

複数の者が共同で発明を完成した場合，特許を受ける権利は発明者全員の共有になり，共有者全員の共同でなければ特許出願することができない（38条）。一部の者による出願は拒絶され（49条2号），登録されても無効理由となる（123条1項6号）。その結果，共有者の一人でも反対すれば，他の共有者は特許出願ができなくなる。共有者の協議によることになるが，共有者の持ち分の買取請求権を認めることもある。共同発明については，トラブルが生じやすいので，あらかじめ契約で成果物の取り扱いについて定めておくことが望ましい。

共同発明のように，特許を受ける権利，特許権が共同発明者の共有となる場合には，共有者全員の同意を得なければ，その持分の譲渡，質権設定および専用実施権の設定または通常実施権の許諾をすることができない（33条3項，73条1項，3項）。ただし，契約による別段の定めがなければ，他の共有者の同意

なしで当該特許発明を実施することができる (73条2項)。

(2) 貢献度・寄与度の認定

　共同発明者の発明に対する貢献度，寄与度をどのように認めるかが問題となる。例えば，各発明者に平等に1：1：1の割合で均等に認める方法や，主な貢献をした者と補助的な貢献をした者を実質的に算定して5：2：1等の解決方法がある。紛争を避けるために，発明の完成後に，共同発明者間で協議する必要がある。その際に，社内の発明審査委員会等で研究部長，事業部長，外部委員等を招いて客観的に評価する方法もある。

(5) 冒認出願

　特許を受ける権利を有しない者の出願は冒認出願といわれ，本来拒絶査定がされるべきである。しかし，特許庁の調査能力や資料に限界があって，冒認出願が見抜けないことがある。冒認出願には次の2つの場合がある。①他の権利者の出願後に特許を受けた権利を譲り受けたとする書類を偽造して出願人の名義変更をして冒認者の出願としてしまう場合，②最初から冒認者が出願する場合がある。冒認者の権利取得後無効審判を請求することが考えられる。しかし，真の権利者が特許権をほしい場合にどうすればよいか。これについては，(i)特許付与前と(ii)特許付与後とに分けて考える。(i)の場合には，真の権利者が冒認者に対し特許を受ける権利を有するのは自分であることの確認を求める訴訟を提起し，その判決の謄本を特許庁に提出し，名義変更の申請をすることが考えられる。(ii)の場合については，特に②の場合には，特許を受ける権利を有する者は出願手続もしていないのに権利を取り戻せるとするのは異例であり，争いがあった。しかし，2011（平成23）年の特許法改正により，特許を受ける権利を有する者が特許権者に対して特許権の移転を請求できるものとされた（74条1項）。この請求により特許権移転の登録があった場合には初めから真の権利者に帰属していたものとみなされる（74条2項）。これにより，以前の特許権者から冒認出願により取得された権利であることを知らないで実施許諾を受けて事業をし，また，その事業の準備をしている者は，その事業の目的の範囲内でその特許権について通常実施権を付与される（79条の2第1項）。これは，善意の第三者保護のための規定である。特許権者は相当な対価を受ける権利を

有する（79条2項）。

(6) 職務発明

 現代の社会では，企業や官庁等の組織内で行われる発明が多い。組織内で従業者が発明を行う場合に，使用者に対し発明投資の動機づけを与えるとともに，従業者にも発明への意欲を促進させ，両者にバランスよく利益の調整を図る必要がある。多くの企業では，労働契約，労働協約，就業規則等でこの点について定めている。従業者等の権利を保護するとともに使用者等の効率的な利用を促す観点から，職務発明制度が特許を受ける権利の移転等について一般原則の特則として定められている（35条）。

(1) 要　件

 従業者，法人の役員，国家公務員または地方公務員の行った発明のうち，①使用者，法人，国または地方公共団体の業務範囲に属し，②従業者等の現在または過去の職務に属するものを職務発明という（35条1項）。例えば，カメラメーカーの研究部員が新しいカメラの構造を創作した場合，等である。

 従業者には，会社等の通常の従業者のほか，取締役，公務員等も含まれる。常勤か非常勤か，嘱託か日雇いかは問わない。①の要件は，定款に定められた目的との関連で決定されるが，企業の業務が市場の状況等に応じて変化する点を考慮すれば，現在行っている業務だけではなく，将来行うことが具体的に予定されている業務を含む広いものと解するべきである。②の要件は，使用者から具体的に指示されている必要はなく，従業者が自発的に研究テーマを見出し発明した場合を含む。その発明が使用者との関係で期待されており，かつ，その発明の完成に使用者が貢献していれば足りると考えられている（最高裁昭和43年12月13日二小判，民集22巻13号2972頁）。

(2) 特許を受ける権利の帰属

 このような場合における従業者のした発明は，発明者主義の建前から，当該発明に関するすべての権利が当該従業者に原始的に帰属する。使用者には，この職務発明につき無償で実施する権利（無償の法定通常実施権）が与えられる（35条1項）。職務発明について，従業員が特許を受ける権利または特許権の使用者への譲渡や専用実施権の設定をあらかじめ定める条項は有効である（35条2

項の反対解釈)。

　特許を受ける権利の帰属について，職務発明規定が導入された1909（明治42）年法では使用者に帰属するとしたが，発明権は真の発明者に帰属すべきという一般原則に抵触すると批判され，1921（大正10）年法では発明権は被用者に属し，使用者は特許を受ける権利を従業員から承継取得すると改正された。強者の地位に立つ使用者から従業員の権利を保護するため，あらかじめ契約等で承継を定めても，使用者が無償で承継することを許さず，相当の補償金を支払うものとした。しかし，近年，企業や大学，研究機関等の共同研究開発による共同発明が増加し，雇用の流動化のなかで特許を受ける権利の二重譲渡の問題や特許を受ける権利の帰属の不安定性の問題が指摘された。2015（平成27）年特許法改正により，契約等においてあらかじめ使用者等に特許を受ける権利を取得させることを定めたときは，特許を受ける権利は発生時から使用者等に原始的に帰属するとした（35条3項）。あらかじめこのような定めがない場合は，原則どおり，従業者等に特許を受ける権利は原始帰属し，その都度交渉，契約により使用者等に譲渡できる。

(3) 従業者等の相当の金銭その他の経済上の利益を受ける権利

　従業者等は，雇用関係で使用者等との交渉力が弱く，不利になりがちであることから，従業者等を保護するため，従業員等が使用者等に対して特許を受ける権利を取得させ，もしくは特許権を譲渡し，専用実施権または仮専用実施権を設定したときは，従業者は相当の金銭その他の経済上の利益を受ける権利を有する(35条4項)。2015(平成27)年改正前は，金銭のみならずストックオプションの付与や社内での評価，処遇等，金銭以外も含めたいという実務の要請から，「相当の対価」の支払いを受ける権利を有するとしていた。2015年の特許法改正により「相当の金銭その他の経済上の利益」に変更された。

　この規定は，外国における類似の行為があった場合にも類推適用される（「日立光ディスクのピックアップ装置事件」最高裁平成18年10月17日三小判，民集60巻8号2853頁)。

(4) 相当の利益の内容を決定するための基準の策定に関する手続

　使用者が従業者に特許を受ける権利の取得等についてどのような利益を与えるかは，相当の利益内容を決定するための基準の策定に際して使用者と従業者との間で行われる協議の状況，策定された基準の開示の状況，対価額の算定に

ついて行われる従業者からの意見の聴取の状況を考慮して，その基準によることが不合理であってはならない（35条5項）。相当の利益に関する規定がないか，それに合理性がないと考えた場合には，従業者は裁判所にその対価の決定を求めることができる。裁判所は，その発明により使用者が受けるべき利益の額，その発明に関連して使用者が行う負担，貢献，および従業者の処遇その他の事情を考慮して定める（35条7項）。

　従来，使用者が従業員から特許を受ける権利等を承継した場合，相当の対価として出願報奨金，登録報奨金，実施補償金などが支払われていたが，実施補償金の算定をめぐり，不合理として相当の対価の支払いを求める訴訟が頻発した。2004（平成16）年の特許法改正により，契約，勤務規則等で相当の金銭その他の経済上の利益を定める場合，当事者間の手続的な要素を加味して合理性を判断するとされた。さらに，2015（平成27）年特許法改正では，基準の策定にあたり，使用者と従業者との「協議の状況」，当該基準の「開示の状況」，従業者からの「意見の聴取の状況」等の手続のあり方を具体的に明示した。また，不合理性の法的予見可能性を向上させるために，経済産業大臣の「特許法第35条6項に基づく発明を奨励するための相当の金銭その他の経済上の利益について定める場合に考慮すべき使用者等と従業者等との間で行われる協議の状況等に関する指針」（平成28〔2016〕年4月22日，経済産業省告示）を公表している。

(5) **自由発明**

　職務発明以外の従業者がなした発明を自由発明という。例えば，①食品メーカーの社員が新しい機能をもつレンズを発明した場合のように，使用者の業務範囲に属さない発明。②使用者の業務範囲に属するが，従業者の職務範囲に属さない発明，例えば，カメラメーカーの経理部門の社員が新しいレンズを発明した場合である。自由発明は，特許を受ける権利，特許権の譲渡等を発明完成前にあらかじめ定めていても無効となる（35条2項）。

2 出願手続

(1) **特許出願の手続の流れ**

　特許出願とは，特許を受ける意思の客観的な表示として，特許庁長官に対し

て特許査定,登録を求めて願書を提出する行為である。特許出願により,特許庁で受理されて手続がなされ,方式審査がなされ,出願審査請求に基づき審査が開始され,特許査定を経て,設定登録により初めて特許権が成立する。特許出願の手続の流れについては,図1を参照。

　特許出願がなされると,方式審査のうえ(方式要件を満たさない場合には出願を却下する)受理され,出願から3年以内に審査請求があれば,特許庁において実体審査が開始される。審査請求は,出願人だけでなく,第三者も行うことができる(48条の3第1項)。この期間内に審査請求がなければ取り下げられたものとみなされる。

　審査官は,明細書を精読し,発明の内容を理解したうえで,特許請求の範囲の記載に基づき請求項に関する発明を認定する。そのうえで,先行技術を調査し,その発明に特許要件を欠くこと(拒絶理由)を発見した場合は,拒絶理由通知を出願人に対して行い,出願人は拒絶理由通知書に指定された期間内にそれに対して意見書を提出し,また,願書の補正を行う。

　審査官は,拒絶理由を発見できないとき,および補正等により拒絶理由がなくなったと判断したときは,特許をすべき旨の査定(特許査定)を行う(51条)。特許査定があれば,出願人は特許法107条1項に定める特許料を納付して,特許権の設定登録を受けることができる(66条1項)。

　拒絶査定に不服があれば,出願人は拒絶査定不服審判を請求することができ,さらに拒絶審決が出され,これに不服であれば,知的財産高等裁判所に控訴することができる。特許審決を受けることができれば,これに基づいて特許権の設定登録が可能になる。

　出願にあたっては所定の事項を記載した願書を特許庁長官に提出して行う(36条)。書面主義で,発明品の現物を提出することはできず,口頭の出願も認められない。現在では,出願書類の提出は,紙媒体の郵送のみではなく,オンライン通信によることもできる。願書には,出願人の氏名または名称および住所または居所,発明者の氏名および住所または居所を記載しなければならない(36条1項)。また,明細書,特許請求の範囲,必要な図面および要約書を添付しなければならない(36条2項)。

図1 特許出願の手続の流れ

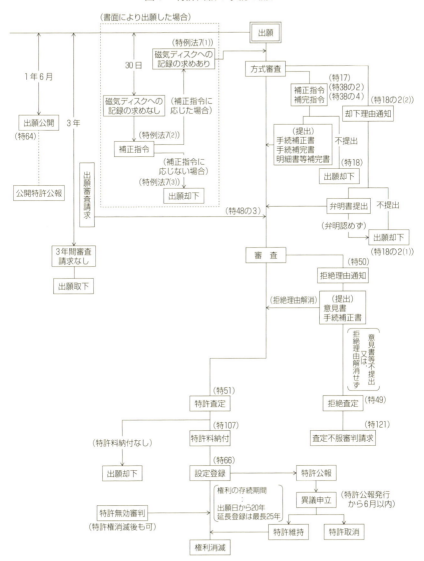

出所:特許庁『出願の手続』2016年, 2頁参照。

第3章 特許法(2)

(2)出願書類

①願書，②特許請求の範囲，③明細書，④図面，⑤要約書を出願書類という。これらの書類は出願公開公報や特許公報に掲載され，公開される。

(1) 願　　書

願書は，特許を受けようとする意志表示を明らかにする書類で，発明者と出願人等の必要事項を記載する届出書の役割を果たし，手数料の納付書としても機能する（願書の書式については図2を参照）。特許法36条1項に定める事項を記

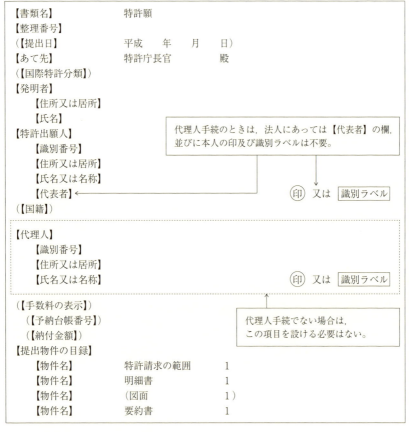

図2　特許出願の願書の書式（特許法施行規則様式26）

出所：特許庁『出願の手続』2016年，63頁参照。

載する。しかし，これだけでは発明の内容がわからないので，添付される明細書や特許請求の範囲，必要な図面および要約書から理解される。

(2) 特許請求の範囲

特許請求の範囲に発明を特定するに必要な事項を記載する。米国でクレーム（claim）と呼ばれるので，日本においてもこの言葉を使用することもある。特許発明は無体物であり，有体物と比べて権利の及ぶ範囲が明確ではない。無体物に排他的独占権を設定するのであるから，権利の及ぶ範囲の明確化が重要になる。伝達可能な技術情報として理解することができるように，発明の内容を示すために特許請求の範囲が作成される。発明の技術的範囲は，特許請求の範囲に基づいて定めなければならない（70条1項）。特許請求の範囲の意義の解釈にあたり，明細書および図面を考慮することができる（70条2項）。しかし，願書に添付した要約書を考慮してはならない（70条3項）。

特許請求の範囲の記載事項は請求項に区分して，請求項ごとに，発明を特定するために必要と認めるすべての事項の記載が必要となる（36条5項）。各請求項に記載された発明が同一であってもよい。クレームの記載方法は，わが国においては1921（大正10）年法から独自の単項制をとっていた。「発明の構成に欠くべからざる事項のみを1項で記載すべし」とされていた（旧38条）。しかし，国際的には多項制が通例であったので，1975年に特許協力条約（PCT）に加盟するに伴い変則的な多項主義を採用した。必須要件のほかに，実施態様項の付記を認めた。1987（昭和62）年改正で一発明に複数の請求項を記載できる本格的な多項制に移行した。一発明につき，独立形式であれ，従属形式であれ，自由な表現で複数の請求項が記載できることになっている。*

> *　従属請求項の例
> ［請求項1］　座部と，肘掛け部と，背もたれ部を備えた椅子
> ［請求項2］　座部を回転可能にする回転軸を備えた請求項1に記載の椅子
> ［請求項3］　脚部が取り外し可能な請求項1に記載の椅子
> →請求項1は独立請求項で，請求項2，3は前の請求項を引用した従属請求項である。上位概念に構成要素を加えて限定し，多面的に展開し，広範な権利取得をめざしている。

「特許請求の範囲」は，明細書の「発明の詳細な説明」に記載されているものでなければならない（36条6項1号）。つまり，発明を公開した代償として独

占権を付与する特許制度の趣旨から，明細書に具体的に開示されていないものは，権利範囲に入れることは許されない（サポート要件）。記載が明確かつ簡明でなければならない（36条6項2号，3号）。第三者に影響を及ぼすため，36条6項の要件違反は拒絶査定となり（49条4号），特許異議申立理由となり（113条4号），登録されても無効理由となる（123条1項4号）。

> ＊　**請求項の記載で明確性要件違反の事例**（特許・実用新案審査基準第2部第2章参照）
> ［記載例1］発明特定事項に技術的不備があり，発明が不明確となる場合
> 請求項…特定のエンジンを搭載した自動車が走行している道路
> →発明特定事項同士の技術的関連がないため，発明が不明確となる。
> ［記載例2］出願時の技術常識を考慮すると機能，特性等により記載された発明特定事項が技術的に十分特定されていないことが明らかで，明細書や図面を考慮しても，当業者が発明を明確に把握できない場合
> 請求項…X試験法によりエネルギー効率を測定した場合に，電気で走行中のエネルギー効率が$a〜b$%であるハイブリッドカー
> →エネルギー効率を実現するための手段が規定されず，エネルギー効率のみで規定されたハイブリッドカーは技術的に十分特定されていないことが明らかである。

(3) 明　細　書

　明細書は出願書類の中核をなすものであり，発明の具体的な内容について簡潔，明瞭に記載する必要がある。明細書には，発明の名称，図面の簡単な説明，発明の詳細な説明を記載する必要がある（36条3項）。かつては「特許請求の範囲」が「明細書」の記載事項の1つで最も重要な事項であったが，2003（平成15）年7月1日から「明細書」と「特許請求の範囲」が分離した新様式に変更された。現在は「発明の詳細な説明」が最も重要な事項とされる。発明の詳細な説明は，その発明の属する技術分野の通常の知識を有する者（当業者）が容易にその発明を実施することができる程度に明確かつ十分に記載しなければならない（36条4項1号，実施可能要件）。

　実施可能要件違反は，拒絶事由（49条4号），登録後も無効理由となる（123条1項4号）。出願時に出願人の知っていた関連する文献公知発明（29条1項3号）について，刊行物の名称や所在などの情報を記載しなければならない（36条4項2号）。記載義務を満たしていなければ，審査官が出願人に通知し，意見書を提出する機会を与える（48条の7）。通知後の補正や意見書の提出にもかかわらず36条4項2号の要件を充足しない場合には，審査官はその出願につき拒絶

査定を行う（49条5号）。

明細書は通常，次のような項目から構成される。【発明の名称】，【技術分野】，【背景技術】【発明の開示】，【発明が解決しようとする課題】，【課題を解決するための手段】，【発明の効果】，【発明を実施するための最良の形態】，【実施例】，【産業上の利用可能性】，【図面の簡単な説明】である。[*]

> * 特許請求の範囲と明細書の機能
> ① 権利書としての機能　　権利の範囲は特許請求の範囲に基づいて判断される。しかし，明細書の実施例や図面によってサポートされていることが必要である。特許請求の範囲を中心に，明細書，図面を含めた全体が権利書として機能する。
> ② 技術文献としての機能　　特許は，技術内容を第三者に開示する代償として付与されるため，第三者がその発明の内容を再現することができる程度に明確かつ十分に記載されている必要がある（36条4項1号）。

(4) 図　　面

図面は，発明の技術内容を理解するための補助的な機能をもつ。必要に応じて発明の内容を理解するのに役立つ図面を添付する。機械や装置などの発明のほとんどに添付される。化学物質の発明では，図面で説明できないものもあるため，必須のものとはされていない。

(5) 要 約 書

要約書は，発明の概要を説明するものである（36条7項）。権利の範囲を定めるものではなく，技術的にわかりやすく記載することが望まれる。1992（平成4）年の特許法改正で義務づけられた。これを利用して特許出願の情報検索を容易にすることを目的とする。文字数は400字以内に制限される。特許発明の技術的範囲の認定について参照することは禁じられる（70条3項）。

(3) 出願の単一性

2つ以上の発明が一定の技術的関係を有することにより，発明の単一性の要件を満たす一群の発明であれば，1つの願書で出願できる（37条）。技術的に密接に関連した発明を1つの願書で出願できれば，出願人は出願手続を簡素化でき，取引の利便性も高まり，特許庁の審査も効率化でき，第三者の特許情報の入手も容易になるからである。発明の単一性の具体的要件は法律で規定して

いたが，2003（平成15）年特許法改正で，特許協力条約に基づく規則第13規則と調和させて省令に規定した。技術的関係とは，2つ以上の発明が同一または対応する特別な技術的特徴を有することで，単一の一般的発明概念を形成するように連関している技術的関係をいう（特許法施行規則25条の8第1項）。特別の技術的特徴とは，先行技術に対する貢献を明示する技術的特徴をいう（特許法施行規則25条の8第2項）。別個の請求項か，単一の請求項に択一的な形式で記載されているかを問わない（特許法施行規則25条の8第3項）。特許法37条違反の出願は拒絶査定の理由となるが（49条4号），無効理由ではない。2006（平成18）年特許法改正で，拒絶理由通知後，単一性に反し別発明となるような補正が禁止され，拒絶理由となった（49条1号，17条の2第4項）。

  * **出願の単一性の判断**（特許・実用新案審査基準第2部第3章参照）
[記載例1] 2つ以上の発明が同一の特別な技術的特徴を有する場合
請求項1…「高分子化合物A（酸素バリアー性のよい透明物質）」
請求項2…「高分子化合物Aからなる食品包装容器」
→先行技術に対する貢献をもたらす特別な技術的特徴は高分子化合物Aであり，請求項1，2の発明は同一の特別な技術的特徴を有する。
[記載例2] 2以上の発明が対応する特別な技術的特徴を有する場合
請求項1…「窒化ケイ素に炭化チタンを添加してなる導電性セラミックス」
請求項2…「窒化ケイ素に窒化チタンを添加してなる導電性セラミックス」
→請求項1，2の発明は，窒化ケイ素からなるセラミックスに導電性を付与して放電加工を可能とし，先行技術に対して解決した課題が一致または重複する。

（4）出願の効果

　出願されると，その効果として，願書の提出日が出願日として認定され（38条の2），出願日を基準時として新規性や進歩性等が判断され，出願公開等の期間の起算点となる。最先の特許出願人のみがその発明について特許を受けることができ，後願を排斥できる先願の地位が認められる（39条1項）。同日出願の場合は，出願人の協議により，協議が成立しない，または協議できないときは特許を受けることができない（39条2項）。不適法な手続で，不備を補正で解消できないものは手続が却下される（18条の2第1項）。補完が必要な場合は通知され，手続補完書の提出日が出願日と認定され，期間内に補完しないときは手続は却下されうる（38条の2第2項，3項，8項）。出願の放棄，取下げ，却

下，拒絶査定または拒絶審決確定の場合は，最初から出願はなかったものとみなされるので（39条5項），後願の再出願は自己の先願により拒絶理由・無効原因があるものとされず，特許されうることになる。

(5) 特殊な出願
(1) 特許出願の分割

係属中の特許出願に2つ以上の発明を包含するとき，出願人は特許出願の一部を新たな特許出願とすることができる（44条）。特許出願に含まれる発明の単一性の要件を満たさない発明等もできるだけ保護すべきという趣旨から設けられた。パリ条約4条G(1)(2)と同趣旨である。より強い特許網を構築するため，出願係属中の他社の類似品や技術標準規格まで包含できるように特許を再構築して分割出願により，多面的かつ十分に権利を保護できる。原出願（親出願）から分割出願（子出願）し，さらに子出願を分割出願（孫出願）できるため，企業等では重要な特許について戦略的に分割出願を活用している。

分割出願の発明は，原出願の明細書等の記載事項の範囲内であることが必要となる。新規性や進歩性，先願等との関係から新たな出願は原則として元の特許出願時に遡及する（44条2項）。新規事項の追加となるような場合は，現実の出願日とみなされる。補正と機能が類似することから，同じ出願の再出願や権利の引き延ばし等の濫用防止のため，分割可能な期間は①明細書等の補正可能な時期（44条1項1号），②特許査定の謄本送達日から30日以内（44条1項2号），③最初の拒絶査定の謄本送達日から3カ月以内（44条1項3号）である。

(2) 出願の変更

出願人は，実用新案出願または意匠出願を特許出願に変更できる（46条1項）。特許出願，意匠出願および実用新案出願では，相互に出願の形式を変更できる（実用新案法10条，意匠法13条）。実用新案は保護期間が短く（出願から10年），実体審査が行われないため権利として不安定で，意匠は外観の保護に限定されるため，事業計画や技術動向の変化等により技術的思想として広く権利化したい場合，特許出願に変更できる。原出願の出願形式を変更するものであるため，変更出願は原出願の明細書等の記載事項の範囲内であることを要する。変更可能な期間は，実用新案出願は実用新案出願から3年以内，意匠出願

は最初の拒絶査定の謄本送達時から3カ月以内または意匠出願から3年以内である（46条2項）。出願の変更があったときは，元の出願は取り下げたものとみなされ，新たな出願は元の出願時まで出願日が遡る（46条6項，44条2項）。

(3) 実用新案登録に基づく特許出願

実用新案権者は，登録後，実用新案登録に基づき特許出願できる（46条の2）。実用新案登録出願は実体審査を経ないため出願の変更期間は非常に制限されるので，特許出願の変更を実用新案の登録後も可能とした。この場合，実用新案権を放棄しなければならない（46条の2第1項）。特許出願は，実用新案出願の明細書等の記載事項の範囲内に限り，出願日は原出願時に遡及する（46条の2第2項）。実用新案出願から3年以内の時期的制限がある（46条の2第1項1号）。審査の重複を防ぐため，実用新案技術評価の請求があったときや，実用新案登録無効審判について審査の進んだ段階では認められない（46条の2第1項）。

(4) 国内優先権制度

出願人は，すでに出願した自己の特許出願または実用新案出願を含めて包括的な発明として，先の出願の明細書等に記載された発明に基づいて優先権を主張して特許出願できる。技術革新の流れを踏まえ，出願後，改良発明等をまとめて出願でき，漏れのない包括的な特許の取得が容易になる。1985年にパリ条約4条Fの複数優先権や部分優先権に類似した制度として，特許協力条約に基づく国際出願で自己指定を可能とするために導入された(PCT条約8条(2)(b))。

優先権の主張は原則として先の出願から1年以内に行い，先の出願が分割や出願の変更に係るものでない必要がある（41条1項2号）。包括的な発明のうち，優先権主張の基礎とする先の出願に最初に添付した明細書，特許請求の範囲または図面（外国語出願では外国語書面）に記載された発明についての新規性，進歩性等の基準時は先の出願日とみなされる（41条2項）。優先権の主張の基礎とされた先の出願は，先の出願が放棄，取り下げまたは却下され，査定または審決が確定し，または実用新案の登録がされている場合を除き，出願日から1年4カ月経過後に取り下げたものとみなされる（42条1項，特許法施行規則28条の4第2項）。

(6) 国際的な出願

国際的な出願を行うには、各国ごとに通常の出願を行う方法、パリ条約の優先権を主張して行う方法（パリルート）、特許協力条約（PCT）による国際出願の方法（PCTルート）がある。

(1) パリ条約の優先権に基づく出願

特許権の取得は各国ごとになされるが、各国ごとに出願するのは手続が煩雑で時間的・地理的な不利があるため、手続を容易にするために1883年の国際的な工業所有権の保護に関するパリ条約に基づき優先権が認められる（パリ条約4条）。同盟国に正規の出願をした者が12カ月以内に他の同盟国に同一の発明の出願をする場合、第一国出願時と同時に出願した場合に認められるはずの利益（優先の利益）を認める。優先権が認められると、最初の出願後に優先期間内に行われた行為、例えば、他の出願、当該発明の公表または実施、当該発明に係る製品の販売等により不利な扱いを受けず、新規性を喪失して拒絶理由にならず、第三者の出願は後願とされ、いかなる権利または権能を生じさせない（パリ条約4条B）。このような優先権の主張をする者は、その主張する旨や最初に出願したパリ条約の同盟国の国名および出願日を記載した書面を特許庁長官に提出する（43条1項）。

(2) 特許協力条約（PCT）に基づく出願

特許協力条約（PCT）の要件を満たした国際出願の受理日を国際出願日として認め、要件を満たした国際出願は、締約国のなかから出願人が指定した発明の保護を求める国（指定国）において正規の国内出願として効果が認められ、国際出願日が各指定国における実際の出願日とみなされる（PCT条約11条(3)）。国際出願の効果に基づき締約国で権利を取得するためには、その締約国の国内法令における実体審査を受ける必要がある。国際出願を国内段階へ移行するためには、出願人は優先日から30カ月を経過するまでに各指定国の特許庁に対して国際出願の写しおよび所定の翻訳文を提出し、該当する場合に国内手数料を支払う（PCT条約22条）。

(7) 出願公開

出願公開は、1970（昭和45）年の特許法改正で、審査請求制度や拡大先願と

ともに導入された。特許権は発明の公開の代償として付与されるものとされるが，審査期間の長期化や審査請求制度の導入等に伴い，発明の公開が遅れたり，場合によっては遅らせることが可能になる。そこで，出願日から1年6カ月を経過した出願を審査の状況にかかわらず公開特許公報に掲載し，公開する制度である。出願公開後に侵害に対して，特許登録後に補償金請求権が認められる（65条1項）。

(8) 補　　正

補正は，特許出願等の手続に不適法があったり，書類に不備や誤記，不明瞭な記載があるときに手続や書類を補充し，訂正することをいう。補正の効力は出願時に遡ると考えられている。補正の時間的制限（17条の2第1項1号～4号）として，最初に拒絶理由通知で指定された期間内（1号）等がある。補正の内容的制限として，①新規事項の追加禁止（17条の2第3項），②シフト補正（拒絶査定を受けた後の補正においてそこに記載された発明と別発明となるような特許請求の範囲となるような補正）の禁止（17条の2第4項），③最後の拒絶通知後に行われる補正については，請求項の削減，特許請求の範囲の縮減，誤記の訂正，明瞭でない記載の釈明以外の目的で行うことができない（17条の2第5項），④特許請求の範囲の縮減の場合には，補正後に記載された発明が独立して特許を受けることができるものでなければならない（17条の2第6項）という制限がある。

出願は，弁理士に委託して出願する場合が多いが，本人出願や自社出願の場合もある。外部の弁理士に安易に委託すると，技術内容の理解不足や技術者の説明不足により，明細書に出願する発明の内容が先行技術を踏まえて正確に十分記載されず，他者の先行出願との関係で，拒絶理由通知書が送付され，権利化できないおそれがある。補正の範囲は出願当初の明細書等に記載範囲に制限されているため，事前に先行特許や先行技術を調査し，自己の出願の新規性や進歩性，他者の先行特許や先行技術との相違を明確に主張できるように出願時に特許請求の範囲や明細書を十分明確に記載するよう留意する必要がある。

3 審査および審判

(1)審　査

　出願審査は，出願日から 3 年以内に審査請求があったときに行われる。審査を請求できる者は出願人に限らず，手数料を納付すれば誰でもできる（48条の 3 第 1 項）。特許権の成否は，出願人だけではなく，他人の利害にも関連するからである。審査は，特許要件や先後願など実体的要件について行われるが，補正の適法性や明細書の記載要件の具備など方式要件についても行われる。書面による間接審査が中心になるが，それだけで分からないことは実務上出願人との面接があり，出願人側から面接を要求することもできる。拒絶理由が発見されない場合には，審査官が特許査定を行い（51条)，登録への手続へと進むことになる。拒絶理由が発見された場合には，拒絶理由を出願人に通知し，その理由が解消されない限り，拒絶査定を行わなければならない。

　拒絶理由通知書は，すでに公開されている先行出願が複数引用され，その先行出願から当業者が容易に発明することができたとする場合が多い。出願人は，これに対して，先行出願や自己の出願を再検討し，どのようにすべきかを決定しなければならない。出願人は，指定された期間内に意見書の提出や補正書または誤訳訂正書の提出などをしなければならない。拒絶理由通知を受けた場合に採りうる措置としては，①意見書の提出，②補正書または誤訳訂正書の提出，③出願の分割，④出願の変更，⑤国内優先権の主張，⑥出願の放置，放棄，取り下げ，がある。①は，拒絶理由通知の内容に承服できない場合である。例えば，引用例に対して新規性，進歩性を有し，拒絶理由がないことを主張し，先行出願や先行技術との意味のある相違点を指摘し，進歩性があると主張する。

(2)審　判

　審判には査定系と当事者系がある。査定系は，①拒絶査定不服審判，②訂正審判であり，書面主義を原則として，職権主義的に証拠調べ，審判手続の進行・審理が行われる。

当事者系は，特許査定が行われ，登録された後に特許権者を相手方として行われる審判であり，訴訟手続に準じる手続で行われる。
　③特許無効審判，④存続期間の延長登録の無効審判がある。審判官の審判に不服があれば，東京高裁（知的財産高裁）への審判取消訴訟が可能である。

◆参考文献
竹田稔監修『特許審査・審判の法理と課題』発明協会，2002年
特許庁編『工業所有権法（産業財産権法）逐条解説〔第19版〕』発明推進協会，2012年
豊崎光衛『工業所有権法〔新版・増補〕』有斐閣，1980年
中山信弘『特許法〔第3版〕』弘文堂，2016年
牧野利秋編『実務解説 特許・意匠・商標』青林書院，2012年

第4章 特許法(3)：特許権侵害

1 特許権の効力と特許権侵害

(1) 特許権の効力

　特許権は，特許発明を独占的に実施することができる効力を有する。これは特許権の積極的効力ともいう。次章で述べるのは，この効力の活用に関する問題である。他方で，特許権は他人の実施を排除することができる効力を有し，これを消極的効力ともいう。本章では，特許権のこの双方の効力の関連性に着目しながら，主として消極的効力との関係で特許権侵害を捉え，考えてみる。

　特許法には特許権の効力を制限する規定があり，特許発明に関する行為を第三者が行ったとしても侵害とならないことになる（特許法69条。以下，本章では特許法に限り条数のみを表示）。これらは，侵害訴訟との関係では抗弁の一種として主張されるが，ここでは特許権の効力の及ぶ範囲との関係で説明しておく。
① 　試験または研究のためにする特許発明の実施（69条1項）

　特許法は発明を公開する代償として，実施に対する排他的権利を付与している。発明を公開する目的は，社会の技術レベルの向上させるためである。特許発明について第三者の追試験を認めることは，改良発明を促進し，技術の進歩を促すことになる。これに関する最高裁の判例として，後発医薬品（いわゆるゾロ薬）について薬事法14条所定の承認を申請するために，特許権の存続期間中に特許発明の技術的範囲に属する化学物質または医薬品を生産し，これを使用して製造承認申請書に添付すべき資料を得るのに必要な試験を行うことは，特許法69条1項にいう「試験又は研究のためにする特許発明の実施」にあたる，とするものがある（最高裁平成11年4月16日二小判，民集53巻4号627頁）。
② 　日本国内を通過するに過ぎない船舶，航空機，またはこれらに使用する機械，器具，装置等（69条2項1号）

　短時間で国外に出て行き，特許権者に与える損害は軽微であることが推測さ

れ、差止め等を認めるとかえって国際交通に重大な支障を生じるおそれがあるからである（パリ条約5条の3参照）。
③　特許出願時から日本にある物（69条2項2号）
　特許出願時に第三者が同じ物質を有しているとすれば、その物質特許の効力を制限しなければ特許侵害となってしまう。これは、そのものの所有者の自由を過度に制限することになる。先使用権と類似した趣旨の規定であるが、先使用権については通常実施権を法律上設定する規定であった。この規定は、特許権の効力外として特許権侵害にならないものとしている。
④　医師の処方箋による調剤行為および医師の処方箋による調剤医薬（69条3項）
　1975（昭和50）年特許法改正により特許が認められるようになった2つ以上の医薬を混合することにより、製造されるべき医薬品の発明または2つ以上の医薬を混合して医薬を製造するする方法の発明に関する特許権の効力を制限したものである。人の病気の診断、治療、処置または予防のために使用する医薬に関する特許について、医療現場で特許の有無やその範囲に関する調査をしなければその医薬を使用することができないというのでは、現場の医師が適正、迅速な治療行為等を行うことが困難になる可能性があるからである。
⑤　再審から回復した特許権の効力の制限（175条、176条）
　再審により特許権が回復した場合、無効審決等を信頼した第三者を保護するために、回復した特許権の効力に一定の制限を設けている。
⑥　他人の先願特許等の利用・抵触（72条）
　特許権者、専用実施権者または通常実施権者は、その特許発明が、他人の先願の特許発明、登録実用新案、登録意匠またはその類似意匠を利用する場合は、その特許発明を業として実施できない。また、特許権が他人の先願の意匠権または商標権と抵触する場合は、特許権者は、その特許発明を実施できない。利用関係について権利者から実施許諾を得られない場合は、特許庁長官の裁定により通常実施権の設定を受けることができる（92条）。
⑦　実施権による制限
　特許権者は、自らの意思により特許発明を実施する権限を付与でき、特許発明を独占的に実施できる専用実施権（77条）と独占性・排他性のない通常実施権（78条）が認められる。

この他，不実施の場合や自己の特許発明を実施するための利用発明の場合，または公益上の必要がある場合に，特許権者または専用実施権者と協議したが，協議が成立せずまたは協議できなかった場合に，特許庁長官または経済産業大臣の裁定により通常実施権の裁定（83条，92条，93条）が認められる。
　さらに，特許権者の意思に関係なく，法律上認められる法定実施権が認められている。法定実施権には，職務発明の使用者の通常実施権（35条），先使用権（79条），特許権の移転登録前の実施による通常実施権（79条の2），無効審判請求登録前の実施による通常実施権（80条），意匠権存続期間満了後の通常実施権（81条，82条）がある。このような場合には，実施権に基づき，特許権の効力が制限されることになる。

(2)特許権侵害

　特許権侵害に対して，民事上は，正当事由や法的権限が認められない第三者が特許発明を実施することを排除し，損害賠償請求，不当利得による返還請求，名誉回復措置等を請求することができる。特許権侵害には，直接侵害と間接侵害がある。直接侵害には，クレームの文言の解釈から当然に侵害となる文言侵害と均等論による侵害とがある（本章次節を参照）。直接侵害を生じる可能性の高い予備的行為を間接侵害と規定し，特許保護の実効性を確保するものである。
　他方では，特許侵害の警告を受けたり，侵害訴訟を提起された場合，どのような抗弁が考えられるかも検討しておく必要がある。特許侵害訴訟の特徴，相手方からの警告や侵害訴訟提起の意図，相手方の特徴（パテントトロールと呼ばれる者が相手方となっていないかどうか等）などを把握しながら，どのように解決を探るかについてもできる限り考えてみたい。

2 特許権侵害の種類

(1)文言侵害

　イ号物件（侵害物品）がクレームに記載されているすべての要件と合致するとき，これを文言侵害という。その際に，侵害物件をクレームのような文章に

置き換えて特許のクレームと対比する必要がある。例えば，クレームの記載を発明の構成要件に分けてA＋B＋C＋D＋Eとすると，イ号物件もこのすべての要件を含んでいれば文言侵害となり，A＋B＋C＋Eとなる場合やA＋B＋C＋D＋Pである場合には，文言侵害にはならない。

　「電磁調理器用玉子焼き器」という特許発明との関係でより具体的にみると，特許発明のクレームを構成要件に分解すると，A電磁調理器具に使用される柄付きの玉子焼き器であって，B電磁誘導加熱による加熱調理部が円形に形成され，Cその円形調理部の中央に卵焼きのための長方形の部分が設けられるとともに，Dその両側に付け合わせ等を調理できる部分が設けられていることを特徴とする，E電磁調理器用玉子焼き器　となる。構成要件Aで「柄付きの」と記載されているので，柄の付いていないフライパンはAの要件を欠くから文言侵害にはあたらない。また，Eには「電磁調理器用」と記載されているので，電磁調理器ではないフライパンは文言侵害にはならない。

(2) 均等論による侵害

　クレームは特許発明の範囲を公示するものであり，これを離れて発明の技術的範囲を広げすぎると第三者の利益を害することになる。第三者はクレームから特許発明の技術的範囲を認識するからである。そこで，文言侵害にあたらないとしても，実質的には同一ないし均等なものと判断することができ，かつ，クレームの文言からみても第三者の予測可能性が不当に害されない場合に限って，イ号物件を特許侵害にあたるとする解釈が認められている。

　この点に関する最高裁平成10年2月24日三小判（民集52巻1号113頁）は，「無限摺動用ボールスプライン軸受」に関する特許侵害の事件において，①異なる部分が特許発明の本質的な部分でなく，②その部分をイ号製品に置き換えても発明の目的を達することができ，同一の作用効果を実現することができ，③異なる部分を置き換えることを当業者がイ号製品の製造等の時点で容易にその結論に行き着くことができ，④イ号製品が特許出願時における公知技術と同一またはそれから特許出願時に推考できたものではなく，⑤イ号製品が特許出願手続においてクレームから意識的に除外されたものにあたるというような特段の事情がないときに，均等なものとして特許発明の技術的範囲に入るとした。こ

の判例は，わが国の判例や学説に大きな影響を与えており，均等論を認める要件との関係でも重要な判例と評価されている。

特許発明の技術的判定の確定は難しいため，予めまたは係争中に，特許庁に対して判定を求めることができる（71条）。審判の手続を準用し，請求人の他に被請求人がいる場合は，判定請求書の副本が送達され，答弁書を提出する機会が与えられ，3名の審判官の合議体で，特許発明の技術的範囲について，均等の範囲に該当するかどうかも含めて，判定対象が権利侵害しているかを判定する。もっとも，法的拘束力はなく，鑑定的性質を有するに過ぎない。法的拘束力のある判断を得るには裁判で争う必要がある。

(3) 間接侵害

本来的には直接侵害にはならないが，これを放置すると特許侵害が生じ，特許保護が十分でなくなるような行為がある。特許法101条は，このような行為を特許権または専用実施権を侵害する行為とみなしている。この規定に定められている行為を間接侵害という。

このような行為は，物の発明と方法の発明に分けられて規定されている。間接侵害の類型からみると，①専用品型間接侵害（101条1号，4号），②多機能品型間接侵害（101条2号，5号），③模造品拡張型間接侵害（101条3号，6号）に分けることができる。①は，物の発明についてはその物の生産のみに用いる物（1号），方法の発明についてはその方法の使用にのみ用いる物（4号）の生産，譲渡もしくは輸入または譲渡等の申出をする行為を指す。ここで「のみ」というのは，商業的，経済的に実用性のある用途がないという意味であり，まったく用途がないことまで要求されているわけではない。②は，専用品型間接侵害の対象となりにくい多機能の製品が多数生じてきたことに関連して，2002（平成14）年の特許法改正で規定されたものである。発明の実施に用いられることを知りながら実施にあたるような行為をすること指す。③は，模造品の拡散を未然に防止するために，特許発明により生産された物または特許の対象になっている方法により生産した物を，業として譲渡等または輸出のために所持する行為を指す。

3 民事的救済

(1) 権利者の請求権
(1) **差止請求権**（100条）

　差止請求権は，排他的権利としての特許権の特徴から生じる権利であり，物権に関する物権的請求権に類似する性質をもつ。権利者となりうるのは，特許権者と専用実施権者に限られ，通常実施権者は独自に権利者となりえない。権利者は，侵害者の故意，過失を証明する必要はない。現実に模造品が製造，販売されている場合のように侵害が生じている場合だけではなく，侵害のおそれがある場合，つまり，侵害の客観的可能性が高く，明らかである場合にも差止請求権が行使できる。侵害の停止および予防だけではなく（100条1項），侵害行為を組成した物，侵害行為に供した施設を取り除くこと，その他侵害行為の予防に必要な行為を請求することができる（100条2項）。

(2) **損害賠償請求権**（不法行為に関する民法709条，特許法102条以下の特別規定）

　特許侵害によって損害賠償が認められる要件——①特許権侵害行為の存在，②侵害者の行為に関する故意・過失，③侵害行為と損害の因果関係，④損害の発生。これらは民法上の原則による——は特許権者，専用実施権者等の原告が立証すべきことになる。しかし，すべてを証明することは事実上困難であることが多い。そこで権利者を保護するために，過失の推定（103条），生産方法の推定（104条），相手方に対する具体的態様の明示義務（104条の2）のほか，損害額の推定規定（102条），損害計算のための鑑定（105条の2），相当な損害額の決定（105条の3）などの規定がおかれている。

(3) **信用回復措置**（106条）

　故意または過失により特許権または専用実施権の侵害が行われ，これによって業務上の信用を害した場合，裁判所は，権利者の請求により侵害者に対して損害賠償に代え，または損害賠償とともに権利者の信用を回復するのに必要な措置を取ることができる（106条）。例えば，侵害品が粗悪であったために特許製品も粗悪であるという風評が広がり，特許権者等の業務上の信用が害された場合に，侵害者に謝罪広告の新聞に掲載することを命じることが考えられる。

しかし，現実にこのような請求が認められるのは稀である。
(4) **不当利得返還請求**（民法703条以下）
　侵害者が特許発明を無断実施したが，例えば，不法行為に基づく損害賠償請求権が3年間の短期消滅時効にかかっている場合に，消滅時効にかかっている部分について不当利得による返還請求が可能になる。
(5) **水際措置**
　知的財産侵害物品は，輸出入してはならない貨物（関税法69条の2第1項3号および69条の11第1項9号）として，税関で水際取締の対象となる。侵害品の輸出入は侵害訴訟で差し止めることができるが，いったん輸出入されると追跡が困難で被害が拡大するため，早急に対応するため，権利者は，予め税関に対して，税関で輸出入の差止を申し立てることができる（関税法69条の4，69条の13）。税関で，輸出入者及び権利者に侵害の該否について証拠や意見を提出する機会を与えて，侵害の該否の認定手続を経て（関税法69条の3，69条の12），税関長は，これらの貨物の没収，廃棄し，積戻しを命じうる（関税法69条の2第2項，69条の11第2項）。輸出入禁止物品を輸出入した場合は，罰則もある（関税法108条の4および109条）。

（2）侵害主張に対する抗弁

① 　**試験または研究のためにする実施等特許権の効力の制限**　侵害に対する抗弁として，試験または研究のためにする実施等特許権の効力が制限されており，当該の実施行為に及ばないとする抗弁が考えられる。最高裁平成11年4月16日二小判（民集53巻4号627頁）は，後発医薬品（いわゆるゾロ薬）につき薬事法14条所定の承認を申請するために特許権の存続期間中に特許発明の技術的範囲に属する化学物質または医薬品を生産し，これを使用して製造承認本申請書に添付すべき資料を得るのに必要な試験を行うことを特許法69条1項にいう「試験又は研究のためにする特許発明の実施」にあたるとして，この抗弁を認めている。
② 　**先使用権の抗弁**　先使用権者は通常，実施権が法律上の規定から付与されるので，侵害の主張に対する抗弁としても有効である。
　他人の特許出願前に，我が国においてその発明の実施である事業をし，また

はその事業の準備をしていた場合は，先使用権に基づく通常実施権が認められる（79条）。技術を特許出願せず，ノウハウとして秘匿して事業を実施している場合に，有効な防御手段である。発明の知得経路について，他人の特許出願内容を知らずに自ら発明し，またはその発明者から知得した場合に限らず，発明者が他人に冒認出願された場合や他人に出願権を譲渡した場合でも，認めてもよいと解されよう。

　事業の準備の要件について，最高裁では，事業の実施に至らないが，即時実施の意図を有し，かつその即時実施の意図が客観的に認識される態様，程度で表明されていることと解されるとしている（最高裁昭和61年10月3日二小判，民集40巻6号1068頁）。大型プラントの受注生産の事例で，見積書や設計図を作成したが，受注できず，その後も入札に参加していたことを踏まえたものであるが，技術分野や技術の特性等により判断は異なるであろう。また，先使用権の効力の範囲は，出願の際に現に実施又は準備した実施形式に限定されず，その実施形式に具現された発明と同一性を失わない範囲内で変更した実施形式にも及ぶと解される（最高裁昭和61年10月3日二小判，民集40巻6号1068号）。先使用権を立証できるよう証拠確保として日常的に技術や事業関連書類，試作品等を日頃から適正に保管しておく必要がある（特許庁平成28年5月「先使用権制度の円滑な利用に向けて―戦略的なノウハウ管理のために〔第2版〕」参照）。

③　特許無効の抗弁　　特許無効の抗弁については，侵害訴訟において特許無効の抗弁を認めないドイツ法の影響もあって，従来否定的な見解が有力であった。特許権の無効については，無効審決，知財高裁への控訴等の制度があり，侵害訴訟における抗弁として認めるべきではないと主張されていたのである。この状況を変えたのは，「キルビー事件」判決（最高裁平成12年4月11日三小判，民集54巻4号1368頁）であった。この判決によると，「特許に無効原因が存在することが明らかなときは，その特許権に基づく差止め，損害賠償の請求は，特段の事情がない限り，権利濫用にあたり許されない」と主張された。立法上も2004（平成16）年特許法改正により，104条の3が新設され，同条1項に特許権者等の権利行使の制限として無効の抗弁を認める規定が設けられた。

④　消尽・並行輸入の抗弁　　特許製品が日本国内で製造販売されると，当該特許製品について特許権者は特許権を行使することができなくなる（国内消

尽）。並行特許を有する者またはそれと同視できる者が外国で販売した場合はどうか。最高裁平成9年7月1日三小判（民集51巻6号2299頁）は，特許権者が譲受人との間でわが国を除くことを合意し，これを製品に明確に表示した場合を除き，権利を行使できないものとした。

　世界市場で大企業は先進国と途上国で価格差を設けて販売し利益を得ている。より安価な国から製品を輸入する並行輸入は，消費者にメリットがあるが，権利者が各国ごとに知的財産権に基づき権利行使することは物の自由な流通の障壁となりうる。国際消尽を認めるか国際的にも議論が分かれる中で，最高裁は，権利者の利益に配慮して，当事者の合意に依拠して黙示的許諾論を採用したもので，禁反言の法理に近い考えともいえる。使い捨てカメラやリサイクル製品等，社会通念上効用を終えたが，物理的に使用可能な製品として再利用や再譲渡した場合，特許権者による権利行使が許されるかについては，当該製品の機能，構造および材質，用途，耐用期間，使用形態，取引の実情等を総合考慮して判断される（最高裁平成19年11月8日一小判，民集61巻8号2989頁）。

4 刑事罰

　ここでは主に民事責任について取り扱っているが，特許権等の侵害者には刑事罰もある。特許権又は専用実施権の侵害者には（101条における特許権又は実用新案権の侵害行為とみなされる行為を行った者を除く），10年以下の懲役もしくは千万円以下の罰金が科され，または併科される（196条）。平成10年改正で，保護が強化され，非親告罪となった（196条2項の規定を削除）。法人または自然人の代表者，代理人，従業者が行った場合は，その行為者を罰するほか，法人やその自然人も処罰され，3億円以下の罰金が科される両罰規定がある(201条)。

◆参考文献
大渕哲也・塚原朋一・熊倉禎男・三村量一『特許訴訟（上巻），（下巻）』民事法研究会，2012年。
木棚照一『国際知的財産法』日本評論社，2009年。
中山信弘『特許法［第三版］』弘文堂，2016年。
牧野利秋・飯村敏明・高部眞規子・小松陽一郎・伊原友己『知的財産訴訟実務体系Ⅱ―特許法・実用新案法（2），意匠法，商標法，不正競争防止法』青林書院，2014年。

第5章 特許法⑷：ライセンス，独占禁止法，営業秘密

1 ライセンス

(1) ライセンス契約とは何か

ライセンス契約（license agreement）とは，知的財産・知的財産権の実施・使用・利用に関する契約で，民法上に規定されている13種類の典型契約ではなく，無名契約である。

具体的には，当事者の一方（ライセンサー）が相手方（ライセンシー）に対して，特許，ノウハウ等ライセンスの対象について，一定の対価（実施料，使用料，利用料）により，ライセンス（実施権，使用権，利用権）を許諾する契約である。特許を対象とする契約が特許ライセンス契約である。なお，ライセンス契約の概念およびライセンス契約のキーポイントは図1，表1のとおりである。

図1　ライセンス契約概念図

表1　ライセンス契約のキーポイント

キーポイント	内　　容
当　事　者	当事者は誰と誰か？
対　　　象	対象は何か？
ライセンス	どのような範囲のライセンスを許諾するのか？
対　　　価	許諾対価はどれほどか？

(1) 当事者
① ライセンス契約においては，ライセンサーとライセンシーの相互の信頼関係が大前提であり，与える側と受ける側の立場の違いはあるが，一人勝ちの考え方ではうまくいかない。例えば，改良技術の取り扱い，秘密保持，第三者の権利侵害への対応等については相互の協力が必要不可欠である。
② ライセンス契約交渉は，合理的な契約条件，合法性（特に独占禁止法違反に注意）を考慮する必要がある。

(2) ライセンスの対象
① 特許
　特許権（登録された権利），特許を受ける権利（登録前の権利）いずれでも可能である（契約自由の原則）。他人がライセンスを受けないで実施すると権利侵害となる（特許権の場合）。
② ノウハウ
　ノウハウとは，非公知性，有用性があり，秘密として管理している技術情報（不正競争防止法2条6項「営業秘密」）のことである。ノウハウは秘密情報であり，ライセンスを受けなければ，ノウハウにアクセスできない。
③ 著作物（コンピュータプログラム，データベース等）
　著作物の保護の原則は，無方式主義（著作権法17条2項）であること，法人著作の制度（著作権法15条，2条6項），著作者人格権規定（著作権法18条〜20条）があること等に留意する必要がある。

(3) ライセンス
① 契約実務上の独占ライセンス，非独占ライセンス，特許法上の専用実施権（特許法77条），通常実施権（特許法78条）等がある。専用実施権は独占ライセンスであるが登録しないと権利が発生しない（特許法98条1項）などの特性がある。
② 共有特許権は，共有者の承諾がなければ，単独ではライセンス許諾できない（特許法73条3項）。
③ 契約期間については，特許の場合は特許権の有効期間中全部とするか，限定期間とするか，ノウハウの場合，秘密保持期間と対価の支払い期間がポイントである。著作物の場合，保護期間が長いので期間の限定がポイントとなる。

(4) 対　　価

頭金…契約締結時に一括して支払う対価

ランニング・ロイヤルティ…実施結果に従って支払う対価

ミニマム・ロイヤルティ…独占ライセンスの場合に，実施結果に関係なく支払う最低実施料

(5) 制限規定

① 改良技術の取り扱い

　フィードバック，グラントバック，アサインバック等がある。ライセンシーの改良技術をライセンサーに譲渡するアサインバックや，独占ライセンスを許諾するグラントバックは，独占禁止法違反となる可能性がある。

② 秘密保持

　ノウハウを含んだ特許出願や，新聞発表は契約違反になることがある。

（2）ライセンス契約の役割

　知的財産権は産業政策的，文化政策的に排他的独占権が認知されており，企業経営においてはこの制度趣旨に沿って，知的創造活動の結果については適切，合理的に知的財産権を取得・保有すべきである。知的財産権を取得・保有している企業は，その知的財産権に与えられた排他的独占権の範囲内において，それを積極的に活用する経営戦略を策定・実行することになる。知的財産権を活用する経営戦略としては，知的財産権の権利の大きさ，完全性，保有企業の規模・実態その他により一定不変のものではないが，一般論として，次の諸点をあげることができる。

(1) 対価の取得

　知的財産権の基本的特徴は排他的独占権が認知されていることであり，この特徴は，知的財産権に係る製品を独占的に自己実施し，競合他社の市場参入を障壁の構築により阻止し，市場の独占を図ることである。しかし，この市場独占の経営戦略は，どのような状況下でも通用する唯一絶対のものではない。次に検討さるべき経営戦略は，ライセンシング戦略である。ライセンシング（licensing）戦略とは，自社が保有している知的財産権について，自社で当面は活用・実施しないか，または仮に自社で実施していても，他社に当該知的財産

権についてライセンスを許諾し，対価の取得を図る戦略である。

　ライセンシングは，市場独占の経営戦略ではなく，市場に非独占の形で対応するものであり，ライセンスを許諾した他社（ライセンシー licensee）は自社（ライセンサー licensor）の分身であり，ライセンサーおよびライセンシーで市場戦略を実行することになる。ライセンサーとライセンシーによる市場戦略は，実際にはライセンス契約によって構築され，その履行により実施される。

(2) ライセンシーが開発した改良技術のグラントバック

　市場戦略構築の場であるライセンス契約の内容は，原則的には契約自由の原則に従ってライセンサー，ライセンシー両当事者の意思によって定められる。例えば，ライセンシーが開発した改良技術に関するライセンサーへのグラントバック（ライセンシーがライセンサーに実施権を許諾すること）は，ライセンサーにとって有益である。ただし，市場戦略の構築に関するライセンス契約の内容は，独占禁止法の制約を受ける。

　その場合の制約基準は独占禁止法21条に規定する知的財産権の権利行使行為内であるか否かである。例えば，ライセンシーが開発した改良技術に関するライセンサーへのアサインバック（ライセンシーがライセンサーに改良技術を譲渡すること）は，知的財産権の権利行使行為を越え，不公正な取引行為に該当し，したがって，契約自由の原則の例外として，独占禁止法に違反するものとして規制を受ける。

(3) 留　意　点

　ライセンス契約における検討項目のうち主なものは，次のものである。これらの点に留意することによって，ライセンス契約の成功が可能となる。

① 　ライセンス契約の契機…いつ，どこで，何によって
② 　何の目的で…対価の取得，安全な事業，オープンイノベーション
③ 　誰と誰が…契約当事者，特許権者，ノウハウ保有者
④ 　何を対象に…ライセンスの対象（特許，ノウハウ等）
⑤ 　どんな内容で…契約条件，対価，改良技術の取り扱い，保証等
⑥ 　どのような法的根拠，規制法で…特許法，独占禁止法等
⑦ 　どのような交渉で…当事者同士，代理人，どちらが契約書原案提示
⑧ 　どのように調印し，管理するか…調印者は誰か，契約管理

(3) まとめ

　現在, 経済・経営環境はきわめて多様であり, またグローバルな企業間の国際競争が繰り広げられている。技術革新のスピード化・業際化の進展等により, 企業の規模の大小を問わず, 各企業は自社開発, 自社技術だけ, いわゆる自前主義では不十分な場合が多くなっており, オープンイノベーションの代表的位置づけであるライセンス契約が重要な役割をはたす。

　このような状況下において, 自社開発, 自社技術を補完するための技術導入（ライセンス・イン）, および他社支援, 経営戦略のための技術供与（ライセンス・アウト）の必要性が生じている。現在国レベルで, 技術取引市場（Technomart）, ＴＬＯ（Technology Licensing Organization）等が推進されている。

　ライセンス契約は, 物の取引より不確定・不安定要素が多いので, 当事者間に信頼関係があり, かつ, そのライセンスに関し, 方針がはっきりしており, ライセンス契約の常識をもち, 形式より実質を重視する対応が成功のポイントとなる。

2 独占禁止法

　特許ライセンス契約等の知的財産関係契約は, 民法上の典型契約ではなく, したがって, 民法の規定をガイドラインとする契約運用というよりも, 実務慣行による契約運用になっている。しかし, ライセンス契約の実務が, 当事者間の立場の違い, 特に力関係等により契約当事者間の争点が多くなっており, 適法かつ公正な契約内容を確認する必要性が高まっている。

　知的財産権ライセンス契約の実務も原則として契約自由の原則が適用されるが, 例外的に独占禁止法による規制を受ける。知的財産権ライセンス契約の独占禁止法による規制は, 実務的にもきわめて重要である。

　独占禁止法は, 公正かつ自由な競争を促進することを基本理念としている。したがって, 知的財産ライセンス契約に対する独占禁止法による規制について検討する場合にも, 公正性の法理を検討することが基本的課題である。独占禁止法の目的は, 第1条に次のように定めている。「この法律は, 私的独占, 不当な取引制限及び不公正な取引方法を禁止し, 事業支配力の過度の集中を防止

して，結合，協定等の方法による生産，販売，価格，技術等の不当な制限その他一切の事業活動の不当な拘束を排除することにより，公正且つ自由な競争を促進し，事業者の創意を発揮させ，事業活動を盛んにし，雇傭及び国民実所得の水準を高め，以て，一般消費者の利益を確保するとともに，国民経済の民主的で健全な発達を促進することを目的とする。」

（1）契約自由の原則とは

「契約自由の原則」は，「所有権の絶対性」「過失主義」とともに，民法上の大原則である。民法は，これらの大原則を踏まえて作られているといわれており，また，それらの欠陥については，各種の修正が加えられている。例えば，公序良俗違反の契約（民法90条），強行規定違反の契約（民法91条）は無効としている。

契約自由の原則とその制限として，①契約締結の自由，②相手方選択の自由，③内容決定の自由，④方式の自由がある。

契約自由の原則の制限事項の規制の方法としては，私法的（司法的）規制（裁判所による契約無効等の事後的チェック等）と公法的規制（強制執行や罰則）がある。

（2）知的財産ライセンス契約と独占禁止法21条

独占禁止法21条は，「この法律の規定は，著作権法，特許法，実用新案法，意匠法又は商標法による権利の行使と認められる行為にはこれを適用しない」と規定している。したがって，技術の利用に係る制限行為のうち，そもそも権利の行使と認められない行為には独占禁止法が適用される。

また，技術に権利を有する者が，他の者にその技術を利用させないようにする行為および利用できる範囲を限定する行為は，外形上，権利の行使とみられるが，これらの行為についても，実質的に権利の行使とは評価できない場合は，同じく独占禁止法の規定が適用される。すなわち，これら権利の行使とみられる行為であっても，行為の目的，態様，競争に与える影響の大きさも勘案したうえで，事業者に創意工夫を発揮させ，技術の活用を図るという，知的財産制度の趣旨を逸脱し，または同制度の目的に反すると認められる場合は，上記21条に規定される「権利の行使と認められる行為」とは評価できず，独占禁

図2　知的財産法と独占禁止法

止法が適用される。

公正なライセンス契約についての指針としては，2007（平成19）年9月28日に公正取引委員会が公表した「知的財産の利用に関する独占禁止法上の指針」がある。

(3) 独占禁止法の規制対象

独占禁止法は，私的独占，不当な取引制限および不公正な取引方法を禁止している。

① 私的独占

私的独占とは，事業者が，単独に，または他の事業者と結合し，もしくは通謀し，その他いかなる方法をもってするかを問わず，他の事業者の事業活動を排除または支配することによって，一定の取引分野における競争を実質的に制限することをいう（独禁法2条5項）。私的独占を招来するようなライセンス契約の締結は違法である。

② 不当な取引制限

不当な取引制限とは，水平的な競争業者間の協定によって，事業者が他の事業者と共同して相互にその事業活動を拘束し，または遂行する行為であって，一定の取引分野における競争を実質的に制限することをいう（独禁法2条6項）。したがって，垂直的な事業者間の協定は，不当な取引制限の対象にならない。不当な取引制限に該当するようなライセンス契約の締結は違法である。

③ 不公正な取引方法

不公正な取引方法とは，独禁法2条9項各号の1に該当する行為であって，公正な競争を阻害するおそれのあるもののうち，公正取引委員会の指定したも

のをいう（独禁法2条9項）。そして，この規定に基づき公正取引委員会の指定した行為が不公正な取引方法として法的拘束力をもつことになる。公正取引委員会が指定するものには，一般指定と特殊指定がある。一般指定は，あらゆる業種に一般的に適用されるもので，もちろんライセンス契約にも適用される。したがって，この一般指定に該当するような契約条項は違法である。ライセンス契約についてはこのような特殊指定はない。

　前述したように，実施契約に関係のあるのは，私的独占，不当な取引制限および不公正な取引方法（一般指定）の3つである。そのうち，私的独占および不当な取引制限は，主として契約の締結自体を規制対象とし，不公正な取引方法は，主として契約条項の内容を規制対象としている。したがって，ライセンス契約書の作成にあたり最も留意すべき点は，契約条項の内容が不公正な取引方法に該当しないようにすることである。

(4) 法的措置（エンフォースメント）

　独占禁止法は違反行為を行った者に対する措置・制裁として，①公正取引委員会による排除措置命令，②公正取引委員会による課徴金納付命令，③刑事罰，④損害賠償責任を設けている。

(5) ま と め

　知的財産法は，産業・文化の発展のために排他的独占権を認める。一方，独占禁止法等競争法は私的独占等を禁止し，フェアな競争促進を図り，国民経済の発展を図ることを目的とする。両法は産業・経済の発展を図るという最終目的において同一であり，したがって，両者は相互補完的関係にあるといえよう。

　独占禁止法に違反する知的財産ライセンス契約の私法上の有効性については，独占禁止法に違反する規定の趣旨内容等により個々の状況によって判断されるといわれている。いずれにしても，知的財産権の活用については知的財産権法と独占禁止法の相互補完，バランス意識をもって対応することが強く望まれる。

3 営業秘密

(1) 営業秘密とは何か

「営業秘密」(trade secret) は，知的財産基本法において，知的財産・知的財産権であるとされており，不正競争防止法第2条6項に，「この法律において『営業秘密』とは，秘密として管理されている生産方法，販売方法その他の事業活動に有用な技術上又は営業上の情報であって，公然と知られていないものをいう」と規定されている。

知的財産・知的財産権とは何かについては，従来多様な考え方があったが，2003（平成15）年3月1日に施行された知的財産基本法2条において，知的財産 (intellectual property)・知的財産権 (intellectual property right) がそれぞれ定義された。すなわち，知的財産とは，「発明，考案，植物の新品種，意匠，著作物その他の人間の創造的活動により生み出されるもの（発見又は解明がされた自然の法則又は現象であって，産業上の利用可能性があるものを含む。），商標，商号その他事業活動に用いられる商品又は役務を表示するもの及び営業秘密その他の事業活動に有用な技術上又は営業上の情報」であり，知的財産権とは，「特許権，実用新案権，育成者権，意匠権，著作権，商標権その他の知的財産に関して法令により定められた権利又は法律上保護される利益に係る権利」である。

知的財産基本法制定以前においては，知的財産・知的財産権とは認知されていなかった営業秘密が，同法2条1項により「事業活動に有用な技術上又は営業上の情報」として知的財産として，また，同法2条2項「法律上保護される利益に係る権利」として知的財産権として認知された。ただし，知的財産基本法により知的財産・知的財産権とされている営業秘密は，不正競争防止法上，行為規制的に保護されているが，「営業秘密権」のように認知されていない。なお，「営業秘密」は，実務的にはノウハウ (know-how)，トレードシークレット (trade secret) と同義語である。

不正競争防止法においては，営業秘密はその不正な取得，使用，開示について行為規制的に保護する方法がとられており，営業秘密は「非公知性」，「有用性」，「秘密管理性」が要件であり（不正法2条6項），特に「秘密管理性」が重

要である。

(2)不正競争防止法による営業秘密の保護
営業秘密は基本的に不正競争防止法により保護されている。
(1) 保護の趣旨
　最近の技術革新の進展や経済のソフト化，サービス化は，技術ノウハウや顧客リスト，販売マニュアルといった営業秘密の財産的な価値を高めている。そこで，不正競争防止法は，他社の営業秘密を窃取するなど，不正な手段により営業秘密を取得したり，不正に取得した営業秘密を使用したりする行為を禁止している。
(2) 保護の要件
　営業秘密は以下の3つの要件を満たしていることが必要であり，保護の要件である。
① 秘密として管理されていること（秘密管理性）
　秘密管理は，保有者が主観的に秘密として管理しているという意味でなく，客観的に従業員や外部者等から秘密として管理していると認められる状態にあることをいう。
② 事業活動に有用な技術上または営業上の情報であること（有用情報性）
　具体的には設計図，製法，マニュアルなどをいうが，「有用」もまた保有者の主観によって判断されるのではなく，客観的にみて，当該情報が現に保有者の使用，利用により経営効率の改善等事業活動に役立つものという意味である。
③ 公然と知られていないこと（非公知性）
　これは，保有者の管理下以外では，一般的に入手することができない状態をいう。保有者以外の者が知っていても，秘密保持義務を負わされている状態にあれば，保有者の管理下にあるといえる。

(3)営業秘密・ノウハウの管理
　営業秘密の管理は，結論的に，情報管理ではなく，情報，戦略，人の複合的，総合的管理でなければ実効性は期待できない。すなわち，情報は多くの場

合，人に伴って存在し，また企業戦略に従って，評価，位置づけられる。したがって，企業における営業秘密・ノウハウ管理は，例えば，①戦略の観点から情報・セキュリティーポリシー，②人の管理の観点から行動指針，③情報管理の観点から秘密情報管理規程が必要になる。特に，自社情報管理以上に，一般的取引関係や共同研究開発契約，知的財産ライセンス契約等における他社情報管理が重要である。

ところで，ノウハウについては，法的・実務的問題が多様に存在する。ノウハウの法的保護には「秘密管理性」が最も重要な要件で，実務的に大変困難な問題である。この問題性のポイントは，営業秘密，すなわち「事業活動に有用な技術上又は営業上の情報」は，「情報＋戦略＋人」によって，その実体が構成され，価値評価されることにある。したがって，営業秘密の管理は，結論的に，情報管理ではなく，情報，戦略，人の複合的，総合的管理でなければ実効性は期待できない。

昨今，日本企業において雇用の流動化が進展し，頻繁に転職，独立が行われ，意図しない技術ノウハウ流出が問題になっている。特に，経済・産業・経営のグローバル化・ボーダレス化のなかにおいて，日本企業の国際競争力上重要な課題となっている。

企業の実務においては，秘密情報管理規程を策定しておき，退職者に対しては秘密保持契約および競合避止契約を締結する等により，退職者が同業他社，ライバル会社に再就職したり，自ら同種の事業を開始する場合には，合法的に一定の範囲の秘密保持，競合避止を期し適切に対応する必要がある。

（4）営業秘密・ノウハウの活用

ノウハウとは，技術的知識・経験・秘訣，個人的熟練，秘密方式等いろいろの意味を有し，経済的価値を有しており，ライセンス契約の対象となりうるものをいう。もっとも，ノウハウには特許権のような排他力がなく，権利的な効力は曖昧であり，このことを考慮してノウハウ開示契約として締結されることもある。つまり，特許などは許諾を受けなければ特許発明を実施できないという排他権を有するのに対し，ノウハウは許諾を受けなければ価値ある秘密情報にアクセスできないという違いがある。また，ノウハウは秘密性が基本的な要

素であるために，ノウハウの開示，秘密保持，契約期間，契約終了後の実施・特許出願等の条項が必要になり，かつ重要である。

(5) まとめ

知的財産のなかで，ノウハウ・トレードシークレットが重要な位置を占めている状況のなかで，ノウハウ・トレードシークレットが雇用の流動性，企業提携の多様化等によりその管理に問題が多く，リスクマネジメントの観点からも課題が多い。企業活動におけるノウハウ・トレードシークレットの法的保護は，管理性の問題が最も重要であり，かつ困難な問題である。そのことは，ノウハウ・トレードシークレットに関する判例が顕著に示している。

したがって，実効性あるノウハウ・トレードシークレット管理のためには，規程類の完備と契約管理が必須であり，情報，戦略，人の選択と集中による複合的，総合的管理が重要である。ノウハウは，多くの企業が企業経営の基本に位置づける，いわゆる技術知的財産として重要な位置を占めている点において，基本的，全体的，総合的に重要な知的財産であり，多くの企業に共通な知的財産はノウハウであるといえよう。

企業経営においては，営業秘密の戦略的対応によって，持続的発展を期すことになるが，営業秘密への対応いかんによっては意図しない技術流出問題や企業価値の減少問題を生じかねない。営業秘密・ノウハウは最も重要な知的財産である。したがって，その経営戦略は，営業秘密・ノウハウの法的性格等を考慮して，次のような総合政策的対応が望まれる。

① 法的保護を限界まで求めた対応

営業秘密・ノウハウは，行為規制保護であるために法的保護には限界がある。しかし，情報管理，戦略的対応，人間管理の観点から限界まで対応すべきである。例えば，秘密管理規程の策定，運用等。

② 契約による法的保護の補完的対応

キーテクノロジー等特別扱いを必要とする技術を除いて情報の共有化，経営効率の観点から社内外に技術移転してもよい，または，オープン・イノベーション対応をした方がよい技術分野については，秘密保持契約，ノウハウ・ライセンス契約の形で契約による秘密保持に期待する対応をすることも考慮すべ

きである。
③　先端を走りきる対応

①，②について最善を尽くすなかで，イノベーションを考慮し先端を走りきる対応を考慮すべきである。したがって，実効性ある営業秘密管理のためには，規程類の完備と契約管理が必須であり，情報，戦略，人の選択と集中による複合的，総合的管理が重要である。

◆参考文献
石田正泰『知的財産契約実務ガイドブック―各種知的財産契約の戦略的考え方と作成〔改訂版〕』一般社団法人発明推進協会，2012年
石田正泰・石井康之『企業経営に資する知的財産―技術力，知財力，人間力で創造する』一般財団法人経済産業調査会，2016年
野口良光（石田正泰補訂）『特許実施契約の基礎知識―理論と作成〔改訂増補版〕』一般社団法人発明推進協会，2002年
野口良光（石田正泰補訂）『特許実施契約の実務―ノウハウ実施契約を含む契約書詳説〔改訂増補版〕』一般社団法人発明推進協会，2002年

第6章 実用新案法

1 実用新案権の保護とその推移

(1) 実用新案権とは何か

　実用新案権は、発明より重要性の少ない小発明に付与された独占権である。パリ条約1条(2)で保護される工業所有権の対象として実用新案（utility models）が明記されているが、その定義は加盟国の国内法令に委ねられている。TRIPS協定では明示的に実用新案について言及しておらず、WTO加盟国に実用新案の保護体制を構築するかしないかの自由を容認している。世界で実用新案制度をもつ国は特許に比べて少なく、ドイツ、フランス、イタリア、オーストラリア、韓国、台湾、中国、マレーシア、タイ、インドネシア等の約60カ国／地域（2011年時点）で、米国や英国は制度を有しない。

　実用新案権は特許と比べて保護期間は短く、保護要件は緩やかで、新規性は満たすが、進歩性または非自明性の要件はより低いか、まったく存在しない。実体審査なしで、または簡易な審査で権利が付与される。二流特許ともいわれ、特許性の基準を満たさないような技術の保護のために用いられる。

(2) 実用新案権の沿革と動向

　実用新案制度の歴史的沿革と動向をみてみよう。英国で1843年に制定された意匠著作権条例で意匠において実用目的を有する製品の新規な考案を保護したのが起源といわれる。保護期間は3年間であった。最古の実用新案法は、英国の1883年の特許法意匠法商標法である。

　わが国では、1905（明治38）年に、パリ条約への加盟により同盟国民に日本人と同じ条件と手続に従い同一の保護を受けるようになったので、日本人による必ずしも進歩性の高くない考案の保護のために、ドイツの実用新案法をモデルとして制定された。昭和50（1975）年代から昭和60（1985）年代には年間20

万件以上の出願があった。1988年頃からの産業構造の変化や技術水準の変化から次第に特許出願にシフトするようになっていった。また，国際的に審査の迅速化が求められたこともあり，1993（平成5）年改正により短期のライフサイクルの技術保護に重点をおき無審査制に移行し，迅速な権利登録を可能にした。これにより実用新案出願件数は，8000件台で推移した。

　そこで，2004（平成16）年の改正により，保護期間を6年から10年に延長した（実用新案法15条。以下，本章では実用新案法に限り条数のみを表示）。従来も実用新案登録出願から特許出願に変更できるとしていたが，出願から登録まで平均5カ月がかかり，実際上変更が不可能であったので，いったん登録された実用新案権に基づいて新たに特許出願をすることができる制度を新設した（特許法46条の2）。また，実用新案における訂正の範囲は請求項の削除しか認められていなかったが，登録請求の範囲の縮減，誤記の訂正および明瞭でない記載の釈明を理由とする訂正を1回に限り認めることにした（14条の2）。これらの改正によって，実用新案登録出願に若干の増加がみられたが，2011年以降は7000〜8000件台にまでに減少し，2015年は6000件台まで減少した。

　実用新案の保護対象は，「物品の形状，構造又は組み合わせに係る考案」とされている（1条）。考案とは，自然法則を利用した技術思想の創作であり（2条1項），特許保護の発明と本質的に同じである。しかし，高度性を要求されないことのほか，「物品の形状，構造又は組み合わせ」に限られており，方法の考案，化学物質および組成部自体は保護の対象外となる点に注意が必要である。実用新案登録の例としては携帯用手提げ袋，冷蔵庫等がある。

　しかし，ドイツ，フランスなどのヨーロッパ諸国，中国，韓国などのアジア諸国などでは実用新案を積極的に使おうとする傾向がみられる。特に注目されるのは，EUの実用新案に向けた動向である。1997年12月12日の欧州委員会による指令原案では保護対象を方法の考案を含むすべての小発明としている。これは，1986年に形態的要件を削除し，1990年に物品要件を削除したドイツ実用新案法よりさらに保護対象を広げている。この点では，わが国においても保護対象の見直しが必要ではないかという指摘もある。

2 実用新案権の登録要件

　実用新案の登録には，物品の形状，構造または組み合わせに係る考案で次のような要件を必要とする。すなわち，①産業上の利用可能性（3条1項柱書），②新規性（3条1項1号～3号），③進歩性（3条2項），④先願性（7条1項，3項），⑤拡大された先願の範囲に属さないこと（3条の2。拡大先願），⑥不登録事由に該当しないこと（4条）である。

　実用新案の登録要件は特許要件に類似する。しかし，異なる点もあるので，注意を要する。上記の要件のうち①は，特許庁の従来の審査実務からみると，実用新案について問題となることはない。この要件が問題となるのは，生物関連発明と人を手術，治療または診断する方法の発明に限られている。物品の形状，構造または組み合わせにかかる考案にこの要件があてはまることはない。③は，公知技術から「きわめて容易に考案をすることができた」ものとされているから，要件がかなり緩和されている。④については，異なった日に2つ以上の同一の登録出願があったときは，最先の考案のみ登録を受けることができる（7条1項）が，同日に2つ以上の実用新案登録出願があったときは，いずれも登録を受けることができないとされる（7条2項）。しかし，無審査主義をとっているので，いずれも無効原因のある実用新案登録が行われることになる。

3 実用新案登録出願の手続

(1) 出願書類

　実用新案登録出願に必要な書類は，特許出願とほぼ同じである。つまり，願書，明細書，実用新案登録請求の範囲，図面および要約書である（5条）。特許出願においては図面は必ずしも必要ではないが，実用新案登録出願においては必ず図面を提出しなければならない。実用新案は物品の形状等に関わる考案を保護するものであるから，図面により考案の把握が容易になるからである。特許庁に出願書類を提出し，受理されると特許庁において手続が開始される。

図1　実用新案登録出願の手続の流れ

実用新案登録出願から権利消滅まで

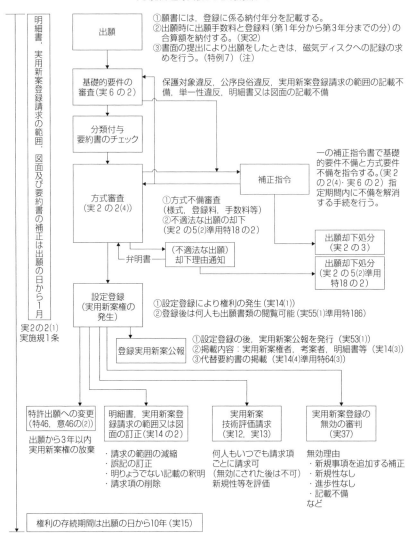

出所：特許庁『出願の手続』2016年，414頁参照。

図2　実用新案登録出願の願書の書式（実用新案法施行規則様式第1）

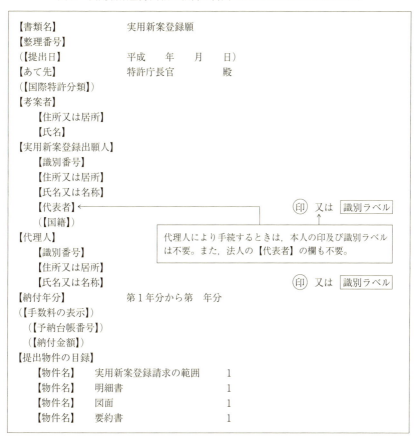

出所：特許庁『出願の手続』2016年，420頁参照。

（2）審　査

　実用新案については，新規性その他の登録要件は審査されない。登録要件の有無は無効審判との関係で確定される。実用新案登録出願については，方式要件の審査と基礎的要件の審査のみが行われ，これらの要件があれば登録される。基礎的要件として次の5つの点を審査する。①考案の形態的要件を備えていること。つまり，物品の形状，構造または組み合わせにかかる考案であるこ

と，②不登録事由がないこと（4条），③実用新案登録請求の範囲の記載要領に適合していること（5条5項，6項），④一考案一出願の原則に適合していること（6条），⑤明細書，図面の記載要領等に適合していること（6条の2）である。

(3) 補　　正

特許庁長官は，これらの要件を満たさない場合には，相当の期間を指定して補正を命ずることができる（2条の2第4項，6条の2）。指定された期間内に補正がなければ，その手続を却下することができる（2条の3）。

特許庁長官の補正命令は，①手続能力のない未成年者や成年被後見人が行うか，代理権を有しない者が行うとき（2条の2第4項1号），②方式要件に違反しているとき（2条の2第4項2号），③登録料を納付しないとき（2条の2第4項3号），④手数料を納付しないとき（2条の2第4項4号）にも出される。

補正は，政令で定められている期間，つまり出願日から1カ月間のみ可能とされる（2条の2第1項ただし書）。明細書，実用新案登録請求の範囲および図面の補正は，願書に最初に添付した明細書，実用新案登録請求の範囲および図面に記載した事項の範囲内でのみ可能であり，新規事項の追加をすることはできない（2条の2第2項）。

(4) 特殊な出願

実用新案登録出願の手続において，優先権主張，出願の分割および出願の変更をすることができる。実用新案登録出願等に基づく優先権主張が認められている（8条）。出願の分割も一考案一出願の原則を満たす場合には認められている（11条1項による特許法44条の準用）。特許出願および意匠出願と実用新案登録出願の間で出願の変更も認められている（10条，特許法46条，意匠法13条）。実用新案権者は，経済産業省令で定めるところにより，自己の実用新案登録に基づいて特許出願をすることができる（特許法46条の2第1項）。この場合には実用新案権を放棄しなければならない。実用新案登録の日から3年を経過したときなどにはできなくなる（特許法46条の2第1項1号～4号）。実用新案登録出願人は，その実用新案登録を意匠登録に変更することができる（意匠法13条2

項)。出願の並行により，元の出願は取り下げたものとみなす(意匠法13条4項)。

4 実用新案権の効力

(1)実用新案権の効力

　実用新案権は設定登録の日から発生する（14条1項）。実用新案権の存続期間は出願の日から10年である（15条）。実用新案権者は，業としてその登録実用新案を独占的に実施することができる（16条）。実施の定義は特許権の効力と同一である（2条3項）。

　実用新案権者は考案の実施に関する排他的独占権を有する。第三者が許諾なく業として登録実用新案を実施すれば，権利侵害となる。民事的な救済方法としては，差止請求権（27条）と損害賠償請求権が認められている。直接侵害のほか，間接侵害の規定があり（28条），不法行為の特別規定として，損害額の推定等に関する規定がある（29条）。

(2)効力の制限

　実用新案権は，公益上の理由または一般に第三者との関係から，あるいは特定人との関係で効力が制限される場合がある。これらは侵害訴訟の抗弁としても用いられうる。

　一般に第三者との関係で効力が制限される場合として，①試験または研究のためにする登録実用新案の実施（26条，特許法69条1項を準用），②日本国内を通過するに過ぎない船舶，航空機またはこれらに使用する機械，器具，装置等（26条，特許法69条2項1号を準用），③特許出願の時から日本国内にある物（26条，特許法69条2項2号を準用），④再審により回復した実用新案権の効力の制限，⑤再審から回復した特許権の効力の制限（44条，45条，特許法176条を準用）がある。

　特定人との関係で効力が制限される場合としては，①他人の先願の登録実用新案，特許発明または登録意匠（関連意匠も含む）の利用（17条），②他人の先願の意匠権または商標権との抵触（17条），⑦実施権（許諾による実施権，裁定実施権，法定実施権）による制限がある。

(3) 実用新案技術評価書

　実用新案権者または専用実施権者が権利を行使する場合，相手方に対して実用新案評価書を提示して警告を行った後でなければ，権利を行使することができない（29条の2）。無審査制の下で登録された実用新案権の濫用的行使を防止し，相手方にできる限り客観的資料を与えるのが望ましいと考えられたからである。つまり，フランス等の欧米諸国のサーチレポートに相当する実用新案技術評価書制度を導入したのである。実用新案制度は，登録の実質的な要件に関して無審査制をとっているので，権利の存否，権利侵害の判断を当事者が適切になしえないおそれが生じる。実用新案権者に適切に権利を行使させ，その相手方に客観的な判断資料を与える趣旨から，登録実用新案権の権利の有効性に

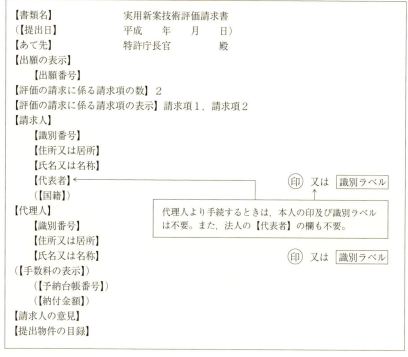

図3　実用新案技術評価請求書の書式（実用新案実施規則様式6）

出所：特許庁『出願の手続』2016年，439頁参照。

ついて，請求に基づき特許庁の評価を書面で作成し，それを相手方に提示する制度を導入した。

評価書を提示して権利行使または警告をしても，その後実用新案権が無効とされた場合，相手方に生じた損害を賠償しなければならない（29条の3）。もっとも，実用新案技術評価書で有効とされたが，審判で無効とされた場合，そのほか注意義務を尽くした場合には，責任を負わない（29条の3第1項ただし書）。

(4) 無効審判

実用新案権を無効にするために無効審判を請求することができる（37条）。無効審判を理由に手続の中止を申し立てたときは，明らかに必要ないと認められる場合を除き，裁判所は訴訟手続を中止しなければならない（40条2項）。実用新案権の瑕疵が明らかであれば，侵害訴訟において無効の抗弁を主張することができる（30条，特許法104条の3を準用）。しかし，その効果はあくまで当事者間にとどまる。

(5) 訂　　正

実用新案権の設定の登録がされた後，実用新案技術評価書の評価結果を踏まえて無効理由が含まれていると判断した場合，または第三者から実用新案登録無効審判を提起された場合の防御手段として，実用新案権全体が無効とならないように，実用新案権の一部の瑕疵を是正できるようにする必要がある。1993（平成5）年改正で訂正の制度が導入された。実用新案権者は，明細書，実用新案登録請求の範囲，図面の訂正を行うことができる（14条の2第1項）。

訂正の内容は，早期無審査登録制度や第三者の監視負担から，請求項の削除に限定されていたが，2004（平成16）年改正で特許制度の訂正との整合性や第三者からの攻撃に対する防御の必要性から拡大され，2011（平成23）年改正で特許制度と同様に規定した（14条の2第2項4号）。訂正は，実用新案登録請求の範囲の縮減，誤記の訂正，明瞭でない記載の釈明，請求項間の引用関係の解消（14条の2第2項）を目的とする限り可能である。

濫用を防ぐために，訂正内容は，願書に添付した明細書，実用新案登録請求の範囲または図面の記載事項の範囲内に限定され（14条の2第3項），新規事項

の追加は禁止され，実質上実用新案登録請求の範囲の拡張または変更するものは認められない（14条の2第4項）。請求項の削除は，第三者の負担を軽減するので，回数制限なくいつでも可能だが，実用新案登録無効審判の係属中における審理終結の通知後はできず（14条の2第7項），実用新案登録無効審判により無効にされた後もできない（14条の2第8項）。減縮等の訂正は，第三者の監視・調査の負担から，最初の実用新案技術評価の請求に対する技術評価書の謄本送達日後2カ月または無効審判の最初の答弁期間の経過前に限り1回のみ可能である（14条の2第1項1号，2号）。方式不備や基礎的要件の不備の訂正は，補正命令がなされ（2条の2第4項，14条の3），不備が解消されない場合は，手続が却下される（2条の3）。

5 実用新案権の活用

実用新案権の活用については，特許権に準じる扱いになる。実用新案権者は実用新案権を譲渡し，質権を設定することができる（25条）ほか，専用実施権や通常実施権を設定することができる（18条，19条）。実用新案権の譲渡，質権設定，専用実施権の設定については，特許庁への登録が効力発生要件となる。

(1) 法定実施権

法定実施権については，無効審判の請求登録前に実施または実施の準備をしていた者の法定通常実施権（20条）が規定されているほか，先使用による通常実施権（特許法79条），特許権の移転登録前の実施による通常実施権（特許法79条の2），意匠権の存続期間満了後の通常実施権（特許法81条，同82条）の規定が準用されている。

(2) 裁定実施権

裁定実施権についても，特許権についてと同じように，不実施の場合の裁定実施権（21条），他人の発明または意匠を利用した実用新案の実施のための裁定実施権（22条），公共の利益のための裁定実施権（23条）の規定がおかれている。実用新案登録に基づく意匠出願により利益を獲得した事例があるといわれ

ている。

6 実用新案権の侵害

(1)侵　　害
(1) 実用新案権権利範囲判定書

実用新案権の技術的範囲は，願書に添付した実用新案登録請求の範囲の記載に基づいて定められる（26条，特許法70条1項を準用）。実用新案権の技術的範囲について，特許庁に判定を求めることができる（26条，特許法71条を準用）。

(2) 侵害の認定

実用新案権の間接侵害規定がある。以下の行為は，実用新案権または専用実施権を侵害するものとみなされる。①業として，登録実用新案に係る物品の製造にのみ用いる物の生産，譲渡等（譲渡および貸し渡しをいい，その物がプログラム等である場合は，電気通信回線を通じた提供を含む），輸入または譲渡等の申し出（譲渡等のための展示を含む）をする行為。②登録実用新案に係る物品の製造に用いる物（日本国内において広く一般に流通しているものを除く）で，その考案による課題の解決に不可欠なものにつき，その考案が登録実用新案であること，およびその物がその考案の実施に用いられることを知りながら，業として，その生産，譲渡等もしくは輸入または譲渡等の申出をする行為。③登録実用新案に係る物品を業としての譲渡，貸し渡しまたは輸出のために所持する行為。

(2)権利者からの請求権
(1) 差止請求権

実用新案権者または専用実施権者は，自己の実用新案権または専用実施権を侵害あるいは侵害するおそれのある者に対して，その侵害の停止または予防を請求できる（27条1項）。

実用新案権の保護対象は物品であり，無体物であるプログラム等は含まれないが，28条の間接侵害に関して，登録実用新案に係る物品の製造に用いる物には，侵害物品の製造のための機械の制御プログラム等が含まれうる。間接侵害において対象となる物にプログラム等が含まれると，差止請求権の対象となる

侵害行為を組成した物にもプログラム等が含まれることになる。

(2) 損害賠償請求権

　実用新案権者または専用実施権者は，故意あるいは過失により自己の実用新案権または専用実施権を侵害した者に対し，その侵害により自己が受けた損害の賠償を請求できる。その場合，侵害行為により被った損害額の算定が困難なため，損害額の推定規定がある（29条）。侵害者がその侵害の行為を組成した物品を譲渡したときは，その譲渡した物品の数量（「譲渡数量」）に，実用新案権者または専用実施権者がその侵害の行為がなければ販売することができた物品の単位数量あたりの利益の額を乗じて得た額を，実用新案権者または専用実施権者の実施の能力に応じた額を超えない限度において，受けた損害の額とすることができる。ただし，譲渡数量の全部または一部に相当する数量を実用新案権者または専用実施権者が販売できないとする事情があるときは，当該事情に相当する数量に応じた額を控除する（29条1項）。侵害者がその侵害の行為により利益を受けているときは，その利益の額を，実用新案権者または専用実施権者が受けた損害の額と推定する（29条2項）。あるいは，ライセンス料と同様に考え，その登録実用新案の実施に対し受けるべき金銭の額に相当する額の金銭を，自己が受けた損害の額としてその賠償を請求できる（29条3項）。過失相殺の規定もあり，損害の推定規定に規定する金額を超える損害賠償請求も可能である。この場合，実用新案権または専用実施権を侵害した者に故意または重大な過失がなかったときは，裁判所は損害賠償額の認定で参酌できる（29条4項）。

(3) 信用回復措置

　実用新案権者または専用実施権者は，故意または過失により自己の実用新案権あるいは専用実施権を侵害したことにより自らの業務上の信用を害した者に対して，損害の賠償に代え，または損害の賠償とともに，特許権者または専用実施権者の業務上の信用を回復するのに必要な措置を命ずることができる（特許法106条準用）。

(4) 廃棄措置

　実用新案権者または専用実施権者は，差止請求の際に，侵害の行為を組成したもの（プログラム等を含む）の廃棄，侵害の行為に供した設備の除却，その他

侵害の予防に必要な行為を請求できる（27条2項）。
(5) **不当利得返還請求権**

　損害賠償請求権の時効消滅後，特許権侵害者に対して，不当利得の返還を請求できる（民法703条，704条）。他人の特許を侵害した者は，実施料の支払いを免れているのであり，利得と損失の因果関係があるといえる。不当利得は，不法行為より長い利得の時から10年の消滅時効が認められるため，有益である。

(6) **水際措置**

　権利者は，侵害製品が輸入または輸出されて，国内または国外に流通する前に，実効的に差し止めるために，事前に，税関で輸出入してはならない貨物として規制される知的財産侵害物品（関税法69条の2第1項3号および69条の11第1項9号）の輸出入の差止めを申し立てることができる（関税法69条の4，69条の13）。税関において，輸出入者および権利者に侵害の該否について証拠や意見を提出する機会が与えられ，侵害の該否の認定手続を経て（関税法69条の3，69条の12），税関長がこれらの貨物の没収，廃棄，積戻しを命じる（関税法69条の2第2項，69条の11第2項）。輸出入禁止物品を輸出入した場合，罰則がある（関税法108条の4および109条）。

（3）侵害主張に対する抗弁

(1) **実用新案権の効力の制限**

　実用新案権の効力の制限として，特許法の規定が準用され，試験研究のためにする特許発明の実施（特許法69条1項），単に日本国内を通過するに過ぎない船舶もしくは航空機，またはこれらに使用する機械，器具，装置その他の物（特許法69条2項1号），特許出願のときから日本国内にある物（特許法69条2項2号），先使用による通常実施権（特許法79条），実用新案権の移転の登録前の実施による通常実施権（特許法79条の2），意匠権の存続期間満了後の通常実施権（特許法81条，同82条）には実用新案権の効力は及ばない（26条）。

(2) **国内消尽および並行輸入の抗弁**

　特許権の消尽理論は，実用新案権にも妥当し，同様に考えることができる。実用新案権者が，わが国において適法に実用新案権の実施品を譲渡した場合は，その実施品について，実用新案権は目的を達したものとして消尽し，その

効力はその実施品を使用，譲渡または貸し渡す行為には及ばない（最高裁平成9年7月1日三小判，民集51巻6号2299頁参照，東京地裁平成12年6月6日決定，判タ1034号235頁）。もっとも，いったん使い捨て製品として市場に置かれた商品を再利用や再販売する行為は，実用新案権の侵害となる（最高裁平成19年11月8日一小判，民集61巻8号2989頁，東京地裁平成12年6月6日決定，判タ1034号235頁）。

並行輸入について，判例は，わが国の特許権者等が国外で特許製品を譲渡した場合，特許権者は，譲受人に対しては，当該製品の販売先または使用地域からわが国を除外する旨を譲受人との間で合意し，譲り受けた第三者またはその転得者に対してその合意を特許製品に表示しない限り，当該製品に対して特許権の権利行使をできないとしている（最高裁平成9年7月1日三小判，民集51巻6号2299頁）。実用新案権者についても同様に考えられる。実用新案権者が国外で販売した使い捨てカメラについて，詰替業者がフィルムの入れ替えを行い，日本に輸入して，販売した事例について，権利者が譲受人との間で当該製品の販売先または使用地域から我が国を除外する旨合意せず，またその旨製品に表示していなかった場合は，権利行使できないが，フィルムを入れ替え，権利者の製品と同一製品と評価できない製品を販売した場合，国際消尽の成立を否定し，権利侵害を認めた事例がある（東京地裁平成12年8月31日判決，判例集未登載）。

(3) **権利無効の抗弁**

実用新案権または専用実施権の侵害に係る訴訟において，実用新案登録が無効審判により無効にされる旨の抗弁等を提出でき，その抗弁等に理由があると認められるときは，そのような実用新案権に基づく差止請求権等の権利行使は認められない（30条で特許法104条の3を準用）。2004（平成16）年法改正で新設された規定を準用するもので，無効審判を経なくても訴訟で無効の主張ができる。特許庁における無効審判と裁判所における侵害訴訟の2つの手続（ダブルトラック）に対応しなければならない負担を軽減し，紛争の早期解決が可能となる。もっとも，侵害事件の判決の効力は，当該事件に限り認められるもので，判決で無効とされるべきと判断されても，無効審判において登録を抹消するものでない。実用新案登録無効審決が確定するまでは実用新案権は有効に存続する。

(4) 刑 事 罰

　ここでは主に民事責任について取り扱うが，実用新案権または専用実施権を侵害した者に，保護の強化と公共の利益のために刑罰も規定されている。実用新案権等の侵害者には，5年以下の懲役もしくは五百万円以下の罰金に処され，または併科される（56条）。2006（平成18）年改正で，懲役刑と罰金刑の上限が引き上げられ，併科が導入された。特許法と同様に非親告罪である。法人の代表者または法人もしくは人の代理人，使用人その他の従業者が，法人または人の業務に関して，実用新案権等を侵害した場合は，その行為を行った者を罰するほか，その法人またはその人に対して3億円以下の罰金刑が科される両罰規定がある（61条）。2006年改正により罰金刑の上限が引き上げられた。

◆参考文献
大渕哲也・塚原朋一・熊倉禎男・三村量一『特許訴訟（上巻），（下巻）』民事法研究会，2012年
特許庁編『工業所有権法（産業財産権法）逐条解説［第19版］』発明推進協会，2012年
光石士郎『新訂実用新案法詳説』帝国地方行政，1973年
吉原隆次『実用新案法意匠法詳論』有斐閣，1928年
Rudolf Krasser, Developments in Utility Model Law, 26 I.I.C. 950（1995）.

第7章　意 匠 法

1 意匠制度概説

(1) 意匠制度の歴史的沿革

　意匠保護を歴史的に遡ってみよう。1580年のイタリアのフィレンツェの織物同業者組合の新規意匠保護制度に起源をみることができる。法的な制度としては，18世紀のフランスのリヨンの織物意匠の創作保護（図案の盗取禁止）に関する執政官令が1787年参事官令によりフランス全土に及ぶものとなったことに由来する。英国では1787年に織物のデザインに2年間の著作権保護がなされた。

　日本における意匠保護は，1888（明治21）年の意匠条例に始まり，1899（明治32）年に意匠法として整備された。現行法は工業所有四法整備の一環として制定された1959（昭和34）年の法律第129号であり，1985（昭和60）年4月1日から施行されている。

(2) 意匠の保護対象

　意匠法の保護対象となる意匠とは，物品の形状，模様もしくは色彩，またはこれらの結合であって，視覚を通じて美観を起こさせるものをいう（意匠法2条1項。以下，意匠法に限り条数のみを表示）。意匠の概念は以下の4つの要素により構成されている。①物品に関する。工業上生産され，運搬可能な取引対象となりうる定形性を有するもの。形態上の単一性にとらわれない。形状等の定形性が必要であるが，例外として折りたたみナイフや多機能ナイフのような動的意匠がある。②物品の形状，模様もしくは色彩またはこれらの結合。③視覚に訴えること。④美観を生じさせること。具体例としては，スプーン，パック納豆容器，お茶用ペットボトル等がある。

(3) 特殊の意匠

　以上に述べた通常の意匠に対して，次のような特殊の意匠がある。

①　部分意匠

かつては意匠の要素である物品には，1つの物としての統一性が求められ，物品の部分のみが同一，類似の場合には，意匠権の侵害とされなかった。1998（平成10）年の意匠法改正で部分意匠制度が導入された。意匠権が物品全体にしか成立しないとすれば，物品の部分の形象が同一または類似であっても，物品全体の形象が非類似であれば，意匠権の効力が及ばなくなる。そのために，同一の物品について何種類もの全体意匠を出願し，登録を受けなければならず，それは当事者に不便であるだけでなく，審査する側の特許庁の負担ともなる。そこで，創作性のある特徴的な物品の部分を部分意匠として保護することにしたのである（2条2項）。例えば，コーヒーカップの持ち手，バイクのヘッドライトなどに，その例がみられる。物品をコーヒー茶碗とし，その持ち手に部分意匠の登録を受ければよい。

② 　組物意匠

　1998年の意匠法改正前は，「慣習上組物として販売され同時に使用さる2種以上の物品」（意匠法旧8条）とされていたこともあって，13種類の組物が定められた。現行法は，「慣習法上」「販売」の要件を削除し，積極的に保護することにした。組物は，同時に使用される2種以上の物品で，経済産業省令で定めるものとされ，組物全体として統一的な印象を与えるようなものであるときは，一意匠として登録を受けることができるとされている。例えば，ひと組みの紅茶茶碗セット，ゴルフのクラブセット，ひと組みの応接家具セット，筆記用具セットなど58種類のものが規定されている。

③ 　秘密意匠

　意匠は物品の審美的外観を保護するものであり，模倣が非常に容易で，流行に左右される意匠の分野では登録後ただちに公開されると，市場における優位性が失われるおそれがある。そこで，意匠の設定登録から3年以内の期間を指定して，その期間意匠を秘密にすることを請求できる（14条）。設定登録されても，意匠公報には意匠の内容を示す願書や図面等は掲載されず，秘密にする旨の請求期間経過後，遅滞なく掲載される（20条4項）。

　秘密意匠の開示は，意匠権者の承諾を得た場合やその意匠の審査，審判，訴訟等の当事者等に限定される（14条4項）。

2 意匠登録の要件

　意匠権は，出願手続，意匠登録査定の手続等を経て設定登録され，その日から成立する絶対権である。保護期間は登録の日より20年であり，特許権に比べ長い（21条1項）。保護範囲は特許権などから比べれば狭くなるが，比較的権利の取得が容易な権利といわれており，開発投資がそれほどかからずにすむといわれている。

　意匠は，著作権法，特許権法，不正競争防止法と重複的に保護されることがある。著作権では，一品物の工芸品が保護されるのに対して，意匠では工業上量産可能な応用美術が保護される。不正競争防止法では，物品の形態の模倣が侵害として保護される。

　意匠の権利範囲は物品の外観のみで，権利範囲が限定されている。他者が侵害を迂回するために，形態を変更して利用されると権利行使できない。出願する際は，技術内容について特許や実用新案権でも権利を確保したうえで，意匠を取得することが望ましい。

　意匠登録をするには以下の5つの要件が問題になる。つまり，①新規性（3条1項1号～3号，3条の2），②創作非容易性（3条2項），③工業上の利用可能性（3条1項柱書），④公序良俗に反する意匠など不登録意匠でないこと（5条），⑤先願性（9条）である。

(1) 新 規 性
(1) 新規性の意義

　次のような意匠は公知意匠として新規性をもたないので登録が認められない。つまり，意匠出願前に日本国内または外国において公然と知られた意匠，意匠登録前に日本国または外国において頒布された刊行物に記載された意匠あるいは電気通信回路を通じて公衆に利用可能となった意匠，これらの意匠に類似する意匠（3条1項1号～3号）。この場合における類似かどうかは，物品と形態の両面からみることになる。

　また，意匠出願が当該意匠出願前の他の意匠出願の出願書類に記載してお

り，意匠権設定登録の意匠公報への掲載または同日出願の拒絶査定を公示する意匠公報に掲載された願書の記載または願書に添付した図面，写真，ひな形または見本に表された意匠の一部と同一あるいは類似である場合につき，公知の擬制の規定がある（3条の2）。

(2) 新規性喪失の例外

意匠創作者（意匠登録を受ける権利を有する者）の意に反して，またはその者の行為に起因して意匠が新規性を喪失した場合に，新規性喪失の日から6カ月以内に当該意匠の登録出願をしたときは，その意匠は新規性を喪失しなかったものとみなされる（4条1項，2項）。その者の行為に起因するというのは，博覧会への出品やファッションショーの開催などにより公知になった場合である。

新規性喪失の例外を主張する者は，その旨を記載した書面を意匠出願と同時に特許庁長官に提出し，かつ，新規性喪失の例外の適用を受けることができる意匠であることを証明する書面を，意匠登録出願から30日以内に特許庁長官に提出しなければならない（4条3項）。

（2）創作非容易性

公知形態から当業者が容易に創作することができる意匠は，登録を受けることができない（3条2項）。たとえ新規性をもつ意匠であっても，当業者が公知の形象から容易に創作できるような意匠を登録しても意匠の創作を促進することにはならず，そのような意匠に排他的独占権を付与すればかえって競争を阻害し，産業の発展を停滞させることになりかねない。なお，ここでいう形象というのは意匠の形態に限らない。ある地域のよく知られた風物や歴史的な建造物も公知の形態である。

（3）工業上の利用可能性

意匠として保護するものは，工業上利用し，量産が可能なものでなければならない。ここでいう量産は，経済の原則に従って生産量を決定する生産方式をいう。版画や鋳型の彫刻も複数製作できるが，その数量の決定は経済原則によるのではなく，作品に対する著者の評価等により決定されるものであるから，

量産にはあたらない。もっとも，原作品と同一の形象を量産する場合には，複製物の意匠として意匠登録することができる。

(4) 不登録意匠

公序良俗を害するおそれのある意匠(5条1号)，例えば，卑猥な意匠や物品の品質を誤認させるおそれのある意匠などは，これにあたるであろう。他人の業務にかかる物品と混同を生じさせるおそれのある意匠(5条2号)，例えば，他人の周知商標を非類似の物品に意匠として用いた意匠はこれにあたるであろう。

物品の機能確保のために不可欠な形状のみからなる意匠（5条3号。必然的形状・準必然的形状），例えば，ボールの球形や車輪の円形などのように，その物品であれば必ず採用されなければならない形状のものには意匠権で保護しないことを明らかにしている。このような意味における物品の形状は，その背後にある技術思想と必然的に関連するので，そのような形状については意匠では保護しないことを明らかにしたものである。例えば，パラボラアンテナの反射鏡の形状（必然的形状）や互換性確保が標準化されたCDの形状（準必然的形状）などはこれに属するであろう。もっとも，CDの形状は選択の余地のないものとしても，その表面に用いる模様などは選択の余地のあるものであるから意匠登録の対象となる場合がある。

(5) 先願性

同一または類似の意匠について異なった日に2つ以上の意匠登録出願があったとき，最先の出願人のみが意匠登録を受けることができるものとされている（9条1項）。意匠については，同一意匠のみならず類似意匠との関係でも先後願関係が考慮されることに注意する必要がある。これは，意匠が視覚を通じて感知できる美観を生じさせる外観を保護対象とするからである。新規性の場合と異なり先後願の基準となるのは出願日である。同日出願の場合には，意匠登録出願人の協議により定めた一人の出願人のみが登録を受けることができ，協議が整わないか，協議をすることができない場合には，いずれの出願人も登録を受けることができないものとされ（9条2項），拒絶審査を受けることになる（17条1号）。

図1　意匠登録出願の手続の流れ

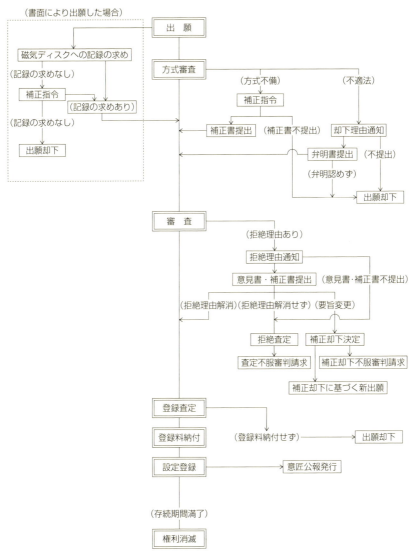

出所：特許庁『出願の手続』2016年，3頁参照。

3 出願・審査・審判

(1) 出　　願

　意匠登録出願については，①願書と②意匠登録を受けようとする意匠を記載した図面を特許庁長官に提出する必要がある（6条1項柱書）。

　意匠登録出願書類を提出し，特許庁で受理されると，特許庁において手続が開始する。方式審査，実体審査を経て，登録査定があり，登録されて初めて意匠権が成立する（意匠登録出願手続の流れについては，図1を参照）。

(1) 願　　書

　願書には，意匠登録出願人の氏名または名称，さらに住所または居所，意匠を創作した者の氏名と住所または居所，意匠に係る物品を記載する必要がある（6条1項1号～3号）。

(2) 図　　面

　図面については，経済産業省令で定める場合は，図面に代えて，意匠登録を受けようとする意匠を表した写真，ひな形または見本を提出することができる。この場合には，写真，ひな形または見本の別を願書に記載する必要がある（6条2項）。当業者がその意匠の材質や大きさを理解できないためにその意匠を認識することができない場合には，その意匠に係る物品の材質または大きさを願書に記載しなければならない（6条3項）。

　意匠に係る物品の形状，模様または色彩がその物品の有する機能に基づいて変化する場合，その変化の前後にわたるその物品の形状，模様もしくは色彩またはこれらの結合について意匠登録を受けようとするときは，その旨とその物品の機能の説明を願書に記載しなければならない（6条4項）。

　意匠登録出願のために提出する図面，写真またはひな形にその意匠の色彩を付するときは，白色または黒色のうちの1色については，彩色を省略することができる（6条5項）。6条5項により彩色を省略するときは，その旨を願書に記載しなければならない（6条6項）。6条1項により提出する図面に意匠を記載し，または同条2項により提出する写真またはひな形に意匠を表す場合において，その意匠に係る物品の全部または一部が透明であるときは，その旨を願

書に記載しなければならない（6条7項）。

　意匠については，特許などと異なり請求の範囲というような記載事項は存在しないから，願書と図面のみから権利範囲を確定する必要がある。1つの出願には1つの意匠しか出願できないのが原則であるが（7条），組物意匠がその例外になる。

(2) 審　査

　意匠登録の審査は，特許出願の審査と同様に拒絶理由が発見されない場合には登録査定を行い，登録されることになる（17条1号〜4号）。

　拒絶査定を受けた者は，拒絶査定謄本送達日から3カ月以内に拒絶査定不服審判を請求することができる（46条1項）。

(3) 審　判

　登録意匠に対しては，何人も，登録要件を欠き，または意匠登録を受けることができない意匠であること，意匠登録が冒認出願によること，登録後に意匠登録を得ることができない外国人になったことなどを理由に，特許の場合と同様に意匠登録無効の審判を請求することができる（48条1項1号〜4号，2項）。訂正審判など認められないものもあるが，補正却下決定に対する不服審判は認められている（47条）。

4 意匠権の登録と効力

(1) 意匠権の登録

　意匠権は設定登録により発生し（20条1項），設定登録から20年存続する（21条1項）。設定登録があれば，意匠公報により公示する。意匠登録出願人は，意匠権の設定登録の日から3年以内の期間を指定して秘密意匠にすることを請求することができる（14条1項）。この場合には，秘密意匠については形式的事項のみを掲載して，指定された秘密とする期間や内容のような実体的事項は掲載されない（66条3項）。秘密とする期間経過後にそれらは掲載される。

(2) 意匠権の効力

意匠権者は，業として，登録意匠およびこれに類似する意匠を実施する権利を専有する（積極的効力，23条）。権利者は，先願の意匠権者との重複部分を除き，登録意匠に類似する意匠を実施できる。一定の目的の下で，継続的に有機的活動としてなされていれば，業としての実施と認められる。また，意匠の効力として，第三者がこれらを実施することを禁止する消極的効力も認められる。第三者が正当な権限なく登録意匠または類似する意匠を侵害する場合は，意匠権の侵害となり，差止請求や損害賠償請求等をなしうる。

意匠は物品の審美性を有する外観を保護するため，第三者による模倣が容易であり，侵害されやすい。そのため，意匠権の効力を登録意匠のみではなく，類似する意匠にまで広く及ぼし，保護される。登録意匠の範囲は，願書の記載およびこれに添付した図面または写真，ひな形もしくは見本により表された意匠に基づいて定められる（24条1項）。

(1) 登録意匠に類似する意匠

意匠と物品は不可分の関係にあるが，物品が異なると意匠が保護されないのでは，意匠の保護に欠けることになる。そこで，意匠の保護を本質的価値において同一と認められる範囲まで，次のように拡大している。①同一物品（用途と機能が同じ）の類似の形状，模様，色彩，またはこれらの結合，②類似の物品の同一の形状，模様もしくは色彩，またはこれらの結合，③類似の物品の類似の形状，模様もしくは色彩，またはこれらの結合。これらの判断基準となるのは，要部の共通性である。

同一の物品とは，物品の用途および機能が同一の場合であり，類似物品とは，用途が同じでも機能が異なる場合である（大阪高裁昭和56年9月28日判決，無体集13巻2号630頁）。類否判断については，両意匠の構成を全体的に観察して，基礎的構成態様と具体的構成態様を認定して，需要者または取引者の注意を最も惹く意匠の構成である要部を認定し，共通部分と相違部分を比較して全体として美感を同じくするかにより判断される（最高裁昭和49年3月19日三小判，民集28巻2号308頁）。

侵害訴訟で対象物品が登録意匠の権利範囲に含まれるかについては，意匠の本質論に関わり，創作者を基準とする美感（創作説）か，取引者や需要者に物

品の混同を生じるおそれがあるか（混同説）か，あるいは需要者の購買意欲を刺激して需要を喚起する美感（需要説）とする見解等がある。2006（平成18）年改正で登録意匠と類似するかについて，需要者の視覚を通じて起こさせる美感に基づいて行うと判断基準が示された（24条2項）。

部分意匠の効力の範囲については，①意匠に係る部品，部分意匠として登録を受けようとする部分の②機能・用途，③全体に占める位置，大きさ，範囲，④形態の要素を総合的に判断される（要部説，「意匠審査基準（平成28年3月11日改訂版）」第7部第1章参照）。意匠権の効力範囲の把握は困難なことも多いため，紛争の予防的措置として，特許庁の判定を求めることができる（25条）。

(2) 関連意匠

意匠創作の保護は，意匠コンセプトに関連するデザインや改良デザインの保護を行う必要がある。そこで，意匠出願の同一人により出願された類似する意匠を，主従をもうけて保護している。関連意匠登録は，通常の意匠の登録要件のほか，次の3つの要件——①本意匠に類似すること，②同一人の出願であること，③本意匠の意匠登録出願の日以後であり，本意匠に係る意匠公報（秘密意匠の場合を除く）の発行日の前の出願であること——を具備する必要がある。

関連意匠は，本意匠の存続期間の満了で消滅する。関連意匠は分離して移転することができない（22条1項）。本意匠の意匠権が存続期間の満了以外の事由——登録料を納付しなかったり，無効審決が確定するなど——により消滅した場合に，残る関連意匠も分離して移転することができない（22条2項）。専用実施権の設定につき，本意匠と関連意匠を別個に設定することはできない（27条1項，3項）ので，本意匠と関連意匠を同一の者が同時に設定するほかない。

意匠権者は，業として意匠登録およびこれに類似する意匠を実施する権利を占有する（23条）。

(3) 効力の制限

もっとも，意匠権は，公益上，産業政策上の理由から不特定多数の第三者との関係で，または特定の他者との関係で，効力の制限がある。一般に第三者との関係では，①試験または研究のためにする登録意匠および類似意匠の実施（36条，特許法69条1項を準用），②日本国内を通過するに過ぎない船舶若しくは航空機またはこれらに使用する機械，器具，装置等（36条，特許法69条2項1号

を準用），③意匠登録出願の時から日本国内にある物（36条，特許法69条2項1号を準用），④再審により回復した意匠権の効力の制限（55条，56条）の場合に，意匠権の効力が制限される。

特定の他者との関係では，他人の先願登録意匠等と利用関係，抵触関係がある場合に，または意匠権に実施権がある場合に制限される。すなわち，①意匠権者（専用実施権者または通常実施権者も含む）の登録意匠または類似意匠が他人の先願の登録意匠（類似意匠も含む），特許発明もしくは登録実用新案を利用する場合（26条），②他人の先願の特許権，実用新案権もしくは商標権もしくは著作権と抵触するとき（26条），③実施権による制限（許諾による専用実施権（27条）または通常実施権（28条），裁定実施権，法定実施権）である。

裁定実施権とは，登録意匠またはその類似意匠が，他人の先願登録意匠等と利用関係または抵触関係にあるとき，通常実施権の許諾の協議ができ，協議できなかった場合は，特許庁長官に裁定を求めることで設定される（33条）。技術的思想を保護する特許権や実用新案権と異なり，物品の美的外観を保護する意匠には，実施義務はなく，不実施の場合や公益のための裁定実施権はない。

法定実施権による制限があるのは，①職務創作による通常実施権（15条3項，35条を準用），②先使用権による通常実施権（29条），③無効審判請求登録前の実施による通常実施権（30条），④意匠権等の存続期間満了後の通常実施権（31条，32条），⑤再審により回復した意匠権の善意の実施に対する通常実施権（56条）である。

5 侵害・救済方法

登録意匠またはこれに類似する意匠を第三者が権限なく実施した場合には，以下の3つの救済方法がある。①当該行為の差止め（37条），②損害賠償請求：間接侵害（38条），過失の推定（40条），損害賠償額の推定（39条）の規定がある，③特許権の侵害の規定が準用され，信用回復措置（41条）などが認められている。

意匠権者または専用実施権者に無断で，業として登録意匠と同一または類似の意匠を実施すると，意匠権の侵害となる（直接侵害）。侵害を惹起する蓋然性

の高い予備的または幇助的行為で直接侵害を誘発性の極めて高い行為も侵害とみなされる（間接侵害，38条）。専用型間接侵害（38条1号）と模倣品拡散型間接侵害（38条2号）がある。意匠権等の侵害では，侵害を訴えられた者の具体的態様の明示義務（特許法104条の2），書類の提出等（特許法105条），損害計算のための鑑定（105条の2），相当な損害額の認定（105条の3），秘密保持命令（105条の4，105条の5，105条の6）等の特許法の規定が準用される。

(1) 権利者の請求権
(1) 差止請求権

意匠権者または専用実施権者は，自己の意匠権または専用実施権を侵害または侵害するおそれがある者に対して，侵害の停止または予防を請求できる（37条）。意匠権者等は，侵害行為を組成した物（プログラム等も含む）の廃棄，侵害行為に供した設備の除却その他の侵害の予防に必要な行為を請求できる（37条2項）。侵害対象の物品は，流通過程に置かれ，取引の対象とされる独立した物品と解される（東京地裁平成16年10月29日判決，判時1902号135頁等）。部品の意匠の場合は，取引対象の物品の意匠が登録意匠と非類似でも，取引対象の物品の部分の意匠と同一または類似で，利用関係があれば，侵害と認められる。

差止請求権は，侵害者の善意・悪意を問わず認められる。もっとも，秘密意匠の場合は，意匠公報において意匠の内容が公開されないので，意匠権者または専用実施権者が差止請求を行使するにあたり，意匠権者の氏名または名称および住所または居所，意匠登録出願番号および年月日，登録番号および登録年月日に加えて，願書および願書に添付した図面，写真，ひな形または見本の内容を記載した書面で，かつ特許庁長官の証明を受けたものを提示して警告してからでなければ権利行使できない（37条3項）。

(2) 損害賠償請求権

意匠権者または専用実施権者は，自己の意匠権または専用実施権を故意または過失により侵害した者に対して，自己が受けた損害を賠償できる（民法709条）。他人の意匠権等を侵害した者は，侵害行為について過失が推定される（40条）。秘密意匠については公報で意匠の内容が公開されていないため，過失は推定されず，権利者が立証しなければならない（40条ただし書）。

意匠権の損害額の算定は困難であるため，損害額の推定規定がある（39条）。基本的に譲渡された侵害製品の数量に意匠権者等の単位数量当たりの利益額を乗じた額を，意匠権者等の実施能力に応じた額を超えない限度で，損害額とすることができる（39条1項）。侵害により侵害者が受けた利益が大きい場合は，受けた利益額を損害額と推定する（39条2項）。意匠権者等が実施していない場合は，最低限，実施料相当額を損害額として請求できる（39条3項）。

(3) 信用回復措置

意匠権者等は，意匠権等を故意または過失により侵害することにより，意匠権者等の業務上の信用を害した者に対して，損害賠償に代え，または損害賠償とともに，業務上の信用を回復するのに必要な措置を命じるよう請求できる（41条，特許法106条を準用）。新聞への謝罪広告などがあげられる。

(4) 不当利得返還請求権

意匠権者等は，法律上の原因なくして，意匠権等を実施して利益を受けた者に対して，それにより意匠権者が損失を受けた場合，その利得の返還を請求できる（民法703条，704条）。その利得は，受益者が善意の場合は現存利益で，悪意の場合は，侵害者の得た利益に利息を付した額である。損害賠償請求権が時効で消滅した後も請求でき，侵害者が無過失の場合も請求できる点で，有益である。

(5) 水際措置

意匠権の侵害した物品は輸出入してはならない貨物であり（関税法69条の2第1項3号および69条の11第1項9号），意匠権者は税関に差止めを求めることができる（関税法69条の4，69条の13）。税関において，認定手続を経て（関税法69条の3，69条の12），税関長がこれらの貨物の没収，廃棄，積戻しを命じる（関税法69条の2第2項，69条の11第2項）。輸出入禁止物品を輸出入した場合，罰則がある（関税法108条の4および109条）。

(2) 侵害主張に対する抗弁

(1) 権利の効力による制限

意匠権の効力の制限は，侵害訴訟における被告の抗弁として主張される。効力の制限として，①試験または研究のためにする登録意匠および類似意匠の実

施（36条，特許法69条1項を準用），②日本国内を通過するに過ぎない船舶もしくは航空機またはこれらに使用する機械，器具，装置等（36条，特許法69条2項1号を準用），③意匠登録出願の時から日本国内にある物（36条，特許法69条2項1号を準用），④再審により回復した意匠権の効力の制限（55条，56条），⑤他人の先願の登録意匠等の利用・抵触関係（26条），⑥実施権がある場合（許諾による実施権，裁定実施権，法定通常実施権）である。

(2) 消尽・並行輸入の抗弁

　意匠権者等が意匠権の実施品を譲渡した場合，その製品については意匠権は目的を達したものとして消尽し，当該製品の使用や再譲渡に効力は及ばない。しかし，その実施製品を再利用し，修理，改造することで，同一性を欠く実施品を新たに製造して販売する場合は，消尽の効力が及ばず，侵害となると解される。国際的な取引では，国際消尽を認めるかどうかは市場における円滑な商品の流通や取引の保護，産業政策などをめぐり，議論が分かれている。判例では，権利者の利益を配慮し，黙示的許諾理論に基づき，意匠権者またはこれと同視する者が，海外で意匠権に係る実施品を譲渡し，譲受人に当該製品を販売先ないし使用地域から我が国から除外する旨を合意し，その合意を，当該実施品を譲り受けた第三者およびその後の転得者に表示した場合を除き，意匠権の効力が許されないと解している（最高裁平成19年11月8日一小判，民集61巻8号2989頁）。

(3) 刑 事 罰

　権利者は意匠権等の侵害者に対して民事上の請求が可能であるが，意匠権等の侵害者には刑事罰も定められている。意匠権または専用実施権を侵害した者には，10年以下の懲役もしくは千万円以下の罰金，または併科がされる（69条）。意匠権等を侵害する行為とみなされる行為を行った者には5年以下の懲役もしくは500万円以下の罰金，または併科がされる（69条の2）。法人の代表者または法人もしくは自然人の代理人，使用人その他従業員が，法人または自然人の業務に関して意匠権等の侵害行為を行った場合は，当該行為者のみならず，その法人やその自然人にも両罰規定がある（74条）。

◆参考文献
『牛木理一先生古稀記念　意匠法及び周辺法の現代的課題』発明協会，2005年
斎藤瞭二『意匠法概説〔補訂版〕』有斐閣，1995年
茶園成樹『意匠法』有斐閣，2012年
牧野利秋編『実務解説 特許・意匠・商標』青林書院，2012年
紋谷暢男編『意匠法25講〔改訂版〕』有斐閣，1985年

第8章 商標法(1)：概説，登録要件，登録手続

1 商標法概説

(1) 商標法の沿革

　古代中国，メソポタミア，ギリシャ・ローマの時代から，創作した職人が標識を付けることが行われていたといわれている。中世には，商人の財産の保管や輸送中の商品の管理のために標識が使用された。さらに，同業者組合（ギルド）の興隆によりその構成員にギルド等の標識を付けることが義務づけられた。1766年，ドイツの同業者組合内で標識登録制度の存在が確認されている。しかし，当時の標識はどちらかというと商人の名称を表す商号標識であり，一事業者に一標識しか認められていなかったので，自由に選択することができる商品標識とは異なっていた。

　商品標識としての商標が定められたのは，ドイツでは，1874年の商標保護法によってであった。わが国においては，ドイツの1874年法を参考として，1884（明治17）年の商標条例が最初に制定された法であった。商標条例は，先願登録主義を採用し，保護期間は15年であったが，更新登録を認めていた。

　比較法的にみれば，商標の保護については使用主義と登録主義とが対立してきた。商標登録制度がとられる以前においては，識別力を備えた商標を最初に使用したという事実に基づいて商標権を与えた。使用主義は，商標が周知性を有することまで要求しないので，その限りで権利者の負担を軽減する。しかし，最先使用の事実等を立証する必要があり，権利者の負担軽減という点では不徹底であった。そこで，商標登録を受けた者を商標権者と推定する制度がつくられた。これによって登録を受けた者が権利者でないと主張するとすれば，そのような主張をする者に立証責任が転換される。しかし，このような推定は相手方の立証により覆されることになり，権利者の地位は安定しない。また，登録された商標は原則として使用されている地域にのみ及ぶにすぎず，現に使

用している商標でなければ登録することができないとすることも，商標保護の点からみて適切といえなかった。登録主義は，使用主義の問題点を根本的に解消しようとするものであった。登録主義は，商標の最先の出願者に出願時における登録要件を審査したうえで商標権利者としての登録を認めるものであり，未使用の商標であっても使用意思があれば登録が認められ，登録された商標の効力は登録国全体に及ぶことになる。

従来から使用主義をとってきた英国は1905年に，フランスは1964年に登録主義に基づく立法がとられ，これが次第に広まっていった。例えば，米国においては，連邦憲法が特許と著作権のみを連邦の権限としていることもあって，各州の判例法上形成されてきた使用主義の見解が色濃く残されている。連邦法上の登録による商標権と州法上の使用主義による商標権が並存しており，連邦商標法は判例法を基礎とした州法の補完立法としての性質を有している。

わが国においては，幕末に締結された不平等条約の解消のためもあり，1884年の商標条例以後，立法上一貫して登録主義がとられてきたが，少なくともその立法当時は当時の経済会の理解を超えた部分があったといわれている。その後の学説や産業界の意見においては，立法論として使用主義を支持するものがみられ，登録することができる商標の範囲も狭く限られた（これらの点に関しては，渋谷達紀『知的財産法講義ⅲ〔第2版〕』有斐閣，2008年，318頁以下参照）。日本において登録主義思想が広く認められるようになったのは，1990年代に入ってからといわれている。

現在の商標法は，1959（昭和34）年に成立したものであり，積極的登録要件を具体的に列挙し，登録商標の使用許諾制度を導入し，営業から独立した商標の譲渡を認めた。これにより団体がその構成員に標章を使用させることができるようになったので，団体標章制度を廃止した。1991（平成3）年に商標法2条1項2号により役務商標が加えられる以前は，商標登録をすることができるのは商品商標だけであった。その対象は，狭義の商品表示に限られ，商品それ自体の形状，商品の包装の形状，商品の広告物の形状などの広義の商品表示は含まれていなかった。その表示も視覚によって認識することができる平面上のものに限られていた。しかし，1996（平成8）年の商標法改正で，商品それ自体の立体的形状および商品の包装，役務の提供に用いる物または商品，役務に

関する広告（広義の表示）を標章の形状とすることが含まれることになった（商標法2条1項柱書，4項。以下，本章では商標法に限り条数のみを表示）。

(2) 商標法の機能

商標は，需要者に誰の商品，役務かの識別を可能とすることにより，市場における商品，役務を差別化し，ブランド化（顧客等との信頼関係を強化することにより，他の標章との識別力を高めること）を図ることを可能にする（ブランド戦略については，第16章参照）。商標の主な機能として，①出所表示機能，②品質保証機能，③宣伝・広告機能があげられる。その中でも中心的なものは①であり，②，③はそれに付随した副次的機能ということができる。とはいえ，同一の商標が付けられた商品や役務については同一の質を期待するであろうし，商標権者は同一の品質ないし役務に質を保とうとすることによってその商標の価値を維持し，高めようとするので，商標権者の商品の品質，役務の質の管理が重要になる。

商標は，商品，役務との関係で使用する識別標識であり，その標識の背後にある事業者が自己の営業努力により獲得してきた信用を保護するためのものである。商標法は，この点においてこれまで勉強してきた特許法，実用新案法，意匠法のように人の知的創作活動の成果を保護対象とする法と異なり，営業上の信用を化体している標識を保護対象とする法である。この点では，商標法は，保護対象において他人の商品表示，営業表示不正使用を禁止した不正競争防止法や商号の保護を定めた商法の規定（商法11条ないし17条）と類似する。商標法上与えられる商標権は，指定商品，指定役務について登録商標を独占的に使用できる排他的権利である点で，不正競争防止法や商法の定める行為規制による保護とは性質を異にする。

(3) 商標とは何か

商標とは，文字，図形，記号，立体的形状もしくは色彩またはこれらの結合，音その他政令で定めるもの（以下「標章」という）であって，①業として商品を生産し，証明し，または譲渡する者がその商品について使用するもの（商品商標），②業として役務を提供し，または証明する者がその役務について使

用するもの（役務商標）をいう（2条1項）。商標を使用する業務の種類という観点から分類すると、生産商標、証明商標、販売商標に分類することができる。証明商標というのは、商品の品質を証明するウール・マーク、電気製品認証協会のSマークなどをいう。商品、役務の出所ではなく、その質の証明、認証に関わる点に特徴がある。文字、図形、記号、立体的形状という構成要素（標章）は、単独でもこれらの結合でも商標となりうるが、色彩という構成要素は、単独では商標となりえず、必ずこれらの結合でなければならなかった。しかし、TRIPS協定15条1項は、「色の組み合わせ」を独立して登録することができるとしている。2014（平成26）年の改正法により、色彩のみからなる商標も登録できるとされた。これらはいずれも視覚に訴えるものである。さらに、音、その他政令で定めるものも標章とすることができるようにされた。政令で標章の構成要素を追加することができるとしたのは、保護の社会的要請に迅速に対応できるようにする趣旨である。商標としての標章の使用については、一般的にいえば、商品または役務の出所表示機能をもつ態様における使用をいうが、具体的には商標法2条3項の各号で定めている。「商品又は商品の包装に標章を付する行為」（1号）、例えば、商品に直接刻印し、またはラベルを貼り、商品の包装にその標章を印刷して使用する行為である。立体商標の場合には、厳密にいえば、商品に付するといえない可能性があるので、1996（平成8）年の商標法改正により、商品、商品の包装、役務の提供に供する物などを標章の形状とすることも含まれることを明確にした（2条4項）。役務の提供を受ける者の利用に供する物に標章を付する行為（2条3項3号）および3号の物を用いて役務を提供する行為（2条3項4号）、例えば、タクシーの車両に標章を付する行為やそのタクシーで客を運送する行為がこれにあたる。音の標章については、記録媒体に標章を記録することを含むとされている（2条4項2号）。

2 商標の登録要件

　商標として保護を受けるためには、特許庁に商標登録出願をし、商標登録を受けなければならない。商標の登録要件として、商標の自他商品・役務の識別力を有すること（積極的登録要件）と公益その他の観点から定められた不登録事

由にあたらないこと（消極的登録要件）をあげるのが一般的である。しかし，広くみると，使用意思（3条1項柱書），出願人の権利適格性（7条の2第1項，51条2項，53条2項，77条3項等参照），出願の方式適格性（6条1項，2項），先願性（8条2項，5項）を具備していることを含む。

特許庁の審査官は，これらの要件を審査し（14条），出願日から18カ月以内に（商標法施行令2条1項）拒絶理由を発見できないときは，商標登録すべき旨の査定をしなければならない（16条）。ここでは，商標に特有な要件として，①商標の使用意思，②積極的登録要件および③消極的登録要件を取り上げて説明する。

（1）商標の使用意思

商標の登録を受けるには，自己の業務に係る商品または役務につき使用しているか，少なくとも使用する意思を有する商標でなければならない（3条1項柱書）。団体商標については，「自己の」を「自己又はその構成員の」と読み替える（7条2項，7条の2第3項）。従来自己の業務に係る商品や役務であるかどうかは，願書に記載された出願人の業務から判断されてきた。しかし，商標法条約は出願人に業務の記載を求めないものとしているので，1996年の商標法改正で業務の記載を求めないとした。個人が総合小売業等を指定業務としている場合や指定された商品や役務が広範にわたる場合のように使用意思が疑わしい場合には，事業実態に関する証明資料や指定した商品や役務に関する業務を出願後3年に行う予定であることを示す事業計画書等で証明される必要がある。

商標使用の事実を保護要件とする主義を使用主義といい，一定の要件，例えば商標の使用意思があれば登録を認める主義を登録主義という。わが国の商標法は，登録主義をとるが，使用主義的要素を一切排除しているわけではない。使用により周知となった商標は，登録の段階においても（4条1項10号），侵害の段階においても（32条，32条の2）保護されており，また，不使用商標の取消審判制度（50条）がおかれている。

（2）商標の積極的登録要件

商標は，出所表示機能などの商標に期待されている諸機能を営むものである

から，自他の商品ないし役務の識別力を有する必要がある。自他の商品ないし役務の識別のために商標を使用するのであるから，識別力を欠き，または不足する標章に商標としての保護を与える必要がないからである。1921（大正10）年の旧商標法1条2項は，「標章ニシテ特別顕著ナルモノナルコトヲ要ス」と規定していた。しかし，特別顕著性については議論が分かれていた。そこで，現行商標法は，3条1項1号から5号までに識別力のない商標を具体的に列挙するとともに，同条同項6号において一般的，包括的に「需要者が何人かの業務に係る商品又は役務であることを認識することができない商標」をあげている。判断の基準時は登録に関する限り登録時である。

① その商品，役務の普通名称を普通に用いられる方法で表示する標章のみからなる商標（3条1項1号）

例えば，日本人形についての「京人形」，興行案内業の「プレイガイド」はその例とされる。普通名詞の俗称や略称も含まれる。例えば，どしょう味噌汁，どしょう煮の「どぜう」，「雷おこし」の「かみなり」もこれにあたるとした判例がある。

② その商品，役務について慣用されている商標（3条1項2号）

特定の商品，役務について同業者で長年使用されてきた商標をいい，例えば，清酒の「正宗」，弁当の「幕の内」，宿泊施設提供の「観光ホテル」，胃腸薬の錠剤の「赤玉」である。全国で慣用される必要はなく，赤玉は富山県，滋賀県などの売薬業界で慣用されていたものである。

③ 商品，役務の産地，属性を普通に表示する標章のみからなる商標（3条1項3号）

これらは記述的商標と呼ばれ，文字商標になる。これらの登録が許されないのは，識別力の不足のほか，他人のために言語使用の自由を確保する必要があることが理由とされる。ミネラルウォーターなどを指定商品とする「超ミネラル」，「博多めんたいこ」がある。記述的商標であっても，使用による識別力が認められた例として（3条2項参照），コーヒー，ココアを指定商品とする「GEORGIA」「ジョージア」がある。紅茶についても出願されたが，使用の事実がないとして登録が認められなかった。

④ ありふれた氏，名称を普通に用いられる方法で表示する標章のみからなる

商標（3条1項4号）

　これにあたるとされて登録を否定された例として，燃料，染料を指定商品とする「チバ」がある。これは世界有数の化学会社「CIBA LIMITED」が出願したものであるが，ありふれた氏である「千葉」に通じるとして識別力が否定された。オートバイの「ホンダ」「スズキ」もこれにあたるが，使用の結果識別性が認められた例になる。
⑤　きわめて簡単で，かつありふれた標章のみからなる商標（3条1項5号）
　繊維などの「WA7」，化学薬品や薬剤の「VO5」，アルファベット標準文字からなる「AO」はこれにあたるとされた例がある。
⑥　需要者が何人かの業務に係る商品または役務であることを認識することができない商標（3条1項6号）
　識別力の不足または欠如に関する一般条項である。例えば，元号や商慣習上数量の単位として用いられているものなどのほか，企業の理念や経営方針を普通に用いられる方法で表示したものがこれに該当する。

(3) 商標の消極的登録要件

　保護に値する識別力がある商標であっても，公益保護の観点や私益保護の観点から登録を認めるのが不適切な場合がある。商標法4条1項は，1号から19号までに登録を認めない商標を列挙する。このうち公益保護の観点から不登録商標とするのは1号から5号，9号，16号，18号であり，私益保護の観点からの規定は8号，10号から15号，17号，19号である。
①　公益の観点から不登録商標とされるもの
　わが国の国旗，菊花紋章，勲章，褒章または外国の国旗と同一または類似する商標（4条1項1号），パリ条約の同盟国，世界貿易機関の加盟国または商標法条約の締約国の紋章その他の記章であって，経済産業大臣が指定するものと同一または類似の商標（4条1項2号），国際連合その他の国際機関を表示する標章であって，経済産業大臣が指定するものと同一または類似の商標（4条1項3号），赤十字の標章や文民保護の国際的な特殊な標章と同一または類似の商標（4条1項4号）等である。
②　私益保護の観点から不登録商標とされるもの

他人の肖像または他人の氏名，名称もしくは著名な雅号，芸名もしくは筆名またはこれらの著名な略称を含む商標。ただし，その他人の承諾を得ているものを除く（4条1項8号），他人の業務に係る商品もしくは役務を表示するものとして広く認識されている商標（周知商標），またはこれに類似する商標であって，その商品，役務またはこれらに類似する商品，役務に使用される商標（4条1項10号），他人の業務に係る商品または役務と混同を生ずるおそれがある商標（4条1項15号），8号にあたる商標でその他人の承諾を得た商標であっても，出所の混同を生ずるおそれがある場合には，本15号で拒絶される。

③ 団体商標，地域団体商標，防護標章の登録

　商標に特有な特殊な商標の保護制度について説明しておこう。前に述べたように，商標の登録要件として使用意思が求められる。自ら使用意思がなくとも例外的に商標登録を認める制度に団体商標，地域団体商標がある。また，商標は指定した商品や役務に関してのみ保護されるものであるから，指定された商品や役務と非類似のものには商標の効力は及ばないのが原則である。しかし，登録商標が広く需要者間に認識されていると，非類似の商品や役務に第三者が使用する場合にも保護が必要となることもある。この点を考慮した制度に防護標章登録制度（64条から68条）がある。

　団体商標は，パリ条約7条の2において団体標章の保護を定めており，1921年の商標法においては団体商標保護の規定があった。しかし，1959（昭和34）年の商標法においては，商標の使用許諾を認めることにした（30条，31条）ので，団体が商標登録を得てこれを構成員に使用許諾をすればよいと考えられて，団体商標の規定は削除された。ところが，団体自身が商標を使用しない場合には使用意思の有無が争点となり，権利行使が難しくなる場合等が生じるので，1996（平成8）年の商標法改正により団体商標（7条）の規定が，2005（平成17）年の改正により地域団体商標（7条の2）の規定が導入された。団体商標の規定をいったん廃止しておきながら，再び規定することになった点から迷走立法と評されることがある。同業者団体等事業者を構成員とする団体が，その構成員に使用させるための商標である。商品，役務の出所を表示するためでは

なく，団体の統制の下で構成員に係る商品，役務の地理的特徴その他の共通の特徴を標章させるために使用する商標である。それを付された商品が団体の定めた基準や品質をクリアした構成員の商品であることを保証する機能を有する。団体自身が商品等の管理のために商標を使用することもあるため，団体自身による使用も明文で認めている（7条2項）。

地域団体商標は，地域名と商品名からなる商標である。商標法3条1項3号に該当するので登録が認められない可能性が生じる。このような商標に要求される「需要者が何人かの業務に係る商品又は役務であることを認識することができるもの」（3条2項）の要件を緩和し，事業協同組合や農業協同組合など特例の法律により設立された組合に使用された結果，自己またはその構成員の業務に係る商品または役務を表示するものとして需要者の間に広く認識される場合に登録を認める（7条の2）。この要件は，複数の都道府県に及ぶ周知性を獲得した場合に満たされ，地域団体商標として登録を認めることにしたものと解されている。これは，地域ブランドの適切な保護により，事業者の信用の維持，地域産業の競争力の強化，経済の活性化を図ることを目的として導入された。地域団体商標は自ら使用する意思がなくとも，その構成員に使用させる意思があれば登録が認められる。米国では証明商標制度が導入されており，ジャガイモ包装上の「Idaho」のように地理的出所の表示がその制度の下で保護されている。わが国では，その役割を地域団体商標が担っているといえる。

防護標章登録制度は，1959（昭和34）年商標法においてイギリス法を参考として導入された。商標権の禁止権は非類似の商品や役務には及ばない。しかし，商標が広く需要者に認識されるようになると，非類似の商品や役務に使用された場合にも出所混同のおそれが生じる。そこで，防護商標について一定の登録要件を定め（64条），みなし侵害の規定をおいて著名商標の禁止権の範囲を非類似の商品や役務にまで拡大している（67条1号～7号）。

4 商標登録出願，審判と審判請求制度

商標登録を受けようとする者は，願書と必要な書面を特許庁長官に提出しなければならない（5条1項柱書）。願書には以下の事項を記載しなければならな

い。①商標登録出願人の氏名または名称，住所または居所，②商標登録を受けようとする商標，③指定商品または指定役務，ならびに第6条2項の委任に基づく商標法施行令で定める商品および役務の区別，である。指定することができる商品，役務は，45区分（商品34区分，役務11区分）に大分類され，商標法施行規則別表に例示されている。区分には番号が振られており，第何番目の区分であるかを示すときは，区分を類と呼び，第1類，第2類というよう特定する。商品や役務の区分にあげられた商品，役務は例示であるから，そこに記載されていない商品や役務も指定することができる。しかし，この区分も審査の対象となり，出願人が指定した区分が妥当でないと判断したときは，拒絶査定がされる（15条3号）。1996年の商標法改正により一出願で多区分の商品，役務を指定することが認められるようになった（6条1項）。商標法条約3条が手続の簡素化の観点から一出願多区分制度の採用を義務づけており，国際分類を採用するほとんどの国においてこれを採用していることを考慮して従来の規定を改正した。なお，マドリッド議定書による国際出願については，上記の国内出願と異なるニース協定の国際分類により指定される（第15章参照）。

　審査には，方式審査と実体審査がある。方式審査は，手続が商標法またはそれに基づく命令に違反しているか，法定の登録料が納付されているか等を審査し，これらに違反する場合には，特許庁長官は相当の期間を指定して手続の補正を命じることができる。補正不能な程度に不適法な場合には，特許庁長官は出願者に理由を通知し，相当期間を指定して弁明書の提出の機会を与えたうえでその手続を却下する。実体審査は，審査官が拒絶理由の有無を審査するものであり（15条），審査官が拒絶理由を発見した場合にはそれを出願人に通知し，相当の期間を指定して意見書の提出の機会を与えたうえで拒絶査定する（15条の2）。出願人は，補正書を提出して補正することができる。その補正が商標登録の要旨を変更するものであるときは，審査官は補正却下の決定をする（16条の2）。審査官は，1年6カ月以内に（商標法施行令2条参照）拒絶理由を発見しないときは，ただちに商標登録の査定をしなければならない（16条）。登録査定があり，査定の謄本が出願人に送達され，登録料が納付されると，商標権の設定登録がされ，商標権が発生する（18条）。

　商標掲載公報発行日から2カ月以内に限り，何人も登録異議の申立ができる

図1 商標登録出願の手続, 審判手続の流れ

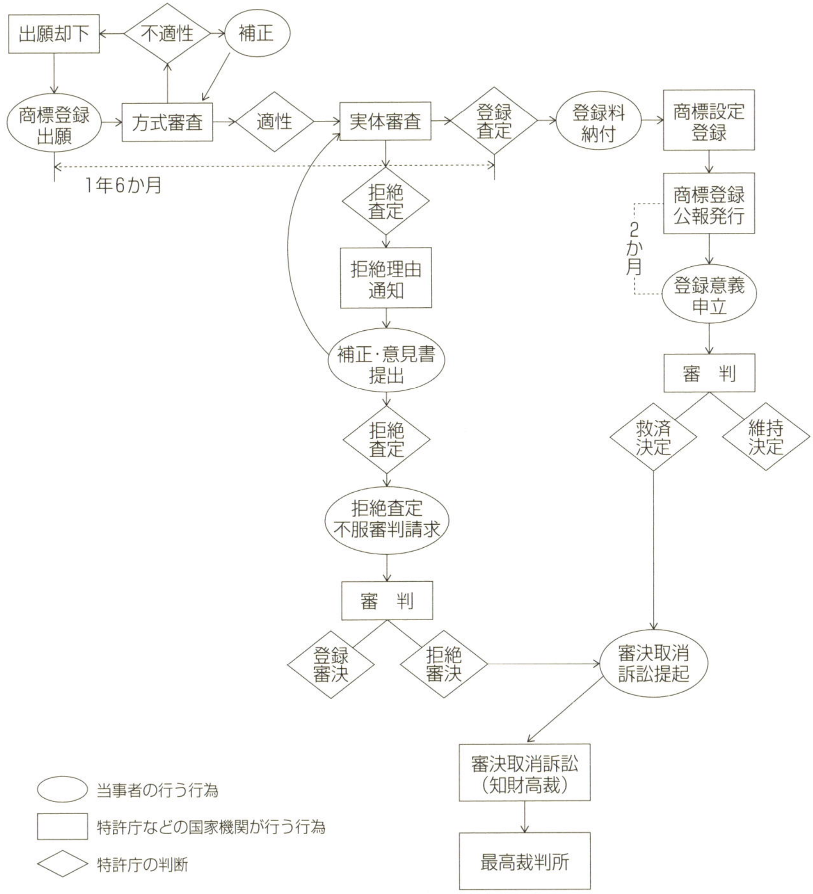

(43条の2第1項)。この場合に申立理由となるのは同条1号～2号に定めるもの(商標および団体商標の登録要件, 先願主義および外国人の権利共有に関する相互主義に違反した登録, 商標権の取消しの審決が確定した日から5年以内の商標登録, または条約違反の登録)に限られる。登録意義の申立てについての審理および決定は, 3人または5人の審判官の合議体で行う(43条の3第1項)。審判官は, 申立てに理由があると認めるときは, 取消決定をしなければならず(43条の3第

2項)，理由がないと認めるときは，その商標登録維持の決定をしなければならない（43条の3第4項）。

　商標登録に関係する審判には次の4つがある。①拒絶査定不服審判（44条），②補正却下決定に対する審判（45条），③商標登録の無効審判（46条），④商標登録取消審判（50条），である。①と②は，査定または決定を受けた者が謄本の送達日から3カ月以内に請求することができる。③については，法文上請求権者を定めていない。1921（大正10）年法上は，利害関係人と審査官に限られていた。利害関係の存否をめぐり審理が遅延し，また，明らかに無効とされるべき商標について請求者が利害関係を有しないとみられて無効とされなかった事例が生じたので，現行法ではこの点につき明文で定めていない。しかし，その商標登録により不利益を受ける者であることが必要と解すべきである。商標登録の日から5年以上経過すると請求することができなくなる（47条1項）。ただし，地域団体商標について商標法7条の2第1項の登録要件の規定に違反してされたために無効と主張される場合には，商標登録の日から5年が経過し，かつ，その登録商標が商標権者またはその構成員の業務に係る商品または役務を表示するものとして需要者の間に広く認識されているときに限り，請求することができなくなる（47条2項）。④は，継続して3年以上日本国内において商標権者，専用使用権者または通常使用権者のいずれもが各指定商品または指定役務についての登録商標を使用していないときは，誰でもその商標登録の取消しの審判を請求することができるものとする（50条1項）。

　審判に不服がある場合には，知財高裁さらには最高裁に訴えることができる。

　なお，以上述べてきた商標出願手続を図で示すと，図1のようになる。

◆参考文献
小野昌延・三山峻司『新・商標法概説〔第2版〕』青林書院，2013年
工業所有権法研究グループ『知っておきたい特許法〔5訂版〕』大蔵省印刷局，1998年
渋谷達紀『知的財産法講義Ⅲ〔第2版〕』有斐閣，2008年
角田政芳・辰巳直彦『知的財産法〔第7版〕』有斐閣，2015年

第9章 商標法(2)
：商標権の効力，商標および商品・役務の類似の基準，侵害および活用

1 商標権とその効力

　商標権は設定登録により成立し，その存続期間は設定登録の日から10年であるが（商標法19条1項。以下，商標法に限り条数のみを表示），商標権者の更新登録の申請により更新することができる（19条2項）。商標権者は，登録商標を指定商品または指定役務について独占的に使用する権利を有する（25条参照）。これを専用権といい，商標権の積極的効力という。この場合における登録商標の範囲や指定商品または指定役務の範囲は，願書の記載に基づいて定めなければならない（27条）。専用権は，あくまで登録商標につき指定商品または指定役務についてのみ独占的に使用する権利であり，類似の商標や類似の商品や役務については及ばない。

　しかし，他人が類似の商標を類似の商品や役務に使用すると，出所の混同を生じるおそれが生じる。そこで，登録段階において，商標登録出願日前に他人の登録商標またはこれに類似する商標であって，その商標登録に係る指定商品や指定役務，またはこれらに類似する商品，役務に使用する商標は商標登録を受けることができないとされている（4条1項11号）。つまり，他人の登録商標や指定商品，指定役務が同一である場合だけではなく，その登録商標と類似し，または，その商標登録における指定商品，指定役務が類似する場合にも商標登録を認めていない。

　他方で，みなし侵害（間接侵害）に関する規定をおいて（37条1号～8号），指定商品，指定役務と同一の商品，役務について他人の登録商標と類似の商標を使用すること，および，商標が使用される商品，役務が登録商標の指定商品，役務と類似する場合にも商標権の侵害とみなして，その使用を禁止する権利を商標権者に認めている（36条1項）。その結果，登録商標の類似範囲につき第三

者による使用が禁止され，類似の商標の登録も認められないことになる。その効果として類似の商標についても，また，指定商品，指定役務と類似の商品，役務についても，実際上他人の使用を排斥することができるようになっている（図1参照）。なお，前章で述べたように防護商標登録をしておくと，非類似の商品や役務に使用した場合にも禁止権が及ぶことになる。

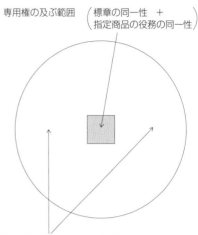

図1　商標権の効力

2 商標および商品・役務の類似の基準

　商標法において商標および商品・役務の類似に関する規定は，商品に類似する範囲に役務が含まれ，役務に類似する範囲に商品が含まれることがあることを定めた2条6項，商標法施行令で定める「商品及び役務の区分」は，商品または役務の類似範囲を定めるものでないとする6条3項が存在するだけである。類似をどのように判断するかは，解釈に委ねられた問題というべきである。

(1)商標の類似

　商標の類似は，問題となる商標を対比してみて，それが同一または類似の商品や役務に使用されるときに出所の誤認混同が生じるかどうかによって判断される。その際に，外観類似，称呼類似，観念類似をいう3つの要素が重要になる。外観類似は，その商標を需要者がみたところ同じものと感じるかどうかである。「キミス」と「キスミー」，「テイオン」と「ライオン」，「P&R」と「P&K」は文字商標の外観類似の例とされている。「マンパワー」と「ウーマンパワー」は生み出される観念を異にするが，表示の外観が類似する外観類似とみることができる。称呼上類似とされるものに「梅壇」と「尖端」，「ヘルパミ

ン」と「ヘルパチン」,「コザック」と「コザッキー」などがある。「シンガー」と「SINKA」,「single」は称呼類似の例とされる。観念類似には,「キング」と「王」,「巨人」と「ジャイアント」,「遠山の金さん」と「名奉行金さん」などがあり,「タイガー」という文字商標と「虎」の図形商標は観念類似といえる。

　かつては,このうち1つでも同一であれば原則として類似とされていた。しかし,最近では商標の外観,称呼,観念等によって需要者に与える印象,記憶,連想等を総合して全体的に判断されるべきであり,その商品の取引の実情を加えて総合的にみて需要者に誤認混同が生じるかで判断されるようになっている(「氷山印事件」最高裁昭和43年2月27日三小判,民集22巻2号399頁参照)。本件判決は,出願商標が氷山の図形のほか,硝子繊維,氷山印,日東紡績の文字を含むものであり,引用登録商標の「しょうざん」の文字のみからなる商標と称呼は近似するとはいえ,硝子繊維糸の特殊な取引の実情に照らし称呼の対比考察を比較的緩やかに解して妨げないとした。

　また,「小僧寿し事件」(最高裁平成9年3月11日三小判,民集51巻3号1055頁)も「商標の外観,観念又は称呼の類似は類似する点があるとしても,他の点において著しく相違するか,又は取引の事情等によって,何ら商品の出所混同するおそれのないものについては,これを類似商標と解することはできない」としている。この判例の事案では,「小僧」を縦書きした商標を有する者が株式会社小僧寿し本部とフランチャイズ契約を締結する者を訴えたのであるが,原告と被告の商標は「外観および称呼において一部共通する部分があるものの」被告商標の付された本件商品は「直ちに小僧寿しチェーンの製造販売に係る商品であると認識することができる高い識別力を有する」のであって,需要者に商品の出所混同を生じさせるおそれはないとした。つまり,一方で原告が狭小な地域でのみ営業し,他方で被告商標の識別力が高く,需要者が商標の構成等を銘記してわずかの相違も認識できるという事情を考慮したのである。登録商標の識別力が弱いときは,類似範囲を狭く解してよいとされている。その方が非権利者の商標使用の自由を広く保護することに役立つからである。例えば,月桂樹の図柄を採り入れた標章が広く用いられてきたことを考慮して,標章の類似範囲を狭く解した判例がある(東京地裁昭和47年1月31日判決,判タ276号356頁)。

　要するに,商標の類似範囲に入るかは商標の外観,称呼,観念が類似するか

どうかをみて，この1つまたは2つが類似するとしても，当該商品ないし役務の取引の実情を考慮して，商標の需要者側の平均的注意力からみて出所の誤認，混同のおそれが生じるかどうかにつきその商標が需要者に与える印象，記憶，連想などを総合して全体的にみて判断すべきことになる。ただ，2つ以上の部分が結合して1つの商標を構成している場合には，その商標の特徴的な部分として覚えやすい，識別力のある部分（以下「要部」という）がどれであるかを見定めて，その要部を比較し，混同のおそれがあるかどうかを決定する。例えば，「橘正宗」については，「正宗」は清酒の慣用語であるから「橘」が要部となる。また，「橘焼酎」については「焼酎」は普通名詞であるから「橘」が要部となる。

　なお，商標の類似を判断する場合にも，登録要件として問題となる場合と商標権侵害の要件として問題となる場合で以上に述べた類比判断の方法そのものは異ならない。ただ，判断に際して考慮される事実が異なることがある点に注意が必要と思われる。登録要件として問題となるのは，審査段階で，審査官や審判官の判断との関係で生じるので，審査官や審判官が職権で収集した事実を基礎として判断される。それに対して，商標侵害の要件との関係で問題となる場合には，侵害に関する訴訟の段階で裁判所に関わりが生じるので，訴訟当事者が主張立証した事実に基づいて判断される。その結果，審査段階では，まだ使用していない商標の登録が問題となることも多く，問題の商標の比較観察（遠隔的観察方法によるか，対比的観察方法によるかの対立はあるものの）が中心となることが多い。それに対して，侵害の要件として問題となるのは，侵害訴訟の時点における商標の類似なので，その商標の付けられた商品もしくは役務が取引に使用されていることが前提となり，その取引の実情が当事者から主張立証され，その点に関する裁判所の判断が求められることが多くなる。

（2）指定商品，役務の類似

　次に，指定商品または指定役務の類似性について考えてみよう。これもあくまで出所の誤認混同との関係で問題になるとすれば，需要者や取引業者が，同一の自然人や企業が製造販売しそうな商品か，または提供しそうな役務と思うかどうかを基準とすることになる。これに対して，商品ないし役務の類似性は

商品または役務を取り違えるおそれが生じるかどうかとすれば、商品については材料、用途、製造販売業者などが問題となり、役務については提供する役務の性質、内容、役務の提供者などが重要になる。

商標法が商標を付された商品や役務の出所の誤認混同を防止するところにあるとみれば、前者の見解が妥当ということになるであろう。例えば、「橘正宗」と「橘焼酎」は、酒と焼酎が同一の業者の製造に係る例が多く、同一の営業主から出た商品と誤認されるおそれがあり、商品の出所混同が生じやすいと考えられるので、商品に類似性が認められる。これは商品と役務の間でも生じるので、例えば、コーヒ豆を指定商品とする商標がある場合に、コーヒを主とする飲食物の提供という役務を指定する場合は、同一の業者が行う例が多いから、この商品と役務に類似性があると考えられる。

3 商標権侵害

商標権者は、登録商標を指定商品役務に使用する権利を専有する（25条本文）。商標は業として使用される標章と定義されるので（2条1項各号）、商標侵害行為は、登録商標と同一の標章を指定商品役務と同一の商品役務に商標権者の許諾なく業として使用する行為をいう。許諾なくというのは、許諾がまったく得られていない場合だけでなく、許諾を得ているがその範囲を超えている場合を含む。例えば、許諾された数量を超えて商標製品を製造販売する行為や、下請業者が商標商品を商標権者の許諾を受けずに市場に流通させる行為も商標権侵害行為となる。使用は商品や役務の提供に関わる物に標章を付すことを中心とするが、電磁的方法により映像面に標章を表示し、画像面を介して役務を提供し、商品役務の広告、価格票等を提供する行為を含むとされる（2条3項）。

指定商品役務について登録商標を使用する、直接の商標侵害行為にあたらなくても侵害とみなす行為を規定している（37条）。指定商品役務について登録商標に類似する商標を利用する行為または指定商品役務に類似する商品役務について登録商標もしくはこれに類似する商標を使用する行為を侵害行為とみなしている（37条1号）。また、そのような行為の次のような予備的行為も商標権の侵害行為とみなし、禁止権を認め商標保護を強化している（37条2号～8

号)。つまり，①類似商品役務に自ら使用するために，登録商標または類似商標を表示した物を所持，製造，輸入する行為（37条5号，7号）。②類似商品役務について登録商標または類似商標を他人に使用させるために，そのような商標を付した商品や商品の包装，役務の提供を受ける者の利用に供する物に表示するものを譲渡し，引渡し，製造し，輸入し，譲渡もしくは引渡しのために所持する行為（37条2号，4号，6号，7号参照）。この場合，他人に商標を使用させるために業として商品を生産し，証明し，譲渡し，業として役務を提供させる行為でなければならない（2条1項）。③登録商標またはこれに類似する商標を表示する物を製造するためにのみ用いるものを業として製造し，譲渡し，引渡し，または輸入する行為（37条8号），である。

なお，防護商標登録されている商標のみなし侵害行為については，67条に規定されている。

商標権侵害の救済措置については，①差止請求権のほか，②損害賠償請求権（36条〜39条），③不当利得返還請求権（民法703条〜708条），④信用回復措置（39条による特許法106条の準用），⑤刑事罰（78条〜85条）が定められている。この点の説明は，特許侵害に関する場合と異ならないので，本書第4章の該当部分を参照。

4 商標権侵害の主張に対する対抗措置

(1) 商標権侵害訴訟における抗弁

商標権者または商標専用使用権者により商標権侵害の訴えを提起された場合に，どのような対抗措置が考えられるだろうか。

①商標権の効力が及ばないとする抗弁がある（26条1項1号〜5号）。例えば，自己の肖像，氏名もしくは名称，著名な雅号，芸名もしくは筆名，またはこれらの著名な略称を普通に用いられる方法で表示する商標についてである（1号）。フランチャイズ契約で結合した企業グループの名称もまた，本号にいう自己の名称に該当するとする判例（「小僧寿し事件」本章2（1）参照）がある。また，標章が自己の名称を表示するものであっても，「これらが附される罐，瓶又は箱の大きさとの対比において相当に大きく，かつ，需要者の注意をひきやすい場所に表示されているということができ」，「特徴のある崩書きであるこ

とを考慮すれば」本号にあたらないとする判例がある（東京地裁昭和57年6月16日判決，無体集14巻2号418頁）。そのほかに，回復した商標権の効力について制限する規定がある。更新登録により回復した商標権（22条）や再審により回復した商標権（59条）の効力については，第三者保護のための制限規定がある。

　そのほかに，②無効の抗弁（39条による特許法104条の3第1項および2項の準用）：商標侵害訴訟において当該商標が無効審判等により無効とされるべきものと認められる場合に，被告が提出することができる抗弁である。③先使用の抗弁（32条）：その商標が自己の業務に係る商品，役務を表示するものとして需要者に広く認識されている場合（いわゆる周知商標の場合）で，かつ，不正競争の目的ではなく他人の商標登録出願前から日本国内でその商標登録出願前からその商標登録出願に係る商品役務についてその商標またはこれに類似する商標を使用しているときに，この未登録周知商標を保護するために認められたもの。④並行輸入の抗弁がある。

　侵害訴訟における抗弁ではなく，特許庁に請求する審判として，⑤商標登録の無効審判（46条），⑥不使用商標の登録取消しの審判（50条）がある。⑤は商標登録に無効原因がある場合で，商標登録要件を欠く，商標登録を受けることができない商標，先願の要件を満たさないなどのような無効原因があると主張する場合である。⑥は，継続して3年以上日本国内において商標権者，専用使用権者，または通常使用権者のいずれもが指定商品役務に関する商標を使用していない場合に，商標登録の取消しを求めることができるとする制度である。

（2）並行輸入の抗弁：パーカー事件

　ここでは，明文の規定がなく，解釈が分かれていた④の並行輸入の抗弁について述べる。商標権者が適法に商標を付した，真正商標商品の並行輸入については，商標権侵害とみる見解と侵害とならないとする見解があり，後者の見解に立ったとしても，商標機能論，国際消尽論，黙示的許諾論，権利濫用論など学説が分かれていた。

　わが国で初めて並行輸入の商標権による差止めを否定したのは「パーカー事件」判決（大阪地裁昭和45年2月27日判決，無体集2巻1号71頁）であった。この事件は，世界的に著名なパーカー商標を付けた真正商品である万年筆の香港の

総代理店が，市場にあるパーカー製品を日本に輸入し販売しようとした輸入業者の行為を当時の関税定率法21条1項9号により水際で差止申立てをして認められ，輸入業者がその税関の行政処分に対する不服申立てをするとともに，日本の総代理店であるカナダ法人に対してパーカー製品の差止請求権不存在確認訴訟を提起したものである。ここで問題とするのは，輸入販売差止請求権の不存在確認である。大阪地裁は，原告の輸入販売しようとするパーカー製品と被告のそれとは，「全く同一であって，その間に品質上些かの相違も存しない以上」，「需要者に商品の出所品質について誤認混同を生ぜしめる危険は全く生じない」ので，「商標の果たす機能は少しも害されることがない」とし，原告のなすパーカー製品の輸入販売行為は，「商標保護の本質に照らし実質的には違法性を欠き，権利侵害を構成しない」として請求を認容した。この判決の特徴は，商標侵害というためには実質的違法性がなければならないが，真正商標商品の並行輸入は，商標機能論からみて商標の機能を害さないので，実質的に違法ではない，とする点にある。その後の下級審判決は，パーカー判決に基本的に沿いながら，事案による若干の揺れがみられた。

　この問題につき最高裁で初めて判決した「フレッドペリー事件」（最高裁平成15年2月27日一小判，民集57巻2号125頁）においては，「真正商品の並行輸入の要件として①当該商標が外国における商標権者又は当該商標権者から使用許諾を受けた者により適法に付されたものであり，②当該外国における商標権者と我が国における商標権者とが同一人であるか又は法律的若しくは経済的に同一人と同視し得るような関係があることにより，当該商標がわが国の商標と同一の出所を表示するものであって，③我が国の商標権者が直接的に又は関節的に当該商品の品質管理を行い得る立場にあることから，当該商品と我が国の商標権者が登録商標を付した商品とが当該商標の保証する品質において実質的に差異がないと評価される場合には，いわゆる真正商品の並行輸入として，商標権侵害としての実質的違法性を欠くものと解するのが相当である」としている。基本的にパーカー判決と類似する一般的理論を採りながら，商標権者と合意した製造地および下請業者制限条項に違反して製造された商品の並行輸入を真正商品の並行輸入と認めず，実質的違法性を欠くとはいえないとした原判決を支持して，上告を棄却した。

この事例は，英国法人である本件商標の元々の所有者がその商標を日本法人である原告に譲渡する前に使用許諾をしたときに，製造地をマレーシア，シンガポール，ブルネイの3国に制限し，かつ，下請禁止条項があったにもかかわらず，許諾を受けたシンガポール法人が中国の下請業者に製造させた製品（ポロシャツ）が日本に輸入されてきたのである。それだけに商標権者の品質管理に重点をおいたものになっている。しかし，商標の本質的機能が出所表示機能であるとみる立場からすると，この判例の射程距離をあまり広く捉えるのは妥当でないであろう。

(3) 先使用の抗弁

　商標権侵害を提起された場合に，次のような要件の下で認められている先使用の抗弁を主張することが認められている（32条1項）。実務上は，商標の類似性を争いながら，たとえ類似であるとしても，先使用権が成立するというように仮定的抗弁として主張されることが多いといわれている。

　先使用の抗弁が認められるのは，①問題となっている商標の登録出願前から日本国内で同一または類似の商標を使用していたこと，②先使用者の商標の使用が不正競争の目的ではないこと，③問題となっている商標の登録出願の際に先使用者の商標が需要者に広く認識されていたこと，④先使用者が継続してその商品または役務につきその商標を使用していることの4つの要件を満たす場合である。これらのうち，とりわけ問題となるのは，③の周知性の要件である。32条1項の要件は，法文上は4条1項10号の要件と同じ文言を使用しているが，それと同じように厳格に解すべきかである。この規定は，1921（大正10）年法で法的保護が過誤登録の場合を念頭において挿入されたことを根拠に，4条1項10号と同様に厳格に解すべきとする説（同一説）もある。しかし，32条の先使用の場合には，他人の商標登録を妨げるというような大きな不利益をもたらすわけではなく，先願者が取得した商標権の禁止権の行使を先使用者との関係でのみ制限する効果を持つものにすぎないから，4条1項10号の周知性より緩やかに解してよいと思われる。

5 商標権の活用

　商標は，古くは権利者の営業上の信用を化体するものと考えられ，権利者の営業と不可分一体として結びついたものと考えられていた。1921（大正10）年の旧商標法においては，その継受したドイツ法に倣って，出所の混同を防止する観点から営業とともにしなければ移転することができないものとされ（旧12条1項），営業と切り離して利用許諾をすることも認められていなかった。

　しかし，商人たちは市場活動を通じてブランドという器の中にその商品役務の価値を蓄積させ，ネーム，ロゴ・マーク，キャラクター，パッケージを使用し，ブランドが連想される価値を化体する標章等を法的保護の対象とできるように努めてきた。その結果，商標が営業とは独立して財産的価値をもつと考えられるようになってくる。その後の商標権の機能の変化を考慮して，1959（昭和34）年の現行商標法24条の2第1項は，商標権の移転は指定商品，役務が2つ以上あるときは，その指定商品，役務ごとに分割してすることができる，とする。これは，商標を営業と独立に移転することができることを前提として，さらに指定商品役務ごとに複数の商標権を成立させ，そのうえでそのうちのいくつかを分離移転させることを認めたものである。また，商標権が複数の権利者に共有されているときは，他の共有者の同意を得てその持分を譲渡できる（商標法35条による特許法73条1項の準用）。この場合に，他の共有者の同意を必要とするのは，その譲受人の自由な使用により共有者に損害を及ぼし，または，譲受人の反対によって商標権の活用を十分にすることができなくなるおそれが生じるからである。このような商標の移転は，相続その他の一般承継によるものを除き，商標登録原簿に登録しなければ，その効力を生じない（商標法35条による特許法98条1項1号の準用）。つまり，商標権の移転登録は効力発生要件とされている。もっとも，相続その他の一般承継は登録を効力要件としないが，遅滞なく特許庁長官に届け出なければならないとされている（商標法35条による特許法98条2項の準用）。

　商標権の移転によって複数の類似商標が異なる商標権者により並行的に使用されることにより，移転当事者のいずれかの商標権者の営業上の利益を害され

るおそれが生じるときは，他方の商標権者や使用権者に対して，その登録商標の指定商品役務に関する使用について商品役務の混同を生じないような適当な表示を付すべきことを請求することができる（24条の4）。また，商標権移転の当事者であるいずれか一方の商標権者が不正競争の目的で商標を使用し，他方の商標権者の業務に関わる商品役務と混同を生じるおそれが生じるとした場合は，何人も不正使用の目的で商標を使用した者の商標登録の取消審判を求めることができるとされている（52条の2）。

商標権者は，その登録商標を活用して自ら営業するのが通常だが，その営業と独立して商標の全部または一部を譲渡し，専用使用権（30条）および通常使用権（31条）を許諾することによっても活用することができる。また，商標権，その専用使用権，通常使用権を目的として質権を設定し，融資を受けることもできる（34条1項）。専用使用権や質権の設定や移転は，相続その他の一般承継による移転を除き，商標登録原簿に登録されなければその効力が生じない（商標法30条4項による特許法98条1項2号の準用）。商標権者が専用使用権を設定した場合には，その設定行為で定めた範囲内で指定商品役務についての登録商標を使用する権利を専有することになる（30条2項）ので，商標権者の指定商品役務について登録商標を使用する権利がその限りで制限され，専用使用許諾契約で定められた範囲内で商標権者もその商標を使用できなくなる（25条ただし書）。

通常使用権は，許諾の範囲内で登録商標を使用する権利である。しかし，登録商標を独占的に使用できる権利でない点で専用使用権と異なる。商標権者は，通常使用権を許諾の範囲であっても自ら使用することもできるし，同一内容の通常使用権を複数の者に許諾することもできるのが原則である。通常使用許諾契約のなかで商標権者のこのような行為を禁止する特約を付けることもあるが，これらはあくまで契約当事者間の契約違反の効果を生じさせるだけで，商標法上の効果をもつものではない。

◆参考文献
渋谷達紀『知的財産法講義Ⅲ〔第2版〕』有斐閣，2008年
田中洋編『ブランド戦略全書』有斐閣，2014年
田村善之『商標法概説〔第2版〕』弘文堂，2000年
土肥一史『知的財産法入門〔第14版〕』中央経済社，2013年

第10章　不正競争防止法

① 不正競争防止法概説

(1) 不正競争防止法の沿革

　西欧諸国では古くから不正競争行為を規制してきた。ところが，わが国においては不正競争の意識は低く，競争に勝つためには他人の名声を利用し，模造品を製造することも法に違反しない限り許されるとする風潮が元々存在していた。そのため，不正競争防止法の制定，整備が工業所有権法と比較しても遅れた面がみられた。

　1869年のドイツ不正競争防止法の制定に刺激され，1911（明治44）年に不正競争防止法の草案が作成されたが，既存の法律で対処できるとされ，廃案になった。1925年のパリ条約ハーグ改正会議において，10条の2で不正競争行為から同盟国の国民を有効に保護することが規定され，不正競争防止法を制定していない同盟国に次の改正会議までに法の制定が求められた。そのために，1934（昭和9）年パリ条約ロンドン改正会議に向けて，商工省において作成された法案に基づいて最初の不正競争防止法が制定され（法律第14号），翌年1月1日に施行された。当初は6カ条と条文数も少なく，規制される行為も混同惹起行為，原産地誤認惹起行為および信用毀損行為の3種類に限定されていて，損害賠償請求権のみを規定し，差止請求権を認めていなかった。その後，主として外圧による数次の改正を経て次第に整備され，規制される不正競争行為は6種類に増え，差止請求権が認められてきた。

　1993（平成5）年に新しい不正競争防止法が制定され（法律第47号），規制される不正行為の種類は増加した。不正競争防止法による保護は出願，登録を保護要件とする工業所有権法と異なり，不法行為の特別法と位置づけられている。行為規制主義をとると，知的財産法の一部と理解することが困難になる側面もある。しかし，パリ条約1条2項は，工業所有権の保護のなかに不正競争

防止に関するものも含ませている。不正競争法が無断使用を禁止している他人の商品形態，営業秘密，他人の周知表示に化体されている暖簾等は無体財産であり，知的財産の保護対象と一致するからである。不正競争防止法が狭義の工業所有権の排他的独占権の付与による保護方法を補完する部分があり，この意味で広義の工業所有権の一部として位置づけられる。

(2) 法で定められた不正競争行為

わが国の不正競争防止法2条1項は，次の行為を不正競争行為として列挙する。つまり，①商品・営業主体の混同行為（不正競争防止法2条1項1号。以下，本章では不正競争防止法に限り条数のみを表示），②著名商品等表示の無断使用行為（2条1項2号），③商品形態の隷属的模倣行為（2条1項3号），④営業秘密に関する不正競争行為（2条1項4号〜10号），⑤技術的制限手段無効化装置提供行為（2条1項11号，12号），⑥ドメイン名に関する不正競争行為（2条1項13号），⑦不当顧客誘引行為（2条1項14号），⑧営業誹謗行為（2条1項15号），⑨代理人等の商標無断使用行為（2条1項16号）である。

この列挙は限定的列挙と解されている。限定的列挙主義は，不正競争行為とされる行為を明確にし，当事者の予測可能性に役立つ反面，時代の変化に伴って生じる新たな不正競争行為を迅速に規制できないことが生じる。そこで，1993年の現行法制定の際に一般条項の導入が検討されたが，ドイツやスイスのような一般条項（例えば，「業務上の取引において競争の目的をもって善良の風俗に反する行為をなす者に対しては，差止めおよび損害賠償を請求することができる」）の導入には至らなかった。一般条項の規定は抽象的な性質をもち，どのような行為が不正競争行為にあたるかの判断が難しく，事業活動を萎縮させる可能性があるところから，現行不正競争防止法も限定列挙主義を維持している。

2 不正競争行為の種類（2条1項）

(1) 商品・営業主体混同行為（1号）

商品・営業主体を混同させる行為は，他人の商品表示として需要者の間に広く認識されている（周知の）ものと同一もしくは類似の商品等表示を使用し，

またはその商品等表示を使用した商品を譲渡し，引き渡し，譲渡もしくは引渡しのために展示し，輸出し，もしくは電気通信回線を通じて提供して，他人の商品，営業と混同を生じさせる行為をいう（2条1項1号）。

ここで商品等表示とは，他人の業務に係る氏名，商号，商標，標章，商品の容器もしくは包装その他の商品，営業を表示するものをいう（2条1項1号）。これは，他人が商標や商品等表示に蓄積した営業上の信用を自己のものと混同誤認させる行為を禁止し，周知な商品表示が有する営業上の信用を保護し，事業者間の公正な競争を確保しようとするものである。混同行為が成立するには，①商品等の表示が周知であること，②他人の商品等表示が侵害者のものと同一または類似であること，③その取引上の使用によって出所の混同誤認が生じることの3つの要件が必要である。①の周知性は，判例上では全国的に広く認識されていることを要するのではなく，一地方で広く認識されていれば足りるとされている。要するに，本号の行為は，他人が努力した結果獲得した信用や顧客吸引力を無断で使用する行為であり，これを放置すると公正な競争秩序が害されるようなものをいう。例えば，「東急」グループに属さない者が，家庭用電化製品の販売，修理に「東急電化」という商号を使用する行為，「伊勢丹」と何ら関係を有しない者が，産廃事業等について「伊勢丹商事」という商号を使用する行為があげられる。商品の形態や店舗の外観などを商品表示として本号にあたると認めた判例がある（「ナイロンメガネ枠事件」東京地裁昭和48年3月9日判決，無体集5巻1号42頁，「かに看板事件」大阪地裁昭和62年5月27日判決，無体集19巻2号174頁等参照）。

（2）著名商品等表示の無断使用行為（2号）

他人の著名商品等表示の無断使用行為は，自己の商品表示として他人の著名な商品等表示と同一もしくは類似の者を使用し，またはその商品表示を使用した商品を譲渡し，引き渡し，譲渡もしくは引渡しのために展示し，輸入し，もしくは電気通信回線を通じて提供する行為をいう（2条1項2号）。これは，1号と異なり混同を要件とすることなく，著名商品等表示を保護するものである。需要者への浸透度が周知性よりも高いことが必要とされる。著名性を一地域でよいとする見解もあるが，全国的著名性を要するとするのが立法者の意見

であったといわれている。例えば，原告の和菓子に使用される「虎屋」「虎屋黒川」と被告の使用する「〈株〉虎屋黒川」商号，原告の「マクセル」「MAXELL」と被告の営業する風俗店「〈有〉マクセルコーポレーション」商号について，本号にあたるとした判例がある（「虎屋黒川事件」東京地裁平成12年12月21日判決，知財判決速報（発明協会研修チーム）309-9864，「マクセルコーポレーション事件」大阪地裁平成16年7月15日判決，知財判決速報353-12574）。

(3) 商品形態の模倣，頒布行為 (3号)

　商品形態模倣・頒布行為は，他人の商品形態（当該商品の機能を確保するために不可欠な形態を除く）を模倣した商品を譲渡し，貸渡し，譲渡もしくは貸渡しのために展示し，輸出し，または輸入する行為である（2条1項3号）。1993年の現行法制定の際に付け加えられ，その後，2005年の改正で商品形態および模倣の定義規定がおかれ（2条4項，5項），適用除外規定が明文化された（19条1項5号）。これは，複製技術の進歩により他人の商品の形態を模倣することが容易になったので，このような模倣行為（デッド・コピー）を放置すると，先行開発者の利益を不当に奪うことになるからである。本号に該当する行為というためには，①他人の商品形態を模倣した商品の譲渡等をすること，②模倣した形態がその商品の機能を確保するために不可欠な形態でないこと，③日本国内に最初に販売された日から3年を経過したものでないこと（19条1項5号イ）が要求される。本号にあたる商品の通常有するありふれた形態は不可欠の形態として除かれる。また，当該商品の譲受時に善意かつ重大が過失なく譲り受けた者が譲渡等する行為には適用されない（19条1項5号ロ）。形態を模倣された他人の商品が日本国内に存在することを要件としていない。国外商品の模倣品を国内で頒布することも禁止される。

(4) 営業秘密の不正取得・使用・開示行為 (4号〜10号)

　営業秘密の不正取得・使用・開示行為は，窃取，詐欺，強迫その他の不正の手段により営業秘密を取得する行為（以下「不正取得行為」という），または不正取得行為により取得した営業秘密を使用し，もしくは開示する行為（2条1項4号），その営業秘密について不正取得行為が介在したことを知って，もしく

は重大な過失により知らないで営業秘密を取得し，またはその取得した営業秘密を使用，開示する行為（2条1項5号）。営業秘密を取得した後にその営業秘密について不正取得行為が介在したことを知って，または重大な過失により知らないでその取得した営業秘密を使用し，開示する行為（2条1項6号）。営業秘密を保有する事業者（以下「保有者」という）から営業秘密を示された場合において，不正の利得を得る目的で，またはその保有者に損害を加える目的で，その営業秘密を使用，開示する行為（2条1項7号）。その営業秘密について不正開示行為であること，もしくはその営業秘密について不正開示行為が介在したことを知って，もしくは重大な過失により知らないで営業秘密を取得し，または営業秘密を使用し，もしくは開示する行為（2条1項8号），を取得した後にその営業秘密について不正開示行為があったこと，もしくはその営業秘密について不正開示行為が介在したことを知って，または重大な過失により知らないでその取得した営業秘密を使用し，開示する行為（2条1項9号）。4号から前号までに生じた行為（営業上の秘密のうち技術上の情報を使用する行為）により生じた物を譲渡し，引き渡し，譲渡もしくは引渡しのために展示し，輸出し，輸入し，または電気通信回路を通じて提供する行為（当該物を譲り受けた者がその譲受のときに不正行為によって生じた物であることを知らず，かつ，知らないことにつき重大な過失がない場合を除く）（2条1項10号），を含む。この規定は，ガット・ウルグアイラウンドにおけるTRIPS交渉に関連して，1990年の改正（法律第66号）によって付け加えられた。

　ここでいう営業秘密とは，①事業活動に有用な技術上または営業上の情報であって（有用性），②秘密として管理されている（秘密管理性），③非公知のものをいう（非公知性）。①の要件に係る技術上の秘密とは，コカ・コーラの製法や香水の配合比率，化学反応の速度を調整する触媒をいつどのような状態で入れたら最もよいかなどのような技術的なノウハウ，実験データ等である。営業上の秘密というのは，顧客名簿，販売マニュアル，利益率などである。②の秘密管理性の要件が重要となる。秘密保有者がその情報を秘密に管理する意思を有していたというだけではなく，具体的な状況に応じて適切な秘密管理措置が講ぜられ，従業員等が秘密保有者の管理意思を容易に知ることができる状態にあることが要求される。③については，秘密保有者以外に情報を知っていた者が

あったとしても，その者が守秘義務を課された範囲内の者であれば，非公知とみることができる。このような義務を課せられていない部外者等に知られてしまえば，この要件は満たされないことになる（本書第5章3以下参照）。

　不正開示行為とは，不正の利得を得る目的で，またはその保有者に損害を加える目的で営業秘密を開示する行為，または秘密を守る法律上の義務に違反して営業秘密を開示する行為をいう。TRIPS39条の開示されていない情報の保護を考慮した規定である。10号の行為は，2015年（平成27年）改正（法律第54号）により新たに付け加えられた。なお，営業秘密に関するより詳しい説明については，本書第5章の3参照。

（5）技術的制限手段の回避装置提供行為（11号，12号）

　技術的制限手段の回避装置提供行為は，営業上用いられている技術的制限手段により制限されている映像，音の視聴，プログラムの実行，または影像，音，プログラムの記録を当該技術的制限手段の効果を妨げることを可能にする装置，もしくは当該機能を有するプログラムを記録した記録媒体等を譲渡し，引き渡し，譲渡または引渡しのために展示する行為等（2条1項11号)，および，他人が特定の者にのみ視聴が可能とするために用いている技術的制限手段の効果を妨げる機能を有する装置，もしくはそのような機能を有するプログラム等の譲渡等をする行為（2条1項12号）を含む。

　コンピュータによるコンテンツ提供事業が増えるにしたがい問題となるこのような行為について，1999（平成11）年の改正（法律第33号）により取り入れられた。そこでは，アクセス管理技術や複製管理技術を無効化する機能のみを有する装置，機器およびプログラムの譲渡等の行為を禁止したものであった。ところが，最近ではマジコンに代表されるような技術的制限手段の効果を妨げる装置が輸入販売され，その被害も増加した。2011（平成23）年の法改正（法律第62号）により，「のみ」という要件を削除し，当該装置またはプログラムが他の機能を併せ持つ場合であっても，映像の視聴等を当該技術的制限手段の効果を妨げることにより可能にする用途に供するために行うものを含むとした。これにより規制対象となる装置やプログラムを宣伝販売方法や利用実態から判断できることになり，技術の発展を考慮した内容に改正された。

(6) ドメイン名の不正取得・保有・使用行為 (13号)

　ドメイン名に関する不正取得・保有・使用は，不正の利益を得る目的で，または他人に損害を加える目的で，他人の商標等の特定商品表示と同一もしくは類似のドメイン名を使用する権利を取得し，もしくは保有し，またはそのドメイン名を使用する行為をいう（2条1項13号）。著名人の名前や有名企業の商標や照合と同一，または類似のドメイン名を登録機関に登録し保有して，これを使用，または売却する行為が生じている。これについては，ドメイン名の国際的な管理機関であるICAANは，1998年10月，「統一ドメイン名紛争処理システム（UDRP）」を設け，WIPO（世界知的所有権機関）等4団体による紛争処理を始めている。また，JP属性のドメイン名の登録機関であるJPNICもUDRPに類似したドメイン名紛争処理方針を立ち上げて仲裁による解決を行っている。本号の規定は，それとは別に，2001（平成13）年の法改正（法律第83号）で追加された規定であり，不正競争防止法に基づく裁判所での紛争解決を可能としたものである。

(7) 原産地・品質等の誤認惹起行為 (14号)

　商品の原産地，品質等の誤認惹起行為は，商品，役務もしくはその広告，取引に用いる書類，通信に，その商品の原産地，品質，内容，製造方法，用途，数量もしくはその役務の質，内容，用途もしくは数量について誤認させるような表示をし，またはその表示をした商品を譲渡し，引き渡し，もしくはその表示をして役務を提供する行為をいう（2条1項14号）。例えば，発泡酒を「ライナービヤー」と表示して販売する行為につき品質誤認を生じさせるとして大手ビール会社が訴えた事案において，原料や成分を誤認させ，品質を誤認させる行為と解した判例（「ライナービヤー事件」最高裁昭和40年6月4日二小判，判時414号29頁）がある。

(8) 信用毀損行為 (15号)

　信用毀損行為は，競争関係にある他人の営業上の信用を害する虚偽の事業を告知，または流布する行為（2条1項15号）をいう。この行為は，パリ条約10条の2第3項2号の「競争者の営業所，産品又は工業上若しくは商業上の活動

に関する信用を害するような取引上の虚偽の主張」に対応し，1934年の旧法の時代から規定されていたが，「競争関係にある」という文言は1950年改正法で加えられた。例えば，事実でないことを知りながら，競業関係にある会社が解散し自分の会社がその事業を承継したと述べて新聞に書かせた行為が，本号の行為にあたるとした判例がある（「是はうまい事件」東京地裁昭和36年11月29日判決，判タ125号77頁）。また，商品説明会でローソクの製造販売業者である被告が，原告のローソクの事実と異なる特性をあげ火災事故を生じるおそれがあると説明した行為が，本号にあたるとした判例がある（「ローソク商品説明事件」東京地裁平成19年5月25日判決，判時1989号113頁）。

　特許権者が競業者による特許侵害があると考えて競業者の取引先に警告を行うことが少なくない。しかし，実際には侵害が認められず，または特許が無効になった場合などには，取引先への信用毀損が問題となることがある。従来の判例は，取引先への傾向が事実に反するものである限り，本人との関係では営業誹謗が成立すると解してきた。しかし，近時の判例においては，警告書の方式や文言だけではなく，警告に至った経緯，配布先の数，範囲，業種などを含めて総合的に判断し，警告の目的を基準として判断するものがみられる。つまり，特許権者の警告が正当な権利行使と認められる以上，特許権者の行為は違法性が阻却される。しかし，その警告がそれを逸脱して競業者の取引先に対する信用を毀損し，競争上優位に立とうとする点にあると認められる場合には，本号の行為にあたると解するのである（東京地裁平成13年9月20日判決，判時1801号113頁ほか）。

（9）代理人による商標の不正使用行為（16号）

　代理人等による商標の不正使用行為は，パリ条約6条の7第2項に対応するものであり，パリ条約の同盟国，WTOの加盟国，商標法条約締約国において商標に関する権利を有する者の代理人もしくは代表者，または1年以内に代理人もしくは代表者であった者が，正当な理由がないのに，その権利を有する者の承諾を受けないで，その権利に係る商標と同一，類似の商標をその権利に係る商品，役務と同一もしくは類似の商品，役務に使用する行為を指す（2条1項16号）。

3 不正競争行為の救済方法

(1) 民事上の救済

　前に述べたように，不正競争防止法2条1項1号から16号の行為によって営業上の利益を侵害され，または侵害されるおそれのある者は，不正競争行為を行った者に対し，他の知的財産権の侵害の場合と同様に，差止請求権，損害賠償請求権，信用回復措置請求権を行使することができる。これらの請求のほか，係争物の現状変更により権利が実行できなくなるおそれがあるとき，または権利の実行に著しい困難が生じるときには，仮処分申立てもできる（民事保全法23条）。また，不正競争行為によって訴えられるおそれのある者は，差止請求権等の不存在確認の訴えを提起することができる。

　不正競争行為によって営業上の利益を侵害され，または侵害されるおそれがある者は，その営業上の利益を侵害する者，侵害するおそれがある者に対して侵害の停止または予防を請求することができる（3条1項）。差止請求権は，旧法（〔1934年〕法律第14号）では認められておらず，1950（昭和25）年の改正（法律第90号）で初めて認められたものである。これを認めることにより不正競争防止法の基本体系を整え，それを知的財産法の一環をなすものとして位置づけられることをより鮮明にしたといえる。「営業上の利益を侵害され……」というのは，直接的な売り上げの減少や具体的な信用毀損を要求するものではなく，出所混同のおそれが生じれば足りる。当事者間に競争関係があることは必ずしも必要ではなく，損害賠償請求の場合と異なり不正競争行為者に故意や過失があることも必要ではないと解されている。請求主体となるのは営業者であり，消費者は請求権者になりえない。しかし，必ずしも営利事業者に限らず，一定の収支決算のうえに成り立っている事業者であれば営業者に含まれる。不正競争行為の際に侵害行為を組成した物（侵害行為により生じた物を含む）の廃棄，侵害の行為に供した施設の除去その他の侵害の停止または予防に必要な行為を請求することができる（3条2項）。

　故意または過失に基づく不正競争行為により営業上の利益を侵害された者は，損害賠償請求権を有する（4条）。不正競争行為と相当因果関係にある損

害額の算定には困難を伴う。そこで，不正競争防止法は，特許法や商標法などの規定を参考にして損害賠償額立証の容易化に関する規定として，1993（平成5）年改正法で損害額の損害額の推定（5条）等が規定された。しかし，2003年の改正法で5条に1項が新設され，従来の1項以下が2項以下に繰り下がり，3項に従来あった「『通常』受けるべき金銭の額」の「通常」という文言を削除した。これは，特許法等における損害賠償額の規定を参考にした改正である。一方では，被侵害者が立証しやすい「被侵害者の単位数量当たりの利益」を損害額算定の基礎とすることができるようにする（5条1項）。他方では，従来通常の使用料額を基礎としたために，通常の使用料許諾額と解され，実際には「侵害し得」となりかねないため「通常」という文言を外していろいろな要因を考慮して高い額を損害額と認定できるようにしたのである（5条3項）。これにより，従来のように侵害者の利益の額を損害額と推定する2項によるほか，被侵害者の利益額に被侵害製品の販売数量を掛けたものを損害とし（5条1項），または種々の事情を考慮して定められる使用料相当額を損害額とする（5条3項）こともできるようになり，この点に関する被侵害者の選択の幅が広げられた。そのほか，損害計算のための鑑定（8条），相当な損害額の認定（9条），信用回復措置（14条）等の規定がある。

　不正競争行為による侵害訴訟について，以下のような審理の特則（6条〜13条）がある。これらの規定は，2003（平成15）年の改正（法律第46号）および2004年の改正（法律第120号）によって，特許法等の規定を参考にして追加，改正された規定である。これらの規定は営業秘密に関する不正競争行為（2条1項4号，9号）に関するものがほとんどである。

① 営業秘密に関する不正競争行為を立証するのが困難なことが多いので，原告の主張する侵害行為の具体的態様を被告側が否認する場合には，原則として，自己の行為の具体的態様を明らかにしなければならない（6条）。
② 従来損害額計算のためにのみ裁判所の文書提出命令が出されていたが，不正競争行為自体の立証に必要な書類についてもその命令の対象とされている（7条1項）。営業秘密を含むなど正当な理由があるときは提出を拒むことができるが（7条2項），裁判所が正当理由の判断について書類を見る場合に関する取扱いに関する規定がある（7条3項，4項）。

③ 計算鑑定人による鑑定（8条），相当な損害額の認定に関する規定（9条）がある。
④ 裁判所による秘密保持命令（10条）とその取消し（11条）
⑤ 公開の法廷で行えば当事者の事業活動に著しい支障を生じることが明らかで，かつ，当該尋問なしでは適正な裁判を確保することができないと認められる場合に，裁判官全員一致の判断によって公開停止をすることが認められている（13条）。

　営業秘密に関する不正競争行為については，消滅時効および除斥期間に関する特別規定がおかれている（15条）。営業秘密の不正使用の事実およびその行為者を知ったときから3年間の短期消滅時効にかかり，行為開始から20年を経過したときに除斥期間にかかるとされている。15条により差止請求権が消滅した後は，営業秘密の不正使用者は損害賠償請求の責めを負う必要もなくなる（4条ただし書）。

(2) 刑罰規定

　一定の不正競争行為を行った者には，以下の刑罰規定が定められている。
① 一定の類型の営業秘密の侵害者には，10年以下の懲役もしくは2000万円以下の罰金，またはそれらを併科する（21条1号〜9号）。
② 周知表示混同惹起行為および原産地表示等誤認惹起行為については，5年以下の懲役もしくは500万円以下の罰金またはその併科（21条2項）。
③ 法人の代表者，法人等がその法人等の業務に関し一定の違反行為をした場合には，個人の行為と別に法人等の行為として処罰の対象（犯罪類型に応じて10億円，5億円，3億円以下の罰金）となることがある（22条）。

　営業秘密侵害罪および秘密保持命令違反罪は親告罪であるが，その他はすべて非親告罪である（21条5項）。

4 適用除外（19条）

　不正競争防止法は，一定の不正競争行為につき適用除外とする規定をおいている（19条1項1号〜9号）。これらの規定に該当する場合には，不正競争防止

法上の民事上の救済が認められなくなり,刑罰規定も適用されないことになる。これらは,商品や営業の普通名詞や慣用表示の使用（19条1項1号），不正目的のない自己の氏名の使用や周知または著名表示の先使用（19条1項2号～4号）などであり，取引上の正当行為や既得権などとの関連で行為者の利益との調整を図った規定である。

◆参考文献
工藤莞司『不正競争防止法　解説と判例〔改訂版〕』発明協会，2012年
渋谷達紀『知的財産法講義Ⅲ〔第2版〕』有斐閣，2008年
田村善之『不正競争法概説〔第2版〕』有斐閣，2003年
土肥一史『知的財産法入門〔第14版〕』中央経済社，2013年

第11章 著作権法(1)：目的・構造, 著作物, 著作者の権利

1 著作権法の目的と構造

著作権法は，産業財産権法とは大きく異なる。端的にいえば，著作権法は大きく分けて，「著作者の権利」の制度と「(広義の)著作隣接権」の制度という2つの制度を内包し，さらに，それぞれが大きく，人格的利益に係る権利と財産権という2種類の権利に分かれる（図1）。以下，著作権法の特徴を，産業財産権法と比較してみていく。

なお，「著作権」の語は多義的である。最広義には，著作者の権利と広義の

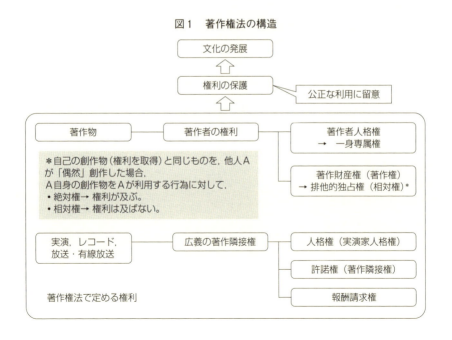

図1　著作権法の構造

著作隣接権を含み，広義には著作者の権利を指す。本書では，著作権法17条1項（以下，第11～13章では著作権法に限り条数のみを表示）に即して，著作財産権のことを「著作権」と呼ぶ。また，著作隣接権の語も，広義には人格権（実演家人格権），許諾権，報酬請求権を含む（著作権法第4章の表題参照）。一方，89条6項は許諾権のみを指す。本書では，許諾権のことを「許諾権としての著作隣接権」と呼ぶことにする。

　第1の相違点は，目的と制度の構造である。例えば特許法は，「産業の発達」に寄与することを目的とし（特許法1条），特許権という1つの制度を規定している。

　一方，著作権法は，「文化の発展」に寄与することを目的とする（1条）。この目的を達成するために，著作権法は①著作物についての「著作者の権利（広義の著作権）」の制度と，②実演，レコード，放送および有線放送についての「（広義の）著作隣接権」制度という2つの制度を内包する構造となっている。

　特許法は，基本的に，特許権者自らが特許発明を実施することを念頭においている。発明は，公開されれば，内部的実施でも産業は発達するのである。第三者による実施（ライセンス）は，資金的・技術的に特許権者の実施能力が劣る場合や，さらなる収益機会を狙う場合に，いわば副次的に行われる。このことは，特許法だけでなく産業財産権法全般に共通する。

　一方，著作物の内部的使用，すなわち，著作物を一般公衆への伝達を伴わずに著作権者自らが使用するというのは，例えば，自作の小説を自室で読み返したり，自作の音楽を自室で演奏するということであり，これらは個人的側面はともかく，社会的には「文化の発展」につながらない。通常は，当該小説や音楽が一般公衆に読まれたり聴かれることによって，「文化の発展」につながるのである。つまり，著作権法は，第三者である一般公衆による著作物の利用を念頭においており，それゆえ，著作物を一般公衆へ伝達するということが非常に重要となる。そのため，著作権法では，①著作物を創作した者についての「著作者の権利」と，②著作物・非著作物を一般公衆へ伝達した者についての「（広義の）著作隣接権」という，対象とする場面の異なる2つの制度が同居していると解される（図2）。

　第2の相違点は，権利の構造である。特許法は，特許権という財産権のみを

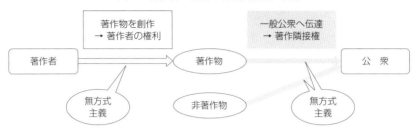

図2　著作者の権利と著作隣接権の関係

規定する。発明者名誉権（パリ条約4条の3）もあるが，著作者の権利に比べて人格権性は弱い。一方，著作権法は，著作者の権利について，①著作者人格権と②著作財産権（いわゆる著作権）という2種類の権利を規定する（本章3(1)参照）。広義の著作隣接権についても，①人格権（実演家のみ）と②許諾権（許諾権としての著作隣接権），および報酬請求権（実演家とレコード製作者のみ）という財産権を規定する（第13章2(2)参照）。

　なお，産業財産権法では，権利の効力が及ばない範囲について数えるほどしか規定していない（特許法69条，実用新案法26条，意匠法36条，商標法26条）。一方，著作権法は，「公正な利用に留意」しつつ（1条），著作者および著作隣接権者の権利の保護を図ると規定し，30条から47条の10にわたって著作財産権の制限を規定する（102条1項で著作隣接権について準用）。これは，著作権法が本来的に一般公衆による著作物の利用を想定しており，公共の利用や表現の自由などとの関係で制限される場合もあることの表れと解される。

2 著作物

　著作権法の中心的概念である「著作物」とは，「思想又は感情を創作的に表現したものであつて，文芸，学術，美術又は音楽の範囲に属するもの」をいう（2条）。

　ポイントは「表現」である。表現に至っていないアイデア（思想・感情）自体には，著作者の権利は発生しない（思想・表現二分論）。特許法が技術的思想である発明を保護対象とすることと大きく異なる。構想や知見，作風が似てい

ても，具体的な表現が異なれば，別個の著作物となる。表現といっても，外部から認識可能であればよく，映画の著作物以外は，物への固定は必要ない。外部から認識可能な「表現」としていることも，著作権法が本来的に第三者である一般公衆を念頭に置いていることの表れと解される。

表現が「思想又は感情を内容」としていなければならないから，人間以外（自然，動物，コンピュータ等）だけの成果物，単なる事実や単なるデータは著作物にあたらない。また，「創作的」でなければならないから（創作性），著作者自身の表現であり（独創性），かつ，著作者の何らかの個性の表れ（創造性）が必要となる。しかし，高度である必要はなく，幼児の描いた絵でも，独創性と創造性が認められる限り創作性は認められる。「文芸，学術，美術又は音楽の範囲」というのは，知的・文化的な包括概念の範囲を指す。

例えば，10条には著作物の例が列挙されている。すなわち，①小説，脚本，論文，講演その他の「言語」の著作物，②「音楽」の著作物，③「舞踊又は無言劇」の著作物，④絵画，版画，彫刻，その他の「美術」の著作物（美術工芸品を含む。2条2項），⑤「建築」の著作物，⑥地図または学術的な性質を有する図面，図表，模型その他の「図形」の著作物，⑦「映画」の著作物（映画の効果に類似する視覚的または視聴覚的効果を生じさせる方法で表現され，かつ，物に固定されている著作物を含む。2条3項），⑧「写真」の著作物（写真の製作方法に類似する方法を用いて表現される著作物を含む。2条4項），⑨プログラムの著作物である。これらは例示であり，著作物はこれらに限定されない。特に⑧映画の著作物は，著作権法上，他とは異なった取扱いをされることが多い。

印刷用書体について，「著作物に該当するというためには，それが従来の印刷用書体に比して顕著な特徴を有するといった独創性を備えることが必要であり，かつ，それ自体が美術鑑賞の対象となり得る美的特性を備えていなければならないと解するのが相当である」とする判例がある（「ゴナ書体事件」最高裁平成12年9月7日一小判，民集54巻7号2481頁）。

また，キャラクターについて，「一定の名称，容貌，役割等の特徴を有する登場人物が反復して描かれている一話完結形式の連載漫画においては，当該登場人物が描かれた各回の漫画それぞれが著作物に当たり，……右登場人物のいわゆるキャラクターをもって著作物ということはできない」とする判例がある

第11章　著作権法(1)　137

(「ポパイ事件」最高裁平成9年7月17日一小判，民集51巻6号2714頁)。

なお，著作権法による保護を受ける著作物（6条），著作者の権利の目的とならない著作物（13条）は，法規を参照のこと。

3 著作者の権利：総論

(1) 著作者の権利とは

「著作物を創作する者」が著作者である（2条1項2号）。著作者の権利には，大きく分けて，①著作物に対する著作者の人格的利益を保護する「著作者人格権」と，②著作物の財産的価値を把握する「著作財産権（いわゆる著作権）」がある。

著作者人格権の法的性質については，争いがあり定説はないように思われる。本書では，著作物に対する著作者の「こだわり」[中山，2007：174]や「思い入れ」[高林，2010：212]を保護する権利として説明する。

著作財産権の法的性質についても争いがあるが，本書では，通説的見解と思われる「排他的許諾権」として説明する（コラム参照）。

また，産業財産権が「絶対権」であるのに対し，著作財産権は「相対権」である。例えば，権利の対象である自己の創作物と同じものを，第三者Aが偶然創作した場合，絶対権であれば，A自身の創作物をAが利用する行為に対しても権利が及ぶのに対し，相対権であれば，A自身の創作物をAが利用する行為に対しては，権利は及ばない。著作権法では，権利の発生について産業財産権法のような登録制度（公示制度）がないためである。

旧著作権法下の判例であるが，「既存の著作物に接する機会がなく，従って，その存在，内容を知らなかつた者は，これを知らなかつたことにつき過失があると否とにかかわらず，既存の著作物に依拠した作品を再製するに由ないものであるから，既存の著作物と同一性のある作品を作成しても，これにより著作権侵害の責に任じなければならないものではない」とする（「ワン・レイニー・ナイト・イン・トーキョー事件」最高裁昭和53年9月7日一小判，民集32巻6号1145頁)。

【コラム】著作財産権の法的性質

特許権は，排他的独占権である。独占権かつ排他権と説明されることもある。つまり，特許発明を自分だけが業として実施することができ（独占権，自己実施），その反面として，第三者が無断で実施することを禁止できる（排他権，権利行使）のである。また，独占権の一態様として，第三者に実施させることもできる（独占権，ライセンス）。このことは，特許法だけでなく産業財産権法全般に共通する（図3）。

一方，著作財産権の法的性質については，①排他的独占権とする見解，②許諾権とする見解，③排他権とする見解（排他権の反面としての許諾権という見解を含む）がみられる。なお，文化庁は許諾権と捉えているように思われる。

図3　排他的独占権をめぐる法律関係

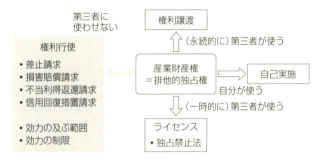

実務感覚からすると，経営者は自分の事業をつつがなく行えるように特許権を取得するのであり，権利行使をするために特許権を取得するわけではなく（パテントトロールは想定外），許諾するために特許権を取得するわけでもない。そのため，発明については自分自身が使うことに重点がおかれているから，特許権は「独占権」であり，その反面として，第三者に無断で使わせないという「排他権」として構成されていると解される。この点，利用発明を根拠に特許権の本質を許諾権とする見解もある。しかし，特許法72条は独占権同士を先願優位で調整する規定と解されるし，そもそも実務では利用発明にあたらないように回避して出願書類を作成している。

一方，著作物については一般公衆への伝達を伴わずに自分自身で使ってもそれほど社会的意義はなく，第三者である一般公衆に利用されて初めて大きな意味をもつ。第三者が使うことに重点がおかれているから，著作財産権については，独占権の側面が弱くなり，「許諾権」や「排他権」の側面が注目されていると思われる。

(2) 保護期間の始期

　産業財産権は，登録により発生する。一方，著作者人格権および著作財産権ともに，著作物の創作と同時に発生する（17条2項，51条1項）。著作者人格権および著作財産権の享有には，出願・審査・登録・©マークの表示等のいかなる方式の履行をも要しない。これを「無方式主義」という。

　なお，著作権法にも登録制度はあるが（75条～78条の2），いずれも推定や第三者対抗要件に関するものであり（①無名・変名の著作物に係る実名の登録：著作者の推定（75条），②第一発行年月日・第一公表年月日の登録：登録年月日における最初の発行・最初の公表の推定（76条），③プログラムの著作物に係る創作年月日の登録：登録年月日における創作の推定（76条の2），④著作権・著作隣接権等の移転等の登録：第三者対抗要件（77条・104条），⑤出版権等の設定・移転等の登録：第三者対抗要件（88条））。あくまでも権利の発生に登録は不要である点が産業財産権法と大きく異なる。

(3) 保護期間の終期

　著作者人格権は，著作者が死亡するまで存続する。著作物に対してこだわりや思い入れを有する者がいなくなるからである。

　著作財産権は，原則として，「著作者の死後50年」を経過するまで存続する（51条2項）。共同著作物については，最終に死亡した著作者の死後50年である（51条2項ただし書）。

　著作財産権の終期には3つの例外があり，無名（名無し）・変名（ペンネーム）の著作物については，「著作物の公表後50年」（その満了前に著作者の死後50年を経過していると認められる場合は，著作者の死後50年）である（52条1項）。また，団体名義の著作物については，「著作物の公表後50年」（創作後50年以内に公表されなかったときは，創作後50年）である（53条1項）。さらに，映画の著作物については，「著作物の公表後70年」（創作後70年以内に公表されなかったときは，創作後70年）である（54条1項）。これら3つの場合は，継続的刊行物（雑誌，新聞，年度報告書等）については，「毎冊，毎号又は毎回の公表の時」を公表時とし，逐次刊行物（連続TVドラマ，連載小説，文学全集など）については，「最終部分の公表の時」を公表時とする（56条1項）。

なお，著作財産権の終期は，死亡日・公表日・創作日の属する年の翌年から起算する（57条。図4）。相続人の不存在の場合等における著作権の消滅（62条）は，法規を参照のこと。

（4）著作者の権利の譲渡
　著作者人格権は，著作者の一身に専属し，譲渡できない（59条）。これを「一身専属権」という。それゆえ，著作者が必ず著作者人格権を有している。著作物に対する著作者のこだわり・思い入れは，著作者にしか分からないからである。なお，行使上の一身専属権かについては争いがある。
　一方，著作財産権は財産権であるから，全部または一部を譲渡できる（61条1項）。著作財産権（著作権）を有する者を「著作権者」という。著作権者は，原始的には著作者であるものの，著作財産権の譲渡後は承継人となる。それゆえ，著作者が必ず著作財産権を有している（必ず著作権者である）とは限らない。現実に，すでに音楽著作権を他人に譲渡した著作者が，別の他人に当該音楽著作権を二重譲渡した事件もあったように，著作者と著作権者を区別することが重要である。なお，譲渡契約において譲渡の目的として「特掲」が必要な著作財産権がある（61条2項，27条，28条。本章5（5）参照）。

（5）公衆とは
　特許法29条や意匠法3条の新規性にいう「公然」や「公衆」は，不特定人（守秘義務を有しない者）を指す。
　一方，著作権法の重要概念である「公衆」は，「特定かつ多数の者を含む」（2条5項。表1）。多数とは，著作物の種類・性質や利用態様によって相対的に決めざるをえないが，一般的には50人超をいう（文化庁）。著作権法の様々な場面

図4　保護期間の計算方法

表1　著作権法上の公衆

		特定人	不特定人
特許法	少数	公然・公衆ではない	公然・公衆
意匠法	多数	公然・公衆ではない	公然・公衆
著作権法	少数	公衆ではない	公　衆
	多数	公　衆	公　衆

で公衆の語が出てくるが，すべて同じ意味である。

4 著作者人格権

(1) 概　要

著作者人格権は，「支分権の束」と説明されることがある。著作者人格権の支分権として，公表権(18条)，氏名表示権(19条)，同一性保持権(20条)，名誉・声望保持権(113条6項)が規定されている。

(2) 公　表　権

公表権(18条)は，未公表(同意を得ない公表を含む)の自己の著作物を公表(公衆に提供・提示)するかしないかを決定できる権利である。当該著作物を原著作物とする二次的著作物についても，原著作者の公表権が及ぶ(18条1項2文)。

なお，公表の時期・方法・条件を決定できる権利を含むかについては，争いがある。

(3) 氏名表示権

氏名表示権(19条)は，自己の著作物の原作品に，または著作物の公衆への提供・提示に際し，①著作者名を表示するかしないか，②表示するとして実名か変名か，を決定できる権利である。当該著作物を原著作物とする二次的著作物の公衆への提供・提示に際しても，原著作者の氏名表示権が及ぶ(19条1項2文)。

なお，著作物の創作者であることを主張する権利を含むかについては，争いがある。

(4) 同一性保持権と「不行使特約」
　同一性保持権（20条）は，著作者の意に反して，①自己の著作物，および②その題号の変更，切除その他の改変を受けない権利である。
　ところで，同一性保持権と同時に問題となる著作財産権として，翻案権（本章5 (5) 参照）がある。例えば，著作者Aが翻案権をBに譲渡したとしても，著作者人格権は譲渡できないので，同一性保持権はAに残る。とすると，翻案権者であるBによる改変であったとしても，後になって，Aの同一性保持権を侵害するといわれてしまう可能性がある。しかし，一般的には，著作者人格権の放棄はできず，放棄の特約は無効と考えられている。
　そこで，このような問題に対処するため，実務上，著作物の利用許諾契約や著作権の譲渡契約に，「著作者人格権の不行使特約」条項を入れることがある。すなわち，「甲は，本著作物について，乙並びに乙より正当に権利を取得した第三者及び当該第三者から権利を承継した者に対し，著作者人格権（公表権，氏名表示権，同一性保持権）を行使しない。」という趣旨の条項を入れるのである。もっとも，著作者人格権の不行使特約の有効性（有効な特約の範囲）については，見解が分かれている。

(5) 名誉・声望保持権
　著作者の名誉または声望を害する方法により著作物を利用する行為は，著作者人格権を侵害する行為とみなされる（113条6項）。これを名誉・声望保持権という。

5 著作財産権

(1) 概　要
　著作財産権も，「支分権の束」と説明されることがある。著作財産権の支分権のうち，①複製物を作ることに係る権利として，複製権（21条）がある。ま

た，②複製物を使わずに公衆に伝えること（提示）に係る権利として，上演権・演奏権（22条），上映権（22条の2），公衆送信権・送信可能化権・公衆伝達権（23条），口述権（24条。言語の著作物について），展示権（25条。美術・未発行の写真の著作物について），③複製物を使って公衆に伝えること（提供）に係る権利として，頒布権（26条。映画の著作物について），譲渡権（26条の2），貸与権（26条3）がある。さらに，二次的著作物の創作・利用に係る権利として，翻案権（27条），二次的著作物の利用に関する原著作者の権利（28条）がある。

　多くの権利があり一見わかりづらいが，要するに，著作財産権は以下の4つの場面をコントロールする権利として集約される（図5）。

　著作権法では，一般公衆による著作物の利用が重要であり，著作物を一般公衆へ伝達することが重要である（本章1参照）。公衆への伝達としては，まず，複製物を使わずに（著作物そのものを使って），公衆に伝えること（提示）が考えられる（図5の②の場面）。しかし，著作物そのものを使った提示では，公衆の利用にも限りがある。そこで，より多くの公衆に伝達し利用してもらうために，複製物を作り（図5の①の場面），その複製物を使って，公衆に伝えること（提供）が考えられる（図5の③の場面）。さらに，二次的著作物を作り（図5の④の場面），二次的著作物を通じて原著作物が間接的に公衆に伝わることが考え

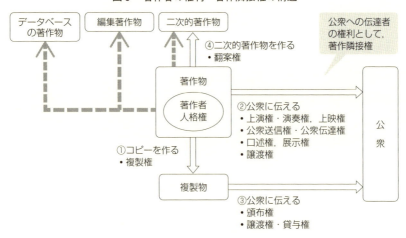

図5　著作者の権利・著作隣接権の構造

られる。現代では，とりわけ図5の①と④の場面が重要である。著作財産権はこの4つの場面をコントロールする権利であり，対象とする著作物に合わせて，○○権という日本語があてはめられているに過ぎないといえよう。

上記4つの場面をコントロールする権利に，著作物そのものに対する著作者のこだわり・思い入れを保護する「著作者人格権」と，公衆に伝える者についての「(広義の) 著作隣接権」，二次的著作物・編集著作物・データベースの著作物に係る「おおもとの著作物の著作者の権利」（11条，28条，12条2項，12条の2第2項参照）を加えたものが，著作権法の規定する権利である。

なお，著作者の権利とパラレルに考えると，特許権は図6の3つの場面をコントロールする権利といえよう（特許法2条3項参照。図6）。

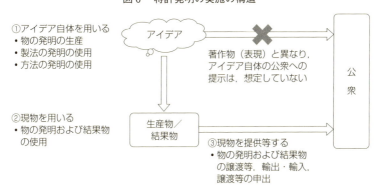

図6 特許発明の実施の構造

(2) 複製物を作ることに係る権利

複製権（21条）は，自己の著作物を複製する権利である。複製とは，印刷，写真，複写，録音，録画その他の方法により「有形的に再製」する（実質的に同一のものを作る）ことをいう（2条1項15号）。

(3) 複製物を使わずに公衆に伝えること(提示)に係る権利

上映権（22条の2）は，自己の著作物を「公に」（公衆に直接見せ，または聞かせることを目的とすること）上映する権利である。上映とは，著作物（公衆送信さ

図7　公衆送信に関連する概念

れるものを除く）を映写幕，その他の物に映写することをいう。映画の著作物の場合は，上映に伴って，固定されている音を再生することを含む（2条1項17号）。

公衆送信権（23条）は，自己の著作物について，公衆送信（自動公衆送信の場合にあっては，送信可能化を含む）する権利である（図7）。公衆送信とは，公衆によって直接受信されることを目的として無線通信または有線電気通信の送信を行うことをいう（2条1項7号の2）。送信可能化は，サーバーへのアップロードや，生中継形式のウェブキャスティング等が該当する（2条1項9号の2参照）。

（4）複製物を使って公衆に伝えること（提供）に係る権利

譲渡権（26条の2）は，自己の著作物（映画の著作物を除く）をその原作品または複製物の譲渡により公衆に提供する権利である。正当権原者により公衆に譲渡された場合や，正当権原者により特定かつ少数の者に譲渡された場合等には，譲渡権は消尽する（26条の2第2項。第14章4のコラム参照）。

貸与権（26条の3）は，自己の著作物（映画の著作物を除く）をその複製物の貸与により公衆に提供する権利である。貸与とは，いずれの名義または方法をもってするかを問わず，これと同様の使用の権原を取得させる行為を含む（2条8項）。

頒布権（26条）は，自己の「映画の著作物」をその複製物により頒布する権利である。頒布とは，有償・無償を問わず，複製物を公衆に譲渡・貸与することをいう。公衆に提示することを目的としていれば，譲渡・貸与する相手が公

衆でなくても（特定少数人であっても），頒布に該当する（2条1項19号）。

公衆に提示することを目的としない家庭用テレビゲーム機に用いられる映画の著作物の複製物の譲渡の事案で，頒布権も消尽するとする判例がある（「中古ゲームソフト事件」最高裁平成14年4月25日一小判，民集56巻4号808頁）。

(5) 二次的著作物の創作・利用に係る権利と「譲渡契約における特掲」

翻案権（27条）は，自己の著作物を原著作物として，二次的著作物を創作する権利である。二次的著作物とは，著作物を翻訳・編曲・変形，脚色，映画化，その他翻案することにより創作した著作物をいう（2条1項11号）。

連載漫画における後続の漫画は，先行する漫画を原著作物とする二次的著作物と解し，「二次的著作物の著作権は，二次的著作物において新たに付与された創作的部分のみについて生じ，原著作物と共通しその実質を同じくする部分には生じないと解するのが相当である」とする判例がある（「ポパイ事件」最高裁平成9年7月17日一小判，前掲128頁）。

二次的著作物の著作者は，二次的著作物に係る著作者の権利を有する。そして，原著作物の著作者は，①原著作物に係る著作者の権利に加えて，二次的著作物の利用に関して，②二次的著作物に係る著作財産権と同一種類の権利を専有する（28条）。②の権利を二次的著作物の利用に関する原著作者の権利という。それゆえ，二次的著作物を利用するときは，二次的著作物の著作者と，原著作物の著作者の，両者の許諾が必要となる（11条，28条。第12章3（3）参照）。

ところで，著作財産権は全部または一部を譲渡できる（61条1項。本章3（4）参照）。翻案権（27条）や二次的著作物の利用に関する原著作者の権利（28条）も，著作財産権なので譲渡できる。しかし，27条や28条の権利については，譲渡契約において譲渡の目的として「特掲」されていないと，譲渡者に留保されたものと推定される（61条2項）。27条や28条の権利を含めたすべての著作財産権を譲渡する場合は，「甲は乙に対し，本著作物に関する全ての著作権（著作権法第27条，同第28条に定める権利を含む）を譲渡する」というように規定する必要がある。

(6) 商品化権

　実務上，キャラクターを商品に使用する場合には，「商品化権（マーチャンダイジングライト）」に係る許諾契約（いわゆる商品化〔権〕契約）がされている。商品化契約には，「甲は，乙に対して，次条以下に定める条件に従い，本件キャラクターを乙が製造販売する○○商品及びその広告宣伝物に利用することを許諾する。」というような条項が含まれる。

　もっとも，日本のどの法律にも，商品化権という権利は規定されていない。商品化権は，著作権法，商標法，意匠法，不正競争防止法，民法，肖像権・パブリシティ権（第13章4（5）参照）といった法律等の組み合わせで保護されている。したがって，商品化権の保護期間は構成する個々の権利の保護期間によって定まる。

◆参考文献
渋谷達紀『知的財産法講義Ⅱ〔第2版〕』有斐閣，2007年
島並良・上野達弘・横山久芳『著作権法入門』有斐閣，2009年
高林龍『標準 著作権法〔第3版〕』有斐閣，2016年
中山信弘『著作権法』有斐閣，2007年

第12章 **著作権法(2)：著作者，著作者の権利の侵害**

1 著 作 者

(1) 概　　要

著作者の権利の帰属主体は「著作者」である。著作者は，著作者人格権の恒久的な帰属主体かつ著作財産権の原始的な帰属主体であり，著作者の権利の保護期間の終期を決める重要な概念である。

著作者は，原則として，「著作物を創作する者」である（著作権法2条1項2号。以下，本章では著作権法に限り条数のみを表示）。そして，著作物の原作品に，または著作物の公衆への提供・提示の際に，実名または周知の変名が著作者名として通常の方法により表示されている者は，著作者と推定される（14条）。

しかし，創作者主義（著作物の現実の創作者が著作者であり，当該著作者に著作者の権利が帰属するという原則）については，著作権法上，2つだけ例外が定められている。すなわち，①現実の創作者とはいえない者を著作者とする場合（職務著作）と，②創作者の一部の者だけに著作者を限る場合（映画の著作物）である。著作者の権利の譲渡（第11章3（4）参照）を考え合わせると，著作者の権利の帰属は図1のようになる。

(2) 職務著作

職務著作の著作者は，「法人等」（法人その他使用者）とされている（15条）。したがって，著作者人格権も著作財産権も法人等に帰属する。

職務著作の要件は，①法人等の発意に基づくこと，②その法人等の業務に従事する者が職務上作成する著作物であること，③その法人等が自己の著作の名義の下に公表するものであること，④その作成のときにおける契約，勤務規則その他に別段の定めがないことである。プログラムの著作物の場合は，③の公表要件が不要とされている。これは，プログラムについては，❶システム・ソ

図1 著作者の権利の帰属

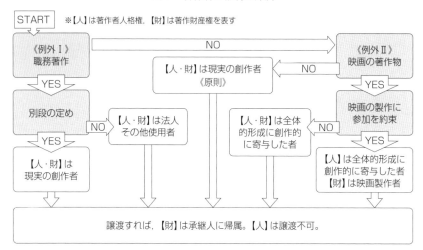

リュージョン等ではそもそも公表されないことも多いし，❷無名で公表されることや，❸OEM等では著作者以外の名義で公表されることもあるからである。

法人等の業務に従事する者について，「法人等と雇用関係にある者がこれに当たることは明らかであるが，雇用関係の存否が争われた場合には，……法人等と著作物を作成した者との関係を実質的にみたときに，法人等の指揮監督下において労務を提供するという実態にあり，法人等がその者に対して支払う金銭が労務提供の対価であると評価できるかどうかを，業務態様，指揮監督の有無，対価の額及び支払方法等に関する具体的事情を総合的に考慮して，判断すべきものと解するのが相当である」とする判例がある（「RGBアドベンチャー事件」最高裁平成15年4月11日二小判，判時1822号133頁）。

(3) 映画の著作物

まず，映画の著作物が職務著作にあたる場合は，その著作者は「法人等」とされる（16条ただし書）。

職務著作にあたらない映画の著作物の著作者は，映画の著作物の「全体的形成に創作的に寄与した者」とされている（16条）。いわゆる「モダン・オーサー」

と呼ばれる者であり，例えば，プロデューサーや映画監督・ディレクター，撮影監督，美術監督・特殊撮影監督である。

さらに，上記の映画の著作物の著作者（例えば，フリーの映画監督）が映画製作者（例えば，映画会社。2条1項10号参照）に対し，映画の著作物の製作について参加約束しているときは，著作者人格権はフリーの映画監督に帰属し，著作財産権は映画会社に帰属する（29条1項。自動的に移転する［加戸，2013：137］）。この場合には，公表権に関して同意が推定される（18条2項3号）。

なお，俳優は，映画の著作物の著作者ではなく，実演家という「著作隣接権者」にあたる（第13章1参照）。また，いわゆる「クラシカル・オーサー」と呼ばれる者，例えば，原作者や脚本家，映画音楽の作曲家，美術家は，映画の著作物の著作者からは除かれている。これらの者による著作物は，映画の著作物とは別個独立の著作物である。そのため，映画とは無関係に創作した原作者については28条の権利（第11章5（5）参照）で，映画のために創作した脚本家・作曲家・美術家等については頒布権（26条2項。第11章5（4）参照）で，それぞれ保護される。

（4）具体的帰結と職務発明との比較

表1は，Aが著作物を現実に創作した場合，誰に著作者人格権および著作財産権が帰属するかをあてはめたものである。同様に，表2は，Aが発明した場合，誰に特許を受ける権利（特受権）が帰属するかをあてはめたものである。

職務著作と職務発明はしばしば混同されがちだが，発明者となることができるのは自然人だけであり，職務発明の発明者が法人になることはない。その趣旨は，①著作物の円滑な利用や，②法人等に著作財産権や著作者人格権（社会的名声・評価）を帰属させることの合理性にある。また，職務発明と異なり，著作権法には相当の利益を受ける権利は規定されていない。その趣旨は必ずしも明らかではないが，本来的に経済材としての側面が強い発明とは異なり，著作権法による関与ではなく，「創作のインセンティブや優れた人材の確保等の観点から，当事者において妥当な状況が自ずと生成されることを期待している」とされる［半田・松田編2，2009：683〔作花〕］。

表1　著作者人格権および著作財産権の帰属

	著作者	著作者人格権	著作財産権
原則（2条1項2号）	A	A	A
Bに著作財産権を譲渡した場合（61条1項）	A	A（譲渡不可）	<u>A→B</u>
AがCの業務従事者で，職務著作の場合（15条1項）	<u>C</u>	C	C
AがCの業務従事者で，別段の定めがある場合（15条1項）	A	A	A
Aらが全体的形成に創作的に寄与した者である，映画の著作物の場合（16条）	<u>Aほか</u>	Aほか	Aほか
Aらが映画製作者Dに対し，映画の著作物の製作に参加することを約束している場合（29条1項）	Aほか	Aほか。ただし，公表権は同意推定（18条2項3号）	<u>（自動的に）</u> Aほか→D

表2　特許を受ける権利の帰属

	発明者	特許を受ける権利	特許権
原　則	A	A	A
Bに特許を受ける権利を譲渡した場合	A	A→B	B
AがCの業務従事者で，職務発明で承継がない場合（特許法35条1項）	<u>A</u>	A	A （Cに無償の法定通常実施権）
AがCの業務従事者で，職務発明で予約承継の場合（改正特許法35条3項，同条4〜7項）	<u>A</u>	Cに原始帰属 （Aに相当の利益を受ける権利）	C
AがCの業務従事者で，職務発明で事後承継の場合（改正特許法35条4〜7項）	<u>A</u>	A→C （Aに相当の利益を受ける権利）	C

2 著作者の権利の侵害

(1) 著作者人格権の侵害の要件

　著作者人格権については，①著作者の同意または正当な理由（権利の制限・

適用除外）がないのに，②著作者人格権の各支分権が対象とする行為をすれば，著作者人格権の侵害となる。また，著作者の名誉・声望を害する方法により著作物を利用する行為は，著作者人格権を侵害する行為とみなされる（113条6項）。

さらに，著作物を公衆に提供・提示する者は，著作者が存しなくなった後も，原則として，著作者が存しているとしたならば著作者人格権の侵害となるべき行為をしてはならない（60条本文）。

公表権の制限・適用除外は18条2項〜4項に，氏名表示権の権利の制限・適用除外は19条2項〜4項に，同一性保持権の適用除外は20条2項に規定されている。

ゲームソフトで使用されるパラメータがデータとして収められたメモリーカードの使用により，「本件ゲームソフトにおいて設定されたパラメータによって表現される主人公の人物像が改変されるとともに，その結果，本件ゲームソフトのストーリーが本来予定された範囲を超えて展開され，ストーリーの改変をもたらすことになる」から，「本件メモリーカードの使用は，本件ゲームソフトを改変し，被上告人の有する同一性保持権を侵害するものと解するのが相当である」とする判例がある（「ときめきメモリアル事件」最高裁平成13年2月13日三小判，民集55巻1号87頁）。

（2）著作財産権の侵害の要件

著作財産権は，「排他的許諾権」である（第11章3（1）参照）。したがって，①正当な権原（ライセンス，著作財産権の譲受け）または正当な理由（著作財産権の制限）がないのに，②他人の著作物を，③利用（著作財産権の各支分権が対象とする行為）をすれば，著作財産権の侵害となる。

そのため，第三者が他人の著作物を利用するには，他の知的財産権と同様，原則として，著作財産権の譲受け（第11章3（4）参照）や著作権者の許諾（ライセンス。本章3参照）が必要となる。ただし，①他の知的財産権と同様，著作財産権が制限（本章4参照）される場合や，②他の知的財産権と異なり，著作財産権が「相対権」であることから，自分自身の著作物を利用する場合（第11章3（1）参照）には，著作財産権の譲受けやライセンスは不要となる。

産業財産権法では，産業財産権の制限の規定（効力が及ばない範囲）は少なく，ライセンスが主となるのに対し，著作権法では著作財産権の制限が重要となる。

なお，善意無過失の取得者による公衆への譲渡は，譲渡権の侵害でないものとみなされる（113条の2）。

（3）依拠性と類似性

著作財産権のうち，複製権（21条）と翻案権（27条）の侵害については，しばしば「依拠性」と「類似性」が問題にされる。すなわち，①正当な権原または正当な理由がないのに，②他人の著作物に依拠して，これと同一・類似の著作物を，③利用した場合に，複製権または翻案権の侵害となるというのである。依拠性も類似性も著作権法上の侵害要件ではなく，判例・学説の用語である。著作財産権一般の侵害の要件のうち，複製権や翻案権の侵害事件で問題となることが多い「他人の著作物を」の部分をより分析的にみた要件のようにも思われる。

依拠性は，著作財産権が「相対権」であることに関係する。複製物（複製）・二次的著作物（翻案）と同一・類似の関係は，図2のように整理できるであろう。すなわち，他人の著作物と，①完全に同一であれば複製物であり，複製権の効力が及ぶ。次に，②複製とは有形的再製であるから（第11章5（2）参照），実質的に同一であれば複製物であり，複製権の効力が及ぶ。また，③新たな創作性を付与していれば二次的著作物であり，翻案権の効力が及ぶ。判例・学説

図2　複製物・二次的著作物と同一・類似の関係

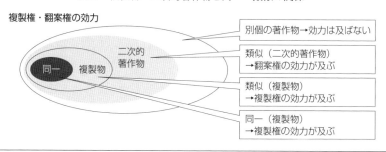

は，①の範囲を同一，②および③の範囲を原著作物の表現形式上の「本質的な特徴を直接感得」できる，すなわち，類似と捉えていると思われる。そして，④本質的特徴を直接感得できなければ別個の著作物であり，複製権および翻案権の効力は及ばない。

　言語の著作物について，「翻案……とは，既存の著作物に依拠し，かつ，その表現上の本質的な特徴の同一性を維持しつつ，具体的表現に修正，増減，変更等を加えて，新たに思想又は感情を創作的に表現することにより，これに接する者が既存の著作物の表現上の本質的な特徴を直接感得することのできる別の著作物を創作する行為をいう。……既存の著作物に依拠して創作された著作物が，思想，感情若しくはアイデア，事実若しくは事件など表現それ自体でない部分又は表現上の創作性がない部分において，既存の著作物と同一性を有するにすぎない場合には，翻案には当たらないと解するのが相当である」とする判例がある（「江差追分事件」最高裁平成13年6月28日一小判，民集55巻4号837頁）。

(4) 所有権との関係

　著作者の権利と著作物の所有権は，併存しうる別個独立の権利である。

　美術の著作物について，「所有権は有体物をその客体とする権利であるから，美術の著作物の原作品に対する所有権は，その有体物の面に対する排他的支配権能であるにとどまり，無体物である美術の著作物自体を直接排他的に支配する権能ではないと解するのが相当である。……言語の著作物の原作品についても，……美術の著作物の原作品におけると同様であり，両者の間に本質的な相違はないと解される」とする判例がある（「顔真卿自書建中告身帖事件」最高裁昭和59年1月20日二小判，民集38巻1号1頁）。

(5) 契約の対価

　後日，著作者の権利の侵害といわれないためには，契約において，著作者に対して支払う金銭の性質が，①創作行為の対価，②著作財産権の譲渡の対価，③著作物の利用許諾の対価，④著作物の所有権の対価，⑤肖像権・パブリシティ権の対価のいずれなのかを意識することが必要である。

(6) 侵害の救済手段

著作者の権利に対する侵害の救済手段は、他の知的財産権と同様である。

民事的救済として、①差止請求権（112条）、②損害賠償請求権（民法709条）、③不当利得返還請求権（著作財産権のみ。民法703条）、④名誉回復措置請求権（著作者人格権のみ。115条）がある。名誉回復措置請求権は、産業財産権法の信用回復措置請求権と同様、謝罪広告などである。

刑事的救済として、刑事罰（侵害罪。119条）がある。他の知的財産権法と異なり、告訴がなければ公訴を提起できない（親告罪。123条1項）。119条3項の罪（本章4（2）参照）を除き、侵害者だけでなく、侵害者の使用者等も罰せられる（両罰規定。124条1項）。

また、著作者の死後においては、遺族は、60条（本章2（1）参照）に違反する行為をする者、またはそのおそれがある者に対し差止請求を、故意または過失により著作者人格権を侵害する行為、または60条に違反する行為をした者に対し、名誉回復措置請求ができる（116条1項）。

他の知的財産権法と同様、立証を容易にするため等の特則がある（114条～114条の8）。もっとも、特許法と異なり、過失の推定規定がない。著作権法では、産業財産権法のような登録制度（公示制度）がないためである。

なお、共同著作物の著作者人格権は、「著作者全員の合意」によらなければ行使できず（64条1項）、共有著作権（共同著作物の著作権、その他共有に係る著作権）は、「共有者全員の合意」によらなければ行使できない（65条2項）。もっとも、共同著作物の各著作者または各著作権者は、他の著作者または他の著作権者の同意を得ないで、差止請求またはその著作権の侵害に係る自己の持分に対する損害賠償請求や自己の持分に応じた不当利得返還請求ができる（117条1項）。共有に係る著作権についても同様である（117条2項）。

無名・変名の著作物の発行者は、著作者・著作権者のために「自己の名をもって」、原則として、差止請求、損害賠償請求、不当利得返還請求、名誉回復措置請求、116条1項の請求ができ（118条1項）、告訴もできる（123条2項）。

著作権法に規定する権利（著作者の権利や〔広義の〕著作隣接権）に関する紛争解決の斡旋（105条～111条）については、法規を参照。

Horitsubunka-sha Books Catalogue 2017

法律文化社
出版案内

法律分野

2017年版

■労働法理論を再定位。将来を見透した深い思索の書。

労働法の基礎構造

西谷　敏著　　　A5判／354頁／4000円+税

戦後労働法学の第二世代を理論的に牽引してきた著者の労働法基礎理論の集大成。「本質と発展」（1章）から「将来」（12章）まで12のテーマ・問題を取り上げ、歴史的に形成されてきた構造を解明する。

法律文化社　〒603-8053 京都市北区上賀茂岩ヶ垣内町71 ℡075(791)7131 FAX075(721)8400
URL：http://www.hou-bun.com/　◎本体価格（税抜）

新入生のためのリーガル・トピック50
阿部昌樹・和田仁孝 編　2400円

実際にあった50の出来事を題材に、ストーリー仕立てで、現実と法とのかかわりや法の役割を伝える法学入門テキスト。

アソシエイト法学
大橋憲広・後藤光男・関哲夫・中谷崇 著　3100円

憲法・民法・刑法を軸にした法学の入門書。基礎的知識の確認とともに、考える力を涵養する。

新入生のための法学部必勝学習法
武居一正 著　1000円

サイバー社会への法的アクセス　2300円
●Q&Aで学ぶ理論と実際　松本博 編

子どもと法
丹羽徹 編　2400円

貧困や成年年齢引き下げ動向等をふまえて、「子ども」と「法」の関わりを網羅的に概説。子どもが出会う法の具体的有り様を論じる。

問いかける法哲学
瀧川裕英 編　2500円

賛否が分かれる15の論争的な問いから、法哲学の基礎的な概念や考え方がどのように役立つかを知る「いきなり実践」型の入門書。

法思想の水脈
森村進 編　2500円

近代法思想史入門
●日本と西洋の交わりから読む
大野達司・森元拓・吉永圭 著　2800円

振舞いとしての法
西田英一・山本顯治 編　6000円

●知と臨床の法社会学　法の社会臨床学の新領域を切り拓く和田仁孝教授の還暦を記念した論文集。

台湾法入門
蔡秀卿・王泰升 編著　3000円

本邦初の台湾法のテキスト。日本との異同を意識し、比較法研究として重要な分野・テーマを取り上げる。

憲法の地図　2000円
●条文と判例から学ぶ　大島義則 著

憲法の重要な条文の規範的内容について最高裁の下した判例を中心に解説する。憲法の基本的な考え方を理解できる一冊。

統治機構の憲法構想
大石眞 著　7200円

「憲法改革」の視点から、統治構造に関する憲法上の諸問題を考究した20論考。憲法議論に一石を投じる。

行政不服審査法の使いかた
幸田雅治 編　2400円

都市計画法の探検
久末弥生 著　2400円

設問でスタートする会社法
高橋英治 編　2300円

TXT(テクスト)経済法　2700円
鈴木加人・大槻文俊・小畑徳彦・林秀弥・屋宮憲夫・大内義三 著

刑法の礎・各論
船山泰範 著　2900円

刑事法と歴史的価値とその交錯
●内田博文先生古稀祝賀論文集
徳田靖之 ほか 編集委員　22000円

被疑者取調べ録画制度の最前線
●可視化をめぐる法と諸科学
指宿 信 著　4500円

立法過程における議論やその背後にある理論状況を、海外5ヶ国の調査結果等もふまえて学際的にわかりやすく整理。

保護観察とは何か
●実務の視点からとらえる
今福章二・小長井賀與 編　2500円

保護観察の体系と実務の実態を示し、到達点と限界を確認。保護観察官、保護司はもちろん、矯正関係者、法曹三者にも必読の書。

高齢犯罪者の権利保障と社会復帰
安田恵美 著　5300円

日本の高齢受刑者がおかれている拘禁環境を確認したうえで、フランスの議論を参照しながら、医療的・福祉的対応の確保の必要性について論じる。

地域で支える出所者の住まいと仕事
水野有香 編 [URP先端的都市研究シリーズ6]　800円

加害者家族のライフストーリー
●日常性の喪失と再構築
深谷 裕 著　3100円

リーディングス刑事訴訟法
川崎英明・葛野尋之 編　5500円

リーディングス刑事政策
朴 元奎・太田達也 編　5300円

WTO・FTA法入門
●グローバル経済のルールを学ぶ　2400円
小林友彦・飯野 文・小寺智史・福永有夏 著

自由貿易の基本原則と例外を扱う総論から、分野毎の規律と紛争解決、さらに現代的課題までを図版も交えて概説。

EU環境法の最前線
●日本への示唆　中西優美子 編　3200円

航空機ファイナンスにおける担保制度統一の分析
●ケープタウン条約の挑戦
佐藤育己 著　4400円

社会保障法における自立支援と地方分権
石橋敏郎 著　5600円

●生活保護と介護保険における制度変容の検証
最近の制度・政策の展開とそこに潜む問題点や課題について検討する。

離別後の親子関係を問い直す
●子どもの福祉と家事実務の架け橋をめざして
小川富之・髙橋睦子・立石直子 編　3200円

離別後の親子関係は、「子の利益」となっているか。子の発達の課題やリスクを心理学、脳科学、乳幼児精神保健等の知見をもとに精査。親子の交流を推進する昨今の家事紛争に、法学と実務の立場から検証・提言する。

学会誌 *バックナンバーございます

民事訴訟雑誌 62号　2900円
日本民事訴訟法学会 編

日本労働法学会誌
日本労働法学会 編
127号　企業変動における労使関係の法的課題　2700円
128号　労働者派遣法／労働契約法20条／職場のハラスメント　3300円

社会保障法 31号　3500円
日本社会保障法学会 編
社会保険の事業主責任と年金の課題／日韓比較社会保障法

日本国際経済法学会年報 第25号
日本国際経済法学会 編　4000円

改訂版

高校から大学への法学〔第2版〕
君塚正臣 編　2100円

公法入門〔第2版〕
小泉洋一・島田 茂 編　1800円

新版 史料で読む日本法史
村上一博・西村安博 編　3300円

高校から大学への憲法〔第2版〕
君塚正臣 編　2100円

18歳からはじめる憲法〔第2版〕
水島朝穂 著　2200円

新・どうなっている!? 日本国憲法〔第3版〕
●憲法と社会を考える
播磨信義・上脇博之・木下智史・脇田吉隆・渡辺 洋 編著　2300円

憲法入門講義〔第2版〕
尾﨑利生・鈴木 晃 著　2300円

憲法の基本〔第3版〕　2600円
小泉洋一・倉持孝司・尾形 健・福岡久美子・櫻井智章 著

現代日本の憲法〔第2版〕
元山 健・建石真公子 編　2800円

新基本行政法学〔第2版〕　3300円
手島 孝・中川義朗 監修
村上英明・小原清信 編

プリメール会社法〔新版〕　2900円
髙橋公忠・砂田太士・片木晴彦・久保寛展・藤林大地 著

アクチュアル企業法〔第2版〕
西山芳喜 編　3100円

レクチャー環境法〔第3版〕
富井利安 編　2700円

プレミアム 公務員試験シリーズ
法律文化社編修所 編

憲法A
特別区Ⅰ類（地方上級）
国税専門官
国家一般職

A5判／496頁／2800円＋税

憲法B
国家総合職
裁判所総合職・一般職

A5判／548頁／3000円＋税

3 著作財産権のライセンス

(1) 概　要

著作財産権のライセンスは，著作権法上，①特許権についての専用実施権（特許法77条）に相当する「出版権」（79条）と，②許諾通常実施権（特許法78条）に相当する「許諾利用権」（63条），および③裁定通常実施権（特許法93条）に相当する「裁定利用権」（67条～69条）だけである。法定通常実施権（特許法79条等）や仮専用実施権・仮通常実施権（特許法34条の2，同34条の3）に相当する利用権はない（表3）。

ところで，他人の著作物を利用する者がその都度，個々の著作権者とライセンス契約を締結するのは，利用者・著作権者ともに煩雑であるし，著作権者としても個々の利用をウォッチングし権利行使するのは現実的ではない。そこで，著作権および著作隣接権を「集中管理」しライセンスを与える団体（著作権等管理事業者）がある（著作権等管理事業法参照）。

表3　特許権のライセンスと著作財産権のライセンス

特許権		著作財産権（著作権）
専用実施権　※登録が効力発生要件		出版権（複製権，公衆送信権・送信可能化権について）　※登録が第三者対抗要件
通常実施権	許諾実施権	許諾利用権
	法定実施権	×
	裁定実施権	裁定利用権
仮専用実施権		×
仮通常実施権		×

(2) 出版権

出版に係る契約としては，①債権的契約である「出版許諾契約」（許諾利用権。63条），②準物権的契約である「出版権設定契約」（出版権。79条），③著作物の利用期限がない「著作権譲渡契約」（第11章3（4）参照）があり，順に著作権

者に対する制約が大きくなっていく。

　上記②の出版権の設定は，複製権（21条）と公衆送信権（送信可能化を含む。23条1項）についてのみである。複製権等保有者（複製権者または公衆送信権者）は，自己の著作物について，出版行為または公衆送信行為を引き受ける者に対し，出版権を設定できる（79条1項）。出版権者は，設定行為で定めるところにより，出版権の目的である著作物について，所定の複製や所定の公衆送信を行う権利の全部または一部を専有する（80条1項）。出版権者は，複製権等保有者の承諾を得た場合に限り，①サブライセンスができ（80条3項），②出版権の全部または一部を譲渡し，または質権の目的とすることができる（87条）。

　出版権の法的性質と相まって，出版権の設定は複製権・公衆送信権の期限付き譲渡であるという命題については，肯定［三山，2007：321］・否定［中山，2007：336］の両見解がある。本書では，特許権についての専用実施権とパラレルに考え（第18章3（4）図4参照），出版権を複製権・公衆送信権の一部切り取りのイメージとして説明する。すなわち，①出版権は排他的許諾権である複製権・公衆送信権の一部だから，排他的許諾権であり，出版権の範囲については，複製権者・公衆送信権者も複製・公衆送信できない。また，②出版権は複製権・公衆送信権の切り取りだから，切り取って空権化してしまった部分（出版権の範囲）については，重複して出版権を設定できない。なお，③特許権についての専用実施権の設定等は登録が効力発生要件だが（特許法98条1項2号），出版権の設定等は登録が第三者対抗要件である（88条1項1号）。

（3）二次的著作物・編集著作物・データベースの著作物の場合

　ライセンスは，原則として，利用する著作物の著作権者から受ければよい。しかし，著作権法上，3つの例外がある。①二次的著作物と，②編集著作物，③データベースの著作物である（図3）。

　二次的著作物とは，著作物を「翻案」することにより創作した著作物である（2条1項11号）。編集著作物とは，編集物（データベースに該当するものを除く）でその素材の「選択」または「配列」によって創作性を有するものであり（12条1項），例えば，新聞，論文集，画集，音楽アルバム，職業別電話帳が該当する。データベースの著作物とは，データベースでその情報の「選択」または

図3　二次的著作物等のライセンス

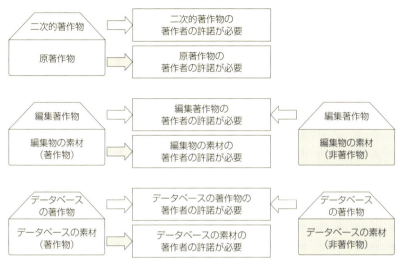

「体系的な構成」によって創作性を有するものである。これら3つの著作物の保護は、おおもとの著作物の著作者の権利に影響を及ぼさない（11条、12条2項、12条の2第2項）。それゆえ、二次的著作物・編集著作物・データベースの著作物を利用するときは、①当該著作物の著作者と②おおもとの著作物の著作者の、両者の許諾が必要となる（11条、28条、12条2項、12条の2第2項参照）。

4 著作財産権の制限

(1) 概　要

著作財産権の制限は、表4のように大きく10種類に分けられるであろう（30条～50条）。これらは限定列挙である。また、日本の著作権法には、米国のようなフェアユースの一般条項は規定されていない。出版権は複製権・公衆送信権の一部切り取りであるから（本章3(2)参照）、著作財産権の制限規定が準用されている（86条）。

なお、著作財産権の制限の規定によって、著作者人格権が制限されるもので

表4　著作財産権の制限

国民の日常生活・内部的利用に関する制限	私的使用のための複製（30条），付随対象著作物の利用（30条の2），検討の過程における利用（30条の3）
研究・資料に関する制限	技術の開発または実用化のための試験の用に供するための利用（30条の4），図書館等における複製等（31条），引用（32条）
教育に関する制限	教科用図書等への掲載（33条），教科用拡大図書等の作成のための複製等（33条の2），学校教育番組の放送等（34条），学校その他の教育機関における複製等（35条），試験問題としての複製（36条）
福祉・非営利活動に関する制限	視覚障害者等のための複製等(37条)，聴覚障害者等のための複製等(37条の2)，営利を目的としない上演等（38条）
表現の自由・知る権利に関する制限	時事問題に関する論説の転載等（39条），政治上の演説等の利用（40条），時事の事件の報道のための利用（41条）
国家機関等に関する制限	裁判手続等における複製（42条），行政機関情報公開法等による開示のための利用(42条の2)，公文書管理法等による保存等のための利用(42条の3)，国立国会図書館法によるインターネット資料およびオンライン資料の収集のための複製（42条の4）
放送・有線放送に関する制限	放送事業者等による一時的固定（44条）
美術の著作物に関する制限	美術の著作物等の原作品の所有者による展示（45条），公開の美術の著作物等の利用（46条），美術の著作物等の展示に伴う複製（47条），美術の著作物等の譲渡等の申出に伴う複製等（47条の2）
ITに関する制限	プログラムの著作物の複製物の所有者による複製等（47条の3），保守，修理等のための一時的複製（47条の4），送信の障害の防止等のための複製（47条の5），送信可能化された情報の送信元識別符号の検索等のための複製等（47条の6），情報解析のための複製等（47条の7），電子計算機における著作物の利用に伴う複製（47条の8），情報通信技術を利用した情報提供の準備に必要な情報処理のための利用（47条の9）
拡張的な利用	翻訳，翻案等による利用（43条），複製権の制限により作成された複製物の譲渡（47条の10）

はない（50条参照）。著作者人格権の制限・適用除外については前述した（本章2（1）参照）。

（2）私的使用のための複製

私的使用のための複製（30条）に該当すれば，無許諾で他人の著作物を複製

できる。その要件は，①私的使用を目的とすること，②使用する者が複製すること，③所定の場合でないことである。私的使用のための複製に該当しない場合は，原則どおり，複製権侵害となる。また，私的使用以外の目的のために，私的使用のための複製物を頒布したり，当該複製物により著作物を公衆に提示した場合は，複製権侵害とみなされる（49条1項1号参照）。

「私的使用」とは，個人的に（1人で）または家庭内（同一家庭内）その他これに準ずる限られた範囲内における使用をいう（30条1項）。この点，「企業その他の団体において，内部的に業務上利用するために著作物を複製する行為は，……私的使用には該当しないと解するのが相当である」とする下級審裁判例がある（東京地裁昭和52年7月22日判決）。

使用する者の複製ではないから，いわゆる「自炊業者」による複製は，私的使用のための複製に該当しない。

技術的保護手段の回避について知りながら行う複製（例えば，DVDのリッピング）は，私的使用のための複製に該当しない（30条1項2号）。もっとも，罰則はない。

また，著作権を侵害するインターネット配信であることを知りながら，それを受信して行うデジタル方式の録音または録画（例えば，音楽・映像のダウンロード）は，私的使用のための複製に該当しない（30条1項3号）。さらに，有償著作物等について，30条1項3号の行為をした場合は，2年以下の懲役もしくは200万円以下の罰金に処され，または併科される（119条3項。親告罪。両罰規定なし）。

なお，私的使用を目的として，デジタル方式の録音または録画を行う者は，相当額の補償金（私的録音録画補償金）を著作権者に支払わなければならない（30条2項，104条の2）。

(3) 付随対象著作物の利用

付随対象著作物（30条の2）に該当すれば，無許諾で他人の著作物を，写真撮影・録音・録画による著作物の創作に伴って複製または翻案できる。その要件は，①付随対象著作物であること，②著作権者の利益を不当に害しないことである。

付随対象著作物とは，①写真撮影・録音・録画によって創作する著作物における軽微な構成部分となるものであって，②写真撮影・録音・録画の対象とする事物または音から分離することが困難であるため付随して対象となる事物，または音に係る他の著作物である（30条の2第1項参照）。

(4) 引　　用

　引用（32条1項）に該当すれば，無許諾で他人の著作物を利用できる。その要件は，①公表された著作物であること，②引用が公正な慣行に合致するものであること，③引用が引用の目的上正当な範囲内で行われるものであること，④著作物の出所を，合理的と認められる方法および程度により明示すること（48条1項1号）である。

　「公正な慣行に合致」とは，引用して利用する側の著作物と，引用されて利用される側の著作物とを，明瞭に区別して認識することができることである（明瞭区別性。「パロディ事件」最高裁昭和55年3月28日三小判，民集34巻3号244頁参照）。例えば，括弧でくくることがあげられる。

　「引用の目的上正当な範囲内」とは，引用して利用する側の著作物と，引用されて利用される側の著作物との間に，前者が主，後者が従の関係があると認められることである（主従関係。「パロディ事件」[上述] 参照）。なお，引用の必要性・必然性を要求する見解もある。

◆参考文献
加戸守行『著作権法逐条講義〔6改訂版〕』著作権資料協会，2013年
高林龍『標準　著作権法〔第3版〕』有斐閣，2016年
中山信弘『著作権法』有斐閣，2007年
半田正夫・松田政行編『著作権法コンメンタール　1・2・3』勁草書房，2009年
三山祐三『著作権法詳説─判例で読む16章〔第7版〕』レクシスネクシス・ジャパン，2007年

第13章 著作権法(3):著作隣接権,著作権法以外の保護

1 著作隣接権者

　著作権法は,第三者である一般公衆による著作物の利用を念頭においており,それゆえ,著作物を一般公衆へ伝達するということが非常に重要となる。そのため,著作権法では,著作物・非著作物を一般公衆へ伝達した者についての「(広義の)著作隣接権」の制度を設けている(第11章1参照)。

　著作物・非著作物を一般公衆へ伝達した者のうち特定の者には,(広義の)著作隣接権が認められる。(広義の)著作隣接権の享有主体を「著作隣接権者」という(著作権法89条参照。以下,本章では著作権法に限り条数のみを表示)。具体的には,①実演家,②レコード製作者,③放送事業者または有線放送事業者である。これら3者は,「著作物の創作活動に準じたある種の創作的な活動」[加戸,1974:352]をしていると評価されるからである。なお,出版者は,準創作的活動をしているといえるものの,政策的理由から,著作者の権利(著作者人格権・著作財産権)も(広義の)著作隣接権も享有しない。

　実演家とは,俳優,舞踊家,演奏家,歌手その他実演を行う者および実演を指揮し,または演出する者をいう(2条1項4号)。レコード製作者とは,レコード(物に音を固定したもの)に固定されている音を最初に固定した者をいう(2条1項6号,5号)。放送事業者または有線放送事業者とは,放送または有線放送(第11章5(2)参照)を業として行う者をいう(2条1項8号・9号の3)。著作権法による保護を受ける実演(7条),レコード(8条),放送(9条),有線放送(9条の2)については,法規を参照。

　なお,「著作隣接権」の語は多義的である。本章では,人格権(実演家人格権),許諾権,報酬請求権を含む広義の概念を「著作隣接権」と呼び(著作権法第4章の表題参照),許諾権のみを「許諾権としての著作隣接権」と呼ぶことにする(89条6項参照)。

2 著作隣接権

(1)著作者の権利との関係

　著作者の権利と著作隣接権は，併存しうる別個独立の権利である（90条参照）。それゆえ，1つの楽曲（著作物）について，①作曲家に著作者の権利が，②演奏家に著作隣接権が，それぞれ発生する（第11章図2参照）。また，例えば，著作者の権利がすでに消滅している場合のように，著作者の権利がなくても，著作隣接権は存在する場合がある。さらに，コンテンツが著作物でない場合（動物の鳴き声・波の音などの自然音）のように，著作隣接権は必ずしも著作物の存在を必要としない。

(2)著作隣接権とは

　表1は，著作隣接権の内容および著作者の権利との対応を表したものである）。

　実演家にのみ，「実演家人格権」が認められている。実演家人格権として，氏名表示権（90条の2）と，同一性保持権（90条の3）が規定されている。実演家の同一性保持権は，著作者の同一性保持権と異なり，自己の名誉・声望を害するような，自己の実演の変更，切除その他の改変を受けない権利となっている。また，著作者人格権と異なり，公表権が規定されていないのは，実演は公表を前提としている等が理由である。なお，著作物と異なり，職務実演は規定されていないから，実演家人格権が法人等に帰属することはない。

　許諾権としての著作隣接権も，「支分権の束」と説明されることがある。著作財産権のうち，上演・演奏権（22条），上映権（22条の2），自動公衆送信に係る公衆送信権（23条1項。第11章5（3）参照），口述権（24条），展示権（25条），頒布権（26条），翻案権（27条），二次的著作物の利用に関する原著作者の権利（28条）に対応する権利が規定されておらず，著作財産権よりも減縮された保護であることが分かる。

　最初に販売された日から起算して1カ月以上12カ月を超えない範囲内において，政令で定める期間を経過した商業用レコードの貸与については，貸与権で

表 1　著作隣接権

	実演家の権利	レコード製作者の権利	放送事業者の権利	有線放送事業者の権利	著作者の権利（参考）
人格権	実演家人格権（90条の2，90条の3）	×	×	×	著作者人格権（18〜20条）
許諾権としての著作隣接権	録音・録画権（91条）	複製権（96条）	複製権（98条）	複製権（100条の2）	複製権（21条）
	放送権・有線放送権（92条）	×	再放送権・有線放送権（99条）	放送権・再有線放送権（100条の3）	公衆送信権（23条）
	送信可能化権（92条の2）	送信可能化権（96条の2）	送信可能化権（99条の2）	送信可能化権（100条の4）	送信可能化権（23条）
	×	×	テレビジョン放送の伝達権（100条）	有線テレビジョン放送の伝達権（100条の5）	公衆伝達権（23条）
	譲渡権（95条の2）	譲渡権（97条の2）	×	×	譲渡権（26条の2）
	貸与権等（95条の3）	貸与権等（97条の3）	×	×	貸与権（26条の3）
報酬請求権等	○	○	×	×	×

はなく，「報酬請求権」が，実演家（95条の3第3項）およびレコード製作者（97条の3第3項）に認められている。そのほかに，実演家には，放送のための固定物等による放送に係る「報酬請求権」（94条2項），放送される実演の有線放送に係る「報酬請求権」（94条の2），商業用レコードの「二次使用料を受ける権利」（95条1項）が認められている。レコード製作者にも，商業用レコードの「二次使用料を受ける権利」（97条1項）が認められている。

（3）保護期間

　著作隣接権の享有には，いかなる方式の履行をも要しない（89条5項）。著作者の権利と同様，「無方式主義」が採られている。

表2 著作隣接権の保護期間

		始　期	終　期
実演家人格権		その実演を行ったとき（89条5項参照）	実演家が死亡するまで（101条の2参照）
許諾権としての著作隣接権	実演	その実演を行ったとき（101条1項1号）	その実演が行われた日の属する年の翌年から起算して50年を経過したとき（101条2項1号）
	レコード	その音を最初に固定したとき（101条1項2号）	その発行が行われた日の属する年の翌年から起算して50年を経過したとき その音が最初に固定された日の属する年の翌年から起算して50年を経過するときまでの間に発行されなかったときは，その音が最初に固定された日の属する年の翌年から起算して50年を経過したとき（101条2項2号）
	放送	その放送を行ったとき（101条1項3号）	その放送が行われた日の属する年の翌年から起算して50年を経過したとき（101条2項3号）
	有線放送	その有線放送を行ったとき（101条1項4号）	その有線放送が行われた日の属する年の翌年から起算して50年を経過したとき（101条2項4号）
著作者人格権（参考）		著作物の創作のとき（17条2項参照）	著作者が死亡するまで（59条参照）
著作財産権（参考）		著作物の創作のとき（51条1項）	著作者が死亡した日の属する年の翌年から50年を経過するまで（原則。51条2項，57条）

　実演家人格権の保護期間は，その実演を行ったときから（89条5項参照），実演家が死亡するまで（101条の2参照）である。レコード製作者以外の許諾権としての著作隣接権の保護期間は，行為をしたときから，行為をした日の属する年の翌年から50年経過まで（101条）である（表2）。なお，許諾権としての著作隣接権について，相続人不存在の場合等における著作権の消滅の規定（62条1項）が準用されている（103条）。

(4) 著作隣接権の譲渡

実演家人格権は，実演家の一身に専属し，譲渡できない（101条の2）。著作者人格権と同様，「一身専属権」である。

一方，許諾権としての著作隣接権は，著作財産権と同様，全部または一部を譲渡できる（103条で準用する61条1項）。

3 著作隣接権の侵害

(1) 実演家人格権の侵害の要件

実演家人格権については，著作者人格権とパラレルに，①実演家の同意または正当な理由（権利の制限・適用除外）がないのに，②氏名表示権（90条の2）および同一性保持権（90条の3）が対象とする行為をすれば，実演家人格権の侵害となる。

実演を公衆に提供・提示する者は，実演家の死後においても，原則として，実演家が生存しているとしたならば実演家人格権の侵害となるべき行為をしてはならない（101条の3）。著作者が存しなくなった後における人格的利益の保護（60条）に対応する規定である。

氏名表示権の権利の制限・適用除外は90条の2第2項～4項に，同一性保持権の適用除外は90条の3第2項に規定されている。

(2) 許諾権としての著作隣接権の侵害の要件

許諾権としての著作隣接権についても，著作財産権とパラレルに，①正当な権原（ライセンス，許諾権としての著作隣接権の譲受け）または正当な理由（許諾権としての著作隣接権の制限）がないのに，②他人の実演・レコード・放送・有線放送について，③許諾権としての著作隣接権の各支分権が対象とする行為をすれば，許諾権としての著作隣接権の侵害となる。

なお，善意無過失の取得者による公衆への譲渡は，譲渡権の侵害でないものとみなされる（113条の2）。

許諾権としての著作隣接権のライセンスは，著作権法上，「許諾利用権」（103条で準用する63条）および「裁定利用権」（103条で準用する67条および67条の2）だ

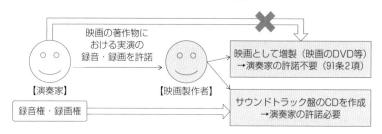

図1　ワンチャンス主義

けである。

　許諾権としての著作隣接権のライセンスについては，「ワンチャンス主義」が多く採用されている。ワンチャンス主義とは，特に実演家について，実演の録音または録画の許諾をした場合は，その後の一定の利用についての許諾権を失うというものである（91条2項，92条2項2号，92条の2第2項，95条の2第2項等参照）。例えば，演奏家の許諾を得て，映画の著作物において録音または録画された実演については，映画として増製する場合は，演奏家の許諾は不要である（91条2項）。そこで，映画収録に係る許諾契約において，その後の増製を視野に入れてライセンス料を算定したり，増製の際の再協議条項や追加報酬条項を規定する等すべきである。もっとも，サウンドトラック盤（劇伴音楽・付随音楽や挿入曲，主題歌等を収録したアルバム）のCDを作成する場合は，演奏家の許諾が必要となる（91条2項。図1）。

　許諾権としての著作隣接権については，著作財産権の制限が準用されている（102条1項）。私的使用のための複製（30条1項）や付随対象著作物の利用（30条の2），引用（32条1項）も準用されている。私的使用のための複製についての，複製物の目的外使用等（102条9項1号）や罰則（119条3項），私的録音録画補償金（104条の2）も，著作財産権の場合と同様である。なお，許諾権としての著作隣接権の制限の規定によって，実演家人格権が制限されるものではない（102条の2参照）。

（3）侵害の救済手段

　著作隣接権に対する侵害の救済手段は，著作者の権利と同様（第12章2（6）

表3　著作隣接権侵害の救済手段

	実演家人格権	許諾権としての著作隣接権	著作者人格権（参考）	著作財産権（参考）	特許権（参考）
差止請求権 （112条）	○	○	○	○	○
損害賠償請求権 （民法709条）	○	○	○	○	○
不当利得返還請求権 （民法703条）	×	○	×	○	○
名誉回復措置請求権 （115条）	○	×	○	×	信用回復措置請求権
刑事罰 （侵害罪,119条）	○ 親告罪	○ 親告罪	○ 親告罪	○ 親告罪	○ 非親告罪

参照），民事的救済と刑事的救済がある（表3）。侵害罪（119条）については，著作者の権利と同様，親告罪であり（123条1項），119条3項の罪を除き両罰規定である（124条1項）。

　また，実演家の死後においては，遺族は，101条の3（本章3（1）参照）に違反する行為をする者，またはそのおそれがある者に対し差止請求を，故意または過失により実演家人格権を侵害する行為，または101条の3に違反する行為をした者に対し名誉回復措置請求ができる（116条1項）。

　著作者の権利と同様，立証を容易にするため等の特則がある（114条〜114条の8）。

　共有に係る許諾権としての著作隣接権は，「共有者全員の合意」によらなければ行使できない（103条で準用する65条2項）。もっとも，共有に係る許諾権としての各著作隣接権者は，他の許諾権としての著作隣接権者の同意を得ないで，差止請求またはその許諾権としての著作隣接権の侵害に係る自己の持分に対する損害賠償請求や自己の持分に応じた不当利得返還請求ができる（117条2項）。著作財産権と同様である。

しかし，共同著作物の著作者人格権の行使の規定（64条）は，実演家人格権に準用されていない（103条参照）。いわゆる共同実演の場合は，個々の実演家が自己の実演家人格権を行使することになる。なお，64条の類推適用については，争いがある。

4 著作権法以外の保護

(1) 概　要
　ここまで，著作権法による保護をみてきた。しかし，本来予定されている法制度での保護から漏れてしまったとしても，他の法制度による補完がある（第17章図3参照）。特に「知的財産ミックス」（第17章2（4）参照）という手法が普及している現在では，著作物やいわゆるコンテンツを保護する方策としては，著作権法の他にも特許法，意匠法，不正競争防止法，所有権(民法206条)，氏名・肖像権やパブリシティ権（憲法13条参照）による保護，実務上の商品化権（本書第11章5（6）参照）による保護があげられる。

(2) 特許法による保護
　特許法における物の発明は，「プログラム等を含む」ため（特許法2条3項1号，同2条4項参照），プログラムの著作物は，特許法でも保護されうる。

(3) 意匠法による保護
　いわゆる「応用美術」は，意匠法でも保護されうる。応用美術は，純粋美術と対をなす概念だが，確定した定義はない。文化庁は，①カメオのブローチや壺，壁掛けのように，「純粋美術として製作されたものを，そのまま実用品に利用するもの（美術工芸品）」，②家具や欄間の彫刻のように，「既成の純粋美術の製作技法を実用品に応用するもの」，③機械生産品や大量生産品のひな型や模様，染色図案のように，「純粋美術に見られる感覚又は技法を，画一的に大量生産される実用品の製作に応用するもの」に分類している［文化庁編著，2006：37］。

図2　不正競争防止法による著作権法の補完

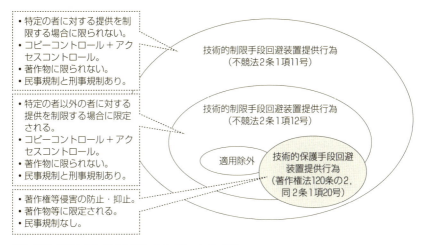

出所：[経済産業省知的財産政策室編著, 2012：79] に加筆・修正。

(4) 不正競争防止法による保護

　著作権法は「技術的保護手段」回避装置の提供行為（120条の2第1項，2条1項20号）を，不正競争防止法は「技術的制限手段」回避装置の提供行為（不競法2条1項11号，同12号）を規制している（図2）。

　技術的制限手段回避装置の提供行為とは，要するに，営業上用いられている技術的制限手段により制限されている映像の視聴等（映像・音の視聴，プログラムの実行，映像・音・プログラムの記録）を，当該技術的制限手段の効果を妨げることにより可能とする機能を有する①装置，②プログラムを記録した記録媒体・記憶した機器，③プログラムを譲渡等する行為である（不競法2条1項11号，同12号参照）。

　技術的制限手段としては，①コピーコントロール（非暗号型。非暗号型には，複製自体を不可能にするフラグ型：SCMSやCGMS等と，利用に堪えない複製にするエラー惹起型：アナログ録画機器におけるマクロビジョン等がある）や，②アクセスコントロール（暗号型。スクランブルやCSS等）が考えられる。技術的制限手段の回避装置としては，①コピーコントロールについての，コピーガードキャンセラー等，②アクセスコントロールについての，有料放送を無断受信できるデ

第13章　著作権法(3)　**171**

コーダー等があげられる。なお，2012（平成24）年改正時点では，著作権法上の技術的保護手段はアクセスコントロール機能のみを有する保護技術を含まない（併有は含む）。また，著作権法も不正競争防止法も，いわゆる無反応機器を規制していない。

（5）氏名・肖像権およびパブリシティ権

　一般私人か著名人かを問わず，人の氏名・肖像は，人格権（憲法13条参照）に由来する氏名権（人格権）や肖像権（人格的利益）によって保護される。加えて，著名人の氏名・肖像については，「パブリシティ権」が観念される（表4）。

　パブリシティ権は，人の氏名・肖像等の有する「商品の販売等を促進する……顧客吸引力を排他的に利用する権利」であり，「人格権に由来する権利の一内容を構成するものということができる」としたうえで，「肖像等を無断で使用する行為は，①肖像等それ自体を独立して鑑賞の対象となる商品等として使用し，②商品等の差別化を図る目的で肖像等を商品等に付し，③肖像等を商品等の広告として使用するなど，専ら肖像等の有する顧客吸引力の利用を目的とするといえる場合に，パブリシティ権を侵害するものとして，不法行為法上違法となると解するのが相当である」とした判例がある（「ピンク・レディー事件」最高裁平成24年2月2日一小判，民集66巻2号89頁）。

　また，物のパブリシティ権について，競走馬の名称等の事案で，「競走馬の名称等が顧客吸引力を有するとしても，……法令等の根拠もなく競走馬の所有者に対し排他的な使用権等を認めることは相当ではなく，また，競走馬の名称等の無断利用行為に関する不法行為の成否については，違法とされる行為の範囲，態様等が法令等により明確になっているとはいえない現時点において，こ

表4　氏名・肖像等に係る権利

	氏名権・肖像権	パブリシティ権
一般私人	◎	争いあり
著名人	○	○
物	−	×

れを肯定することはできないものというべきである」とした判例がある(「ギャロップレーサー事件」最高裁平成16年2月13日二小判，民集58巻2号311頁)。

5 現代的課題：間接侵害

(1) 問題の所在
　第12章で，著作者の権利の侵害について説明した。権利行使は，著作者の権利を直接侵害する者に対してするのが原則である。

　もっとも，多数の違法な直接利用者に対して個別に権利行使するのは非効率的である。また，直接利用者の利用が私的使用のための複製（30条）に該当する等，適法な場合は，権利行使する相手方がいなくなってしまう。特にITやソフトウエアに係るビジネス（例えば，ハウジングサービス）で問題となる。

　ところが，特許法と異なり，著作権法は間接侵害の規定をおいていない（特許法101条参照）。そのため，物理的な直接利用者以外の者（例えば，ハウジングサービスの提供者）に対して，権利行使するための法律構成が工夫されてきた。

　著作物の厄介なところは，最終の利用者の段階で容易に増殖できる点である。

(2) カラオケ法理とその展開
　演奏権侵害の事案で，スナック等の経営者がスナック等にカラオケ装置と音楽著作物である楽曲が録音されたカラオケテープを備え置き，ホステス等従業員がカラオケ装置を操作し，客に曲目の索引リストとマイクを渡して歌唱を勧め（管理・支配），客の選択した曲目のカラオケテープの再生による演奏を伴奏として他の客の面前で歌唱させ，また，しばしばホステス等にも客とともにあるいは単独で歌唱させ，店の雰囲気作りをし，客の来集を図って利益をあげることを意図していた（利益の帰属）という事実関係の下では，「ホステス等が歌唱する場合はもちろん，客が歌唱する場合を含めて，演奏（歌唱）という形態による当該音楽著作物の利用主体は上告人ら（筆者注：スナック等の経営者）であり，かつ，その演奏は営利を目的として公にされたものであるというべきである」とする判決がある（「クラブ・キャッツアイ事件」最高裁昭和63年3月15日三

小判,民集42巻3号199頁)。

　上記判決は事例判決とされているが,上記判決により,いわゆる「カラオケ法理」が広まった。カラオケ法理については「理解が一定していない」[高林,2010：265]ようであるが,本書では,物理的には直接利用者ではない者を,「管理・支配」と「利益の帰属」の観点から,規範的に利用主体と捉える考え方として説明する。

　その後,送信可能化権・公衆送信権侵害の事案で,放送番組をインターネット経由で「転送」する機器を用いたサービスについて,「公衆の用に供されている電気通信回線に接続することにより,当該装置に入力される情報を受信者からの求めに応じ自動的に送信する機能を有する装置は,これがあらかじめ設定された単一の機器宛てに送信する機能しか有しない場合であっても,当該装置を用いて行われる送信が自動公衆送信であるといえるときは,自動公衆送信装置に当たるというべきである」とし,自動公衆送信の主体は,「当該装置が受信者からの求めに応じ情報を自動的に送信することができる状態を作り出す行為を行う者と解するのが相当であり,当該装置が公衆の用に供されている電気通信回線に接続しており,これに継続的に情報が入力されている場合には,当該装置に情報を入力する者が送信の主体であると解するのが相当である」とする判例が出てきた(「まねきTV事件」最高裁平成23年1月18日三小判,民集65巻1号121頁)。

　そして,複製権侵害の事案で,放送番組を「録画」してインターネット経由で「転送」する機器を用いたサービスについて,「複製の主体の判断に当たっては,複製の対象,方法,複製への関与の内容,程度等の諸要素を考慮して,誰が当該著作物の複製をしているといえるかを判断するのが相当である」ことを理由に,「サービスを提供する者……が,その管理,支配下において,テレビアンテナで受信した放送を複製の機能を有する機器……に入力していて,当該複製機器に録画の指示がされると放送番組等の複製が自動的に行われる場合には,その録画の指示を当該サービスの利用者がするものであっても,サービス提供者はその複製の主体であると解するのが相当である」とする判例が出た(「ロクラクⅡ事件」最高裁平成23年1月20日一小判,民集65巻1号399頁)。

(3) 直接侵害惹起の予備的・幇助的行為

同一性保持権侵害の事案で，「専ら本件ゲームソフトの改変のみを目的とする本件メモリーカードを輸入，販売し，他人の使用を意図して流通に置いた上告人は，他人の使用による本件ゲームソフトの同一性保持権の侵害を惹起したものとして，被上告人に対し，不法行為に基づく損害賠償責任を負うと解するのが相当である」とする判例がある（「ときめきメモリアル事件」最高裁平成13年2月13日三小判，民集55巻1号87頁）。

また，著作権法違反罪（公衆送信権侵害）の幇助犯の事案で，ソフトウェアの提供行為について，「幇助犯が成立するためには，……ソフトの提供者において，当該ソフトを利用して現に行われようとしている具体的な著作権侵害を認識，認容しながら，その公開，提供を行い，実際に当該著作権侵害が行われた場合や，当該ソフトの性質，その客観的利用状況，提供方法などに照らし，同ソフトを入手する者のうち例外的とはいえない範囲の者が同ソフトを著作権侵害に利用する蓋然性が高いと認められる場合で，提供者もそのことを認識，認容しながら同ソフトの公開，提供を行い，実際にそれを用いて著作権侵害（正犯行為）が行われたときに限り，当該ソフトの公開，提供行為がそれらの著作権侵害の幇助行為に当たると解するのが相当である」とする決定がある（「Winny事件」最高裁平成23年12月19日三小決，刑集65巻9号1380頁）。

◆参考文献

芦部信喜『憲法〔新版補訂版〕』岩波書店，1999年
加戸守行『著作権法逐条講義〔6訂新版〕』著作権資料協会，2013年
経済産業省知的財産政策室編著『逐条解説 不正競争防止法（平成23・24年改正版）』有斐閣，2012年
高林龍『標準 著作権法〔第3版〕』有斐閣，2016年
文化庁編著『著作権法入門』著作権情報センター，2006年

第14章 農林水産業と知的財産：種苗法，地理的表示法

1 農水知財の意義

　農林水産業に従事するうえで，従来は必ずしも知的財産（以下「知財」という）を意識する必要はなかった。しかし，近時，農業政策について，特に知財に関わる2つの方向性がある。

　第1に，個々の農林漁業者を富ませる（インカム〔私的便益〕を獲得させる）方向性であり，「6次産業化」等がこれに該当する。6次産業化とは，農林水産物等の生産（第1次産業）のみならず，その加工（第2次産業）および流通・販売（第3次産業）を総合的かつ一体的に行うこと（1次×2次×3次＝6次産業）により，農林漁業者の所得向上，農村漁村の活性化，新たな市場・付加価値の創造などをめざす取り組みである。第2次産業や第3次産業の分野には，知財戦略で固めた既存のプレイヤーがいるため，農林漁業者にも知財が必要となる。なお，6次産業化は，農林漁業者の所得の増大が目的であり，加工等は手段に過ぎない。加工等ありきではない。青果のままで農家の所得向上を図る途があるのであれば，加工等は不要である。

　また，農林水産物は，本来的に価値面での差別化が困難で，「コモディティ化」しやすいため，知財戦略やブランド戦略が重要となる。なお，コモディティ化については確定した定義はないように見受けられるが，本章では，差別化が困難となり，低価格化（価格競争）に陥った状態をいう。

　第2に，地域全体を富ませる（アウトカム〔社会的便益〕を獲得させる）方向性であり，地域活性化や産地結集等がこれに該当する。この方向性では，ビジネスモデルが重要であり，ビジネスモデルの「プラットフォーム」（多くの地域資産が参加できる場）を整備するために，知財を活用できる。ビジネスモデルについては，第18章5（4）や浅野［2016］等を参照。

　本章では，農林漁業者のための知財制度である「種苗法」と「特定農林水産

物等の名称の保護に関する法律」（いわゆる地理的表示法）を説明する。種苗法は第1の方向性，地理的表示法は第2の方向性に関する。他の知財制度は各章を参照。

2 種苗法1：目的と保護対象

種苗法は，「農林水産業の発展」に寄与することを目的とする（種苗法1条。以下，本章2〜4節では種苗法に限り条数のみを表示）。この目的を達成するために，種苗法は，①品種の育成の振興を図る「品種登録」制度と，②種苗の流通の適正化を図る「指定種苗」制度という，2つの制度を内包する構造となっている。

種苗法のうち，品種登録制度が知財制度だといえる。品種登録制度の保護対象は，植物の「新品種」である（1条）。種苗法にいう品種は，所定の一の農林水産植物の個体の集合に限られる（2条1項，2項参照）。動物の新品種は保護対象ではない。

3 種苗法2：出願と品種登録

(1) 品種登録の手続

品種登録の流れを図1に示す。時系列線の上側は，農林水産省側が行う手続，下側は，育成者・出願者側が行う手続である。

育成者権も，産業財産権と同様，登録により発生する。そして，登録されるためには，必ず出願をし，審査を受けなければならない。「出願⇒審査⇒登録⇒権利発生」という流れは，産業財産権法と同様である（実用新案登録出願は，基礎的要件および方式的要件〔実用新案法6条の2，同2条の2第4項〕のみ審査する）。

品種登録出願は，品種の育成をした者またはその承継人（「育成者」という。3条）が農林水産大臣に対して（5条1項柱書参照）行う。①願書（5条1項），②説明書，および③出願品種の植物体の写真（5条2項），④種子または種菌の現物，その他必要に応じて，出願品種の植物体の全部または一部その他の資料（15条1項）を提出する。

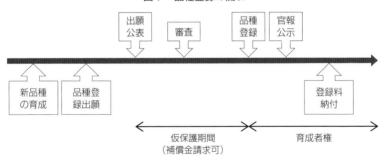

図1　品種登録の流れ

　出願公表（13条1項）は，特許法の出願公開（特許法64条）に対応する。出願公表の効果として，補償金支払請求権（14条。いわゆる「仮保護制度」）もある。もっとも，特許法と異なり，出願審査請求（特許法48条の3参照）はない。

　審査は，農林水産省食料産業局知的財産課の審査官が行う。特許出願の審査（書面主義）と異なり，対象がアイデアではなく，具体的な現物（植物）なので，原則，栽培試験や現地調査等の「現物調査」をする（現物主義。15条2項）。拒絶理由がない場合は，特許法と異なり，登録料納付に先立ち品種登録がされ，品種登録後に品種登録の通知がされる（18条）。登録料を納付しなかった場合は，品種登録は取り消される（49条1項4号）。

　なお，共同育成品種の共同出願（5条3項）や職務育成品種（8条）は，法規を参照。

（2）登録要件

　品種登録の客体的要件は，①区別性，②均一性，③安定性，④未譲渡性，⑤名称の適切性，⑥先願主義の6つである（図2）。

　区別性とは，出願前の国内・外国における公知の他の品種と，特性の全部または一部によって明確に区別されることである（3条1項1号）。均一性とは，同一の繁殖の段階に属する植物体のすべてが，特性の全部において十分に類似していることである（同一繁殖段階の類似性。3条1項2号）。安定性とは，繰り返し繁殖させた後においても，特性の全部が変化しないことである（異なる繁殖段階の類似性。3条1項3号）。これら3つの要件を「品種の3要件」という。

図2　品種登録要件の関係性

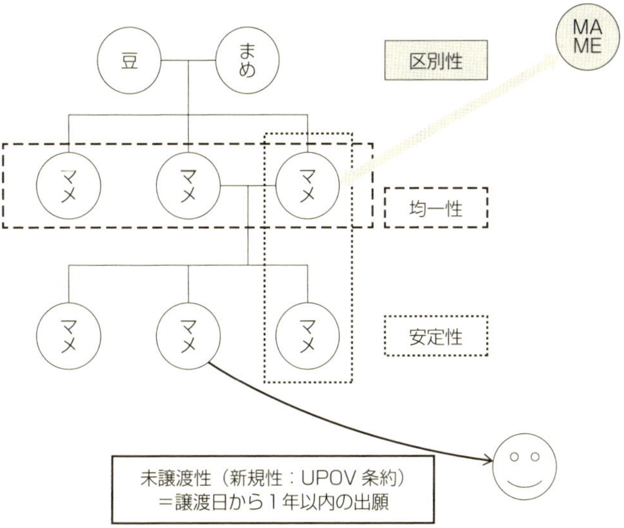

未譲渡性とは，原則として，出願日から1年（外国においては，木本植物については6年，木本植物以外については4年）さかのぼった日前に，出願品種の種苗または収穫物が業として譲渡されていないことである（4条2項本文）。UPOV条約上，「新規性」と呼ばれている。

種苗法の先願主義は，特許法と異なり，出願書類の到達時が基準であり（到達主義。民法97条1項），出願日の先後ではない（9条1項）。なお，出願品種の名称の適切性（4条1項）については，浅野［2011，2014：月刊パテント］を参照。

④ 種苗法3：育成者権

(1) 存続期間と効力

育成者権は，品種登録により発生し，木本植物（果樹，材木，鑑賞樹等）については品種登録日から30年，木本植物以外については品種登録日から25年で消滅する（19条）。

育成者権は，排他的独占権である（20条参照）。育成者権の効力の及ぶ範囲

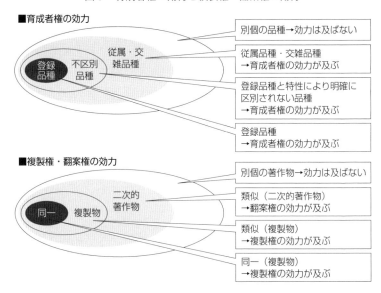

図3 育成者権の効力と複製権・翻案権の効力

は，①登録品種（20条1項），②登録品種と特性により明確に区別されない品種（筆者は「不区別品種」と呼ぶ。20条1項），③従属品種（20条2項1号），④交雑品種（20条2項2号）の，それぞれの種苗・収穫物・加工品である（図3）。著作権法上の複製権・翻案権の効力と見比べてほしい。なお，20条2項は，従属品種および交雑品種（以下「従属品種等」という）が仮に品種登録された場合に「有することとなる権利」と規定しているから，「従属品種等が品種登録されているか否かにかかわらず，原品種（親品種）の育成者権の効力が従属品種等の利用に及ぶことを意味する」［農林水産省生産局知的財産課編著，2009：92］。

育成者権の効力の及ぶ範囲については，二次的著作物の創作・利用に係る権利と同様の構造と考えてよいであろう（図4）。すなわち，原品種と従属品種等の両方が品種登録されている場合に，第三者が従属品種等を利用するときは，①従属品種等の育成者権者と，②原品種の育成者権者の，両者の許諾が必要となる。また，原品種の育成者権者または従属品種等の育成者権者が従属品種等を利用するときは，それぞれ相手方の許諾が必要となる。

図4　従属品種・交雑品種の利用と二次的著作物の利用

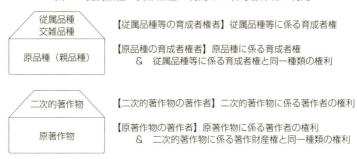

(2) カスケイドの原則

　保護対象が植物であるため，育成者権の効力は，種苗や収穫物だけでなく，所定の加工品にも及ぶ。ただし，育成者権の効力については，「カスケイドの原則」(段階的行使の原則，2条5項)が採用されている。カスケイドの原則とは，種苗の段階で権利（利用許諾権）を行使する適当な機会がなかった場合に限って，収穫物に効力が及び，種苗および収穫物の段階で権利を行使する適当な機会がなかった場合に限って，加工品に効力が及ぶという原則である（2条5項。図5）。

　権利を行使する適当な機会がなかった場合とは，例えば，「①外国で登録品種の種苗が無断増殖され，その種苗から得られた収穫物や当該収穫物から生産された加工品が日本に輸入された場合，②日本国内で登録品種の種苗が無断増殖され，その種苗から得られた収穫物や当該収穫物から生産された加工品が市場に出回るまで，育成者権者等がその無断増殖の事実を知らなかった場合又は無断増殖した者が不明である場合」である［農林水産省生産局知的財産課編著，2009：14］。

図5　カスケイドの原則

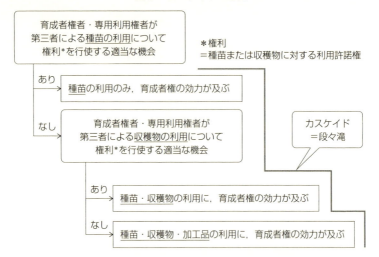

【コラム】消尽論・ワンチャンス主義・カスケイドの原則の比較

　カスケイドの原則は，ワンチャンス主義（第13章3（2）参照）に対応するといわれている。消尽論，ワンチャンス主義，カスケイドの原則はいずれも，所定の場合には権利行使できないとする考え方であるが，以下のように整理できるであろう。

　消尽論は，特許権者の意に沿った特許製品の譲渡後の再譲渡の場合に妥当する。これは「行為に着目」する考え方であり，前の行為と後の行為は「水平関係」にある。

　ワンチャンス主義は，特許権者の意に沿った特許製品の譲渡後の使用・貸し渡しの場合や，実演家による録音・録画の許諾後の一定の利用の場合に妥当する。これも「行為に着目」する考え方であり，前の行為と後の行為は「包括関係」にある。

　カスケイドの原則は，「対象に着目」する考え方であり，他の2つは対象が一貫して変わらないのに対し，カスケイドの原則の対象は種苗・収穫物・加工品というように「拡張関係」または「変質関係」にあるといえる。

(3) 育成者権の侵害

　植物の厄介なところは，著作物と同様（第13章5（1）参照），最終の利用者の段階で容易に増殖できる点である。それゆえ，侵害品の把握が難しい。あまり指摘されないが，品種登録制度は，構造こそ特許制度と似ているが，保護対象は著作物と似ているといえる。

　育成者権は，「排他的独占権」である。したがって，①正当な権原（ライセンス，育成者権の譲り受け）または正当な理由（効力の及ばない範囲）がないのに，②登録品種・不区別品種・従属品種・交雑品種の種苗・収穫物・加工品を，③業として利用（2条5項。表1）すれば，育成者権の侵害となる。なお，登録品種の名称については，使用義務がある（22条1項）。

　育成者権のライセンスは，種苗法上「専用利用権」(25条)，「許諾通常利用権」(26条)，「先育成による通常利用権」（法定通常利用権。27条)，「裁定通常利用権」(28条)である。仮専用実施権・仮通常実施権（特許法34条の2，同34条の3）に相当する利用権はない。

　育成者権の効力の及ばない範囲は，①試験または研究のためにする利用（21条1項1号）や，②登録品種の育成方法についての特許に係る方法による利用等（21条1項2号～5号），③省令で定める栄養繁殖植物に属する品種の種苗以外の，農業者の自家増殖(21条2項，3項)，④育成者権の消尽(21条4項)である。

　育成者権に対する侵害の救済手段は，他の知的財産権と同様である。民事的救済として，①差止請求権（33条)，②損害賠償請求権（民法709条)，③信用回復措置請求権(44条)がある。また，刑事的救済として，刑事罰(侵害罪，67条)がある。

表1　品種の利用

	生産	調整	譲渡・貸渡の申出	譲渡・貸渡	輸出・輸入	これらの行為をする目的をもって保管	
種　苗	○	○	譲渡の申出	譲渡	○	○	
収穫物	○			○	○	○	
加工品	○		○	○	○	○	
物の発明（参考）	○		○	○	○	譲渡等・輸出のための所持は侵害擬制（特許法101条3号）	使用

なお,特許法と異なり,種苗法は間接侵害の規定をおいていない(特許法101条参照)。

5 地理的表示法1:目的と保護対象

地理的表示法は,「農林水産業及びその関連産業の発展」に寄与し,併せて「需要者の利益を保護」することを目的とする(地理的表示法1条。以下,本章5～7節では地理的表示法に限り条数のみを表示)。

保護対象は,「地理的表示」である。地理的表示とは,「特定農林水産物等の名称の表示」(2条3項),すなわち,生産地に由来した特性を有する農林水産物等の名称の表示である(2条2項参照)。Geographical Indicationのことで,GIと略される(以下「地理的表示」を「GI」という)。ここでいう「農林水産物等」は,酒類(国税庁の所管)や医薬品,医薬部外品,化粧品,再生医療等製品は除かれるが,6次産業化の産品も含まれる(2条1項参照。表2)。なお,地域団体商標(以下「地団」という)と異なり,工芸品等は含まない。

表2 地理的表示法上の農林水産物等

	飲食料品	非飲食料品
農林水産物	①食用の農林水産物	③政令で定める農林水産物(観賞用の植物,工芸農作物,立木竹,観賞用の魚,真珠)
製造・加工品	②加工飲食料品 ＊酒類を除く	④政令で定める加工品(一定の飼料,漆,竹材,精油,木炭,木材,畳表,生糸) ＊医薬品,医薬部外品,化粧品,再生医療等製品を除く

6 地理的表示法2:概要と特徴

(1)制度の概要

GI制度は,特定農林水産物の「名称を保護」するとともに,国がその「品質を保証」(お墨付き)する制度である。GI制度は,TRIPS協定に基づく。日本では従来,商標法や不正競争防止法,酒税の保全および酒類業組合等に関する

法律（酒団法）86条の6に基づく「酒類の地理的表示に関する表示基準」により一部のGIを保護してきたが，EU等100カ国以上ではGI制度で保護しており，日本でもGI法に基づき登録し保護することになった。

図6　地理的表示の付着方法

○○柿　←　地理的表示（GI）
　　　　　　（付することができる。3条1項）

GIマーク
（付さなければならない。4条1項）

農林水産大臣登録第○号
↑登録番号（記載するようにする。表示ガイドライン）

――特定農林水産物等または包装等

特定農林水産物等登録（以下「GI登録」という）がされると，①生産業者は，特定農林水産物等または包装等（包装，容器，送り状）にGIを付すことができる（3条1項）。GIを付す場合，②生産業者は，特定農林水産物等または包装等に，GIマークを付さなければならない（4条1項。図6）。GIマークを付す場合，③登録番号を記載するようにする（地理的表示保護制度表示ガイドライン）。一方，①と②の場合を除き，④何人も，原則として，同一区分の農林水産物等・その加工品・これらの包装等にGIと同一・類似の表示を付してはならないし（3条2項），GIマークと同一・類似のマークを付してはならない（4条2項）。

②と④の違反者に対し，農水大臣は「措置命令」ができる（5条，21条）。当該措置命令の違反者には罰則が科される（両罰規定・法人重課あり，非親告罪。28条，29条，32条）。生産業者や生産者団体は，損害賠償請求（民法709条）や不当利得返還請求（民法703条）をすることができるが，知的財産権法と異なり，立証負担の軽減規定はない。当該措置命令については，何人も「措置請求」ができる（25条1項）。

なお，現時点では，日本で登録されたGIについて海外における保護はなく，GIマークの商標権侵害を問えるのみである。また，知的財産権法と異なり，GI登録には登録の失効（20条）があるのみで，存続期間や保護期間の終期はない。

（2）地域団体商標との比較にみる本質的特徴

地域活性化やブランド育成において重要なGI制度の本質的特徴は，以下の

5つである。

　第1に，GI制度は，特定農林水産物等の名称を保護するとともに，国がその品質を保証（お墨付き）する制度である。一方，地団制度は，産品の名称のみを保護する制度である。第2に，GI制度では，特性と生産地が不可分であるため，グッド・ウィル（顧客吸引力）は生産地や加工地に帰着する。一方，地団制度では，グッド・ウィルは商標権者である組合等に帰着するか，組合等と地域に分散してしまうおそれがある。第3に，GI制度では，排他的独占権は付与されず（行為規制），そのためライセンス概念もない。一方，地団制度では，排他的独占権（商標権）が付与される。第4に，GI制度では，GIの不正付着に対して，国が対応（措置命令）する。一方，地団制度では，商標権侵害に対して，商標権者自らが対応（差止請求等）しなければならない。第5に，GIの申請・登録については，登録免許税（1件9万円）のみなので，登録期間が長くなるほど（20年以上），地団の出願・登録・更新より安価になる。

（3）ブランド・エクイティの効率的な蓄積

　ブランド戦略は，その歴史のなかで，ブランドという器にどのような資産的価値（ブランド・エクイティ）を蓄積し，その蓄積した価値をどのように維持・強化・展開させるかという，個別具体的な「中身（価値）」のコントロールに主眼をおくようになったと考えられる（第16章2（2）参照）。その器の1つが商標であり，GIである。

　GI制度は，特定農林水産物等の名称を保護するとともに，国がその品質を保証（お墨付き）する制度である。それゆえ，GI制度を利用すれば，初めからGIという器に国がお墨付きを与えた特性等を「中身」として入れられるため，非常に効率的にプラスのブランド・エクイティを蓄積できる。申請者である生産者団体または代理人は，どのような価値を「中身」として入れるかを考えながら，申請書・明細書を作成するのである。まさにGI制度は，ブランド戦略に関する制度といえる。

　一方，地団を含む商標制度は（特に日本では），商標という器自体を保護し，また，それにより，商標という器もろとも，商標に化体された抽象的な総体としての業務上の信用も一体的に管理するという，「器」のコントロールに主眼

をおいていると考えられる。

このように，GI制度と商標制度はその主眼が異なるから，現場でよく聞かれる両制度の択一的選択やGI登録の要否の議論は無意味であろう。両制度は組み合わせて利用すべきだが，現在の運用では，実質的に組み合わせ可能な場面は限定される。

(4) グッド・ウィルの生産地への帰着

国のお墨付きは，申請書の内容全体について与えられるが，その中心は「特性」といえる。この特性は，①風土・自然環境のような「地域性」，②生産方法・技術・工夫のような「取り組み」，③歴史・文化のような「伝統性」によって生み出される。そのため，地域性・取り組み・伝統性を介して，特性と生産地が不可分に結びつくことになる（図7）。このような構造ゆえに，GI制度では，グッド・ウィル（その総和はブランド・エクイティでもある）が生産地や加工地に帰着するのである。さらに，グッド・ウィルは，EUのPDO（Protected Designation of Origin：原産地呼称保護。原材料からすべての生産行程まで地理的領域内で完結し，テ

図7　特性と生産地の結びつき

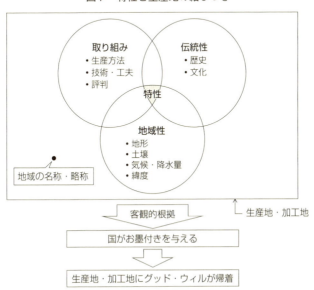

ロワールに由来する特性を有する。筆者はご当地一貫と呼ぶ）的な運用によって，より強固に生産地や加工地に帰着すると考えられる。この点，地団は，生産地や加工地と地域の名称や略称という1点で接しているに過ぎない。

7 地理的表示法3：申請と特定農林水産物等登録

（1）登録の手続

生産者団体が「申請」を行う（7条1項。図8）と「審査」が開始する。まず，方式審査がされるが，実際には内容にまで深く入り込む実体審査も行われている。そのため，方式に違反していなくても，「登録申請の補正について」という文書（筆者は「補正通知」と呼ぶ）が送達される。方式審査を通過すると，申請書が「公示」され（8条1項），意見書提出期間となる（公示日から3カ月。9条1項）。意見書提出は，産業財産権法でいう付与前異議申立である。その後，「現地調査」がされる。筆者が代理した案件では，いずれも意見書提出期

図8　登録の手続

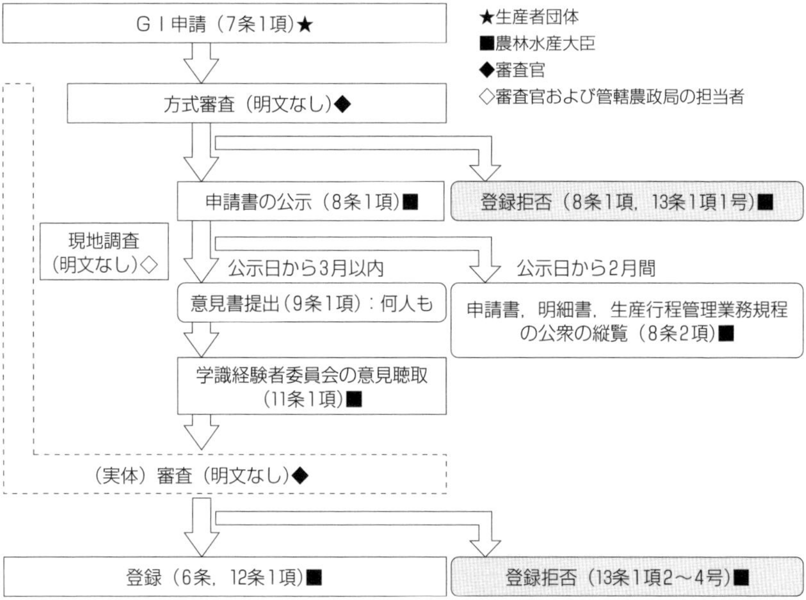

```
GI申請（7条1項）★         ★生産者団体
    ↓                     ■農林水産大臣
方式審査（明文なし）◆       ◆審査官
    ↓                     ◇審査官および管轄農政局の担当者
申請書の公示（8条1項）■ → 登録拒否（8条1項，13条1項1号）■
    ↓ 公示日から3月以内      ↓ 公示日から2月間
現地調査                   意見書提出（9条1項）：何人も   申請書，明細書，生産行程管理業務規程
（明文なし）◇                  ↓                     の公衆の縦覧（8条2項）■
                          学識経験者委員会の意見聴取
                              （11条1項）■
                                  ↓
                          （実体）審査（明文なし）◆
                                  ↓
              登録（6条，12条1項）■    登録拒否（13条1項2〜4号）■
```

間の満了前に，農林水産省本省の審査官2名および管轄農政局の担当者2名により現地調査が行われた。そして，「学識経験者委員会」での意見聴取を経て（11条1項），「登録」される（6条，12条1項）。GI登録されると，農水大臣から生産者団体に登録通知がされ，公示される（12条3項）。そして，登録免許税（1件9万円）を納付すると，登録証が交付される。なお，GI法上，審査や現地調査について直接規定する条文はない。

GI登録後は，生産者団体は「生産行程管理業務」を行う。具体的には，構成員たる生産業者の生産が明細書に適合して行われるようにするための必要な指導・検査等を行い，毎年，実績報告書を提出し（2条6項，24条1項参照），必要に応じて明細書の変更登録申請を行う（2条6項，16条1項）。また，現在は毎年，管轄農政局の担当者により立入検査がされる（24条1項）。

また，構成員たる生産業者がGIやGIマークを不正に付した場合等は，農林水産大臣は生産者団体に対して「措置命令」ができる（21条1項1号）。当該措置命令に違反した場合，農水大臣は登録の全部または一部を取り消すことができ（22条1項1号ハ），取り消されると，特定農林水産物等登録簿から消除され（22条3項），生産者団体に消除通知がされ，公示される（22条4項）。

なお，登録に係るGIの使用には，商標権の効力は及ばない（商標法26条3項）。

（2）登録要件

登録要件は，大きく分けて申請者（生産者団体）に係る「主体的要件」，特定農林水産物等およびGI自体に係る「客体的要件」，生産行程管理業務に係る「管理的要件」がある。

主体的要件は，①生産業者を直接または間接の構成員とする団体であること（2条5項），②加入の自由の定めがあること（2条5項括弧書），③欠格条項に該当しないこと（13条1項1号）である。なお，地団と異なり，生産者団体に法人格は不要である。

客体的要件（各要件の名称は筆者が付した）は以下の7つである。すなわち，①生産地の特定性（特定の場所，地域または国を生産地とすること。2条2項1号），②特性の確立性（品質，社会的評価その他の確立した特性があること。2条2項2号），③生産方法の確立性（生産方法が確立していること。7条1項6号参照），④

不可分性（特性が生産地・生産の方法に主として帰せられること。2条2項2号），⑤名称の適切性（当該名称により上記①②④を特定できること。2条3項），⑥伝統性（同種の農林水産物等と比較して差別化された特徴を有した状態での生産期間の合計がおおむね25年あること。2条2項2号参照），⑦先登録主義（その全部または一部が登録に係る特定農林水産物等のいずれかに該当しないこと，および同一・類似の商品・役務に係る登録商標と同一・類似の名称でないこと。13条1項3号ロおよび同4号ロ）である。もっとも，商標権者自身または専用使用権者による申請，商標権者の承諾を得ている申請は，登録拒否されない（13条2項）。なお，地団と異なり，地域の名称や略称を含むことは不要であり，周知性も不要である。

管理的要件は，①所定の経理的基礎を有すること（13条1項2号ハ），②所定の必要な体制が整備されていること（13条1項2号ニ）である。

【コラム】客体的要件に関する審査実務

特性こそが国のお墨付きの中心といえるから（本章6（4）参照），特性はあますところなく記載すべきである。一方，審査では，特性や不可分性のすべての記載について，厳しく客観的根拠（証明書類）の提出が求められる。客観的根拠を提出できない場合，当該記載を削除するよう指導される。しかし，ブランド・エクイティの効率的な蓄積（本章6（2）参照）の観点からは，豊かなブランド連想も重要であり，審査を通過するために，国のお墨付きがつく「中身」となるべき特性の数を減らすのは，GI制度の利用の仕方としてはナンセンスといえる。

審査では，特性と直接リンクするポイントとなる生産方法を記載するよう強く求められる。一方，そのような生産方法はノウハウであることが多いし，記載すれば一般に公示される。また，生産方法は申請書・明細書に記載しなければ，生産業者が遵守すべき登録内容にならない。一方，記載すれば内容が実質的に固定化される。そのため，ノウハウキープや将来の品質向上の観点からは注意が必要となる。

伝統性にいうおおむね25年は，同種の農林水産物等と比較して差別化された特徴を有した状態での生産期間の合計がおおむね25年あれば足り，25年間連続していなくても，中断されていてもよい。これから育成する産品については，GI登録までは，地団の商標権や製法の特許権，ノウハウキープ等の知的財産ミックス（第17章2（4）参照）による保護が有効であろう。

(3) 申請書類

主な申請書類は，①申請書および証明書類，②明細書，③生産行程管理業務規程および年間計画書，④写真である。

申請書は，単なる願書ではない。申請書には，書誌的事項のほかに，農林水産物等の生産地，特性，生産の方法，特性と生産地の不可分性，生産地における生産実績といった，国がお墨付きを与える品質の具体的な内容を記載する。明細書は，基本的に申請書の内容の転記である。農林水産物等の特性と生産の方法のみ，申請書の趣旨に反しない範囲で，申請書と異なる記載も可能である。そして，明細書適合性等を確認・指導するための体制を，生産行程管理業務規程に記載する。つまり，申請書は国がお墨付きを与える品質の下限を示すものであり，明細書はその上乗せ部分といえる。この構造は，技術標準と似ているといえる。すなわち，標準技術をベースに，各社が独自技術（特許発明やノウハウ等）を上乗せし，差別化を図る構造である（図9）。

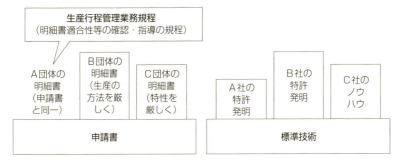

図9　主な申請書類の関係

◆参考文献

浅野卓「種苗法と商標法の交錯―第6次産業化推進にあたり直面する名称の問題」『月刊パテント』64巻11号，日本弁理士会，2011年

浅野卓「種苗法と商標法の交錯2―第6次産業化推進にあたり直面する名称の問題」『月刊パテント』67巻8号，日本弁理士会，2014年

浅野卓「地理的表示制度への戦略的対応の方向性―JA事業モデルの構築に向けて」『月刊JA』60巻10号，全国農業協同組合中央会，2014年

浅野卓「地理的表示（GI）制度の概要とビジネスモデルの構築」『月刊JA金融法務』2016年4月号，経済法令研究会，2016年

農林水産省生産局知的財産課編著『最新逐条解説　種苗法』ぎょうせい，2009年

第15章 知的財産と国際関係

　本章では，知的財産（以下「知財」と略す）の国際的保護と19世紀後半以降の知財条約の発展を踏まえたうえで，国際規範形成における最近の動向を説明する。とりわけ，国連システム全体が取り組む世界的課題と知財制度との関連性や，条約以外の国際規範（決議，宣言等）や非拘束的枠組み（モデル法等）の重要性の高まり，そして地域的・二国間協定の増加傾向を示す。最後に，国際的知財紛争処理に関する枠組みと今後の展望に触れる。

1 国際的保護の原則

　商業活動や文化活動が一国内でとどまっていた頃は，知財権保護は国内のみで十分であった。19世紀後半までは，自国の知財権を保護しても，外国人の権利を保護する機運に乏しかった。しかし，国際的な物流，人的交流，情報流通が増えるのに伴い，知財権の国際的保護を軽視するのでは，自国の技術革新や創作活動の成果を十分に保護できないか，あるいは国際的伝播において妨げになると認識されるようになってきた。そして，知財権を相互に保護するための二国間条約が，19世紀後半に入ると，欧州諸国間を中心に広まった。ただ，多くの条約が特許をカバーしないなど，外国人の権利保護には不十分であった。また，相互主義に基づく二国間条約であったため，実質的保護における相手国との同等性を検討する必要性に迫られ，権利の安定性が欠けていた［木棚，2009：40］。この状態を克服するために，多国間条約である工業所有権の保護に関するパリ条約（1983年），次いで文学的及び美術的著作物の保護に関するベルヌ条約（1986年）が締結された。当初の締約国は各10カ国程度に過ぎなかったが，その後幾度の改正を経て多くの国が各条約同盟に加入した。

　パリ条約およびベルヌ条約では，同盟国民と内国民との同一保護（内国民待遇の原則。パリ条約2条，ベルヌ条約3条）のほか，知財権の発生，変動，消滅について，各国権利の独立（各国独立の原則。パリ条約4条の2，6条3項，ベルヌ条

約5条2項）が規定されている。またパリ条約では，同盟国における出願人またはその承継人が有する，他の同盟国における優先期間内の出願についての優先権制度（4条）が設けられている。すなわち，いずれかの同盟国において工業所有権の出願をした者は，他の同盟国における出願に際して，一定期間中，第二国出願を第一国出願のときにしたのと同等に扱ってもらう権利を有する。なお，後述する特許協力条約（PCT）によって創設された国際出願制度により，優先期間内でなくとも，単一の国際出願によって，一定の条件の下で，各国の国内出願としての効果を生じさせうる。

　また，知財権の成立，移転，効力等が各国法によって定められ，その権利の場所的効力は権利付与国または登録国の領域にのみ及ぶ（属地主義）と，一般的に認識されてきた。したがって，外国における侵害行為に対して権利行使するには，権利者は当該外国法を参照しなければならない。その際，条約規定が各国においてただちに適用されるとは限らないことに注意が必要である。条約規定のうち自己執行的規定については，国内法化なしに国内法的効力を有するとする一元説をとる国と，条約は直接的に国内法に影響を与えず，国内法化には国内立法が必要であるとする二元説をとる国がある。また，一元説をとる国においても，相容れない国内法と条約規定とでいずれを優先させるかについて，異なる制度が存在する［木棚，2009：29］。なお日本法では，国内法に優先して条約が適用される（憲法98条2項，実用新案法・意匠法・商標法が準用する特許法26条，著作権法5条参照）。

2 多国間条約と国際機構

(1) 多国間条約

　多国間条約の分類には，知財権の種類によるほか，条約間の体系的関係によって分類する考え方がある。すなわち，①パリ条約，ベルヌ条約やそれらに抵触しない「特別の取極」（パリ条約19条，ベルヌ条約20条），②知的所有権の貿易関連の側面に関する協定（TRIPS協定，1994年）に組み込まれた条約および協定，そして③以上から独立した条約および協定の3種類に分けることができる。本章では国際機構についての理解も深めるため，国際知財の領域で存在感

を示してきたWIPO（世界知的所有権機関）またはWTO（世界貿易機関）のいずれが所掌するかによって大別し、各々について知財権の種類に分けて説明する。

(1) WIPOおよびWTO所掌の条約

WIPO所掌の条約のうち、知財権保護に関するものとして、前述したパリ条約やベルヌ条約のほか、①特許については、各国または地域的な特許出願における方式要件の調和と簡素化をめざす、特許法条約（PLT, 2000年）、②商標については、商標出願手続の国際的な制度調和と簡素化を図るための、商標法条約（TLT, 1994年）および商標法に関するシンガポール条約（2006年）がある。③ベルヌ条約やTRIPs協定は、インターネットの普及を念頭に入れた著作権制度を想定していなかった。そこで、著作権に関する世界知的所有権機関条約（WCT, 1996年）が締結された。その後、映画における俳優等の視聴覚的実演の保護を目的として、視聴覚的実演に関する北京条約（2012年）、視覚障害者等の発行された著作物へのアクセスを促進するためのマラケシュ条約（2013年）が締結された。また、著作隣接権については、実演家、レコード製作者および放送機関の保護に関する国際条約（ローマ条約, 1961年）、許諾を得ないレコードの複製からのレコード製作者の保護に関する条約（ジュネーブ条約, 1971年）、ブリュッセル衛星放送条約（1974年）、そしてWCTと同時に交渉・締結された、実演およびレコードに関する知的所有権機関条約（WPPT, 1996年）がある。④その他の知財権について、虚偽のまたは誤認を生じさせる原産地表示の防止に関するマドリッド協定（1891年）、オリンピック・シンボルの保護に関するナイロビ条約（1981年）、集積回路についての知的所有権に関する条約（ワシントン条約, 1989年）がWIPOの所掌する条約とされている。WIPO所掌条約のうち知財権の国際的保護に関する条約として、以下の4つがある。

①特許協力条約（PCT, 1970年）により、1つの国際出願によって、すべてのPCT加盟国に同時に特許出願したのと同じ効果が生じる。国際出願日が各国手続における出願日とされ、パリ条約によるのと異なり、優先権主張のために各国で国内出願をする必要がない。PCTでは、国際出願に際して指定国官庁に国際出願の写しと翻訳文を提出することになる。国際出願をした発明が各国で特許化されるかは、各国の実体審査に委ねられる。また、特許手続上の微生物の寄託の国際承認に関するブダペスト条約（1977年）により、複数国へ出

願する際に，微生物の寄託手続が簡素化された。

②原産地名称の保護及び国際登録に関する協定（リスボン協定，1891年）により，WIPO登録を経た原産地名称が他の加盟国においても保護される。原産地の名称に限定される等，後述のTRIPS協定における地理的表示保護よりも保護範囲が狭かった。ただ，ジュネーブ改正条約（2015年）により，地理的表示が保護対象となった。

③標章の国際登録に関するマドリッド協定（1891年）は，本国での商標登録に基づく国際登録を認めた。その後，国内出願に基づく国際出願を認めたマドリッド協定議定書（1989年）により，商標の国際出願が幅広く利用されるようになった。

④意匠の国際登録に関するハーグ協定（1925年）は，1つの国際出願手続を経て国際登録簿にて国際登録を受けることによって，複数の指定締約国における一括の意匠権保護が可能になる。実体審査を行わない（コピーライト・アプローチ）国のみが従前は参加していたが，ジュネーブ改正協定（1999年）によって，意匠権について実体審査を行う（パテント・アプローチ）国も参加しやすくなり，日本も締結国となった（2015年）。WIPO国際事務局に対して直接行う直接出願のほか，自国の官庁を経由して行う間接出願が，国際出願において認められている。

WIPO所掌の条約のうち各知財権の国際分類に関する条約として，次のものがある。①国際特許分類（IPC）に関するストラスブール協定（1971年）は，特許や実用新案につき共通の分類を採用するための特別の同盟を形成する。②標章の登録のため商品及びサービスの国際分類に関するニース協定（1957年）は，商標やサービスマークについて，対応する商品やサービスを特定するための国際分類を定める。また，標章の図形要素の国際分類を設定するウィーン協定（1973年）は，商標に含まれる図形的要素の分類を規定している。③意匠の国際分類を定めるロカルノ協定（1968年）。

TRIPS協定は，世界貿易機関を設立するマラケシュ協定（WTO設立協定）の附属書1Cとして締結され，WTOが事務局となっている。附属書1～3は，WTO設立協定と不可分の一部をなしており，一括受諾の対象である。パリ条約ストックホルム改正条約およびベルヌ条約パリ改正条約の実体的規定および

ベルヌ条約付属書の遵守義務がある（TRIPS協定2条1項，9条1項）。また，集積回路についての知的所有権に関する条約（ワシントン条約，1989年）は未発効（2017年2月現在）であるものの，TRIPS協定が敷衍している（35条）。

さらにTRIPS協定では，既存条約よりも保護水準が拡大している（パリ・プラス・アプローチ，ベルヌ・プラス・アプローチ）。すなわち，物質特許が認められ（27条1項），サービス・マークも商標保護の対象となり（15条1項），コンピュータ・プログラムも著作物として保護され（10条1項），地理的表示（22条～24条）や開示されていない情報（39条）も保護されている。また，TRIPS協定では内国民待遇（3条1項）のみならず，最恵国待遇が定められている（4条）。すなわち，知財権の保護に関し，加盟国が他の国の国民に与える利益，特典，特権または免除は，一定の例外を除き，他のすべての加盟国の国民に対しても与えられる。なお，後述する地域協定や二国間協定による，新しいタイプの知財権保護が最恵国待遇原則に抵触するかは明らかではなく，解釈に委ねられている［木棚，2009：111-114］。他方，著作隣接権については，ローマ条約プラス・アプローチはとられなかった。

パリ条約やベルヌ条約と異なり，TRIPS協定には，権利行使に関する民事および行政上の手続および救済措置，暫定措置，国境措置，刑事手続（第3部）や，TRIPS協定違反行為に関わる加盟国間の紛争解決手続（第5部）の規定がある。また，公益目的の強制実施許諾（31条），契約による実施許諾等における反競争的行為の規制（40条）や経過措置・技術協力義務（65条～67条）などを定めており，開発途上国の利益への配慮がみられる。

(2) その他の機関が所掌する多国間知財条約

万国著作権法条約（UCC，1952年）はUNESCO（国際連合教育科学文化機関）が所掌し，米大陸諸国を中心に36カ国によって締結された。外国で最初に発行された外国人の著作物の保護にあたり，著作者名，最初の発行年および©（マルC：コピーライト）の表示による方式主義が許容されている（3条）。簡易な方式とはいえ，ベルヌ条約の無方式主義（4条2項）と相容れない。米国がベルヌ条約に加盟（1989年），TRIPS協定ではベルヌ条約，パリ条約改正の遵守が必要とされるほか，ベルヌ条約と万国著作権条約の両方の加盟国では，前者が優先的適用（UCC17条に関する附属宣言）されるため，UCCの今日的意義は低い。

植物新品種保護国際同盟（UPOV）が所掌する植物の新品種の保護に関する国際条約（UPOV条約，1961年）は，出願・審査を経て，一定期間における植物新品種の育成権の付与に関する手続を規定している。1991年最終改正によって，植物品種の特許保護と品種保護との二重保護が認められた。日本の種苗法は，同改正を国内法化したものである。

偽造品の取引の防止に関する協定（ACTA，2012年）は，デジタル技術の発展や新たな侵害手法の出現に対応し，知財権の執行に関する国際枠組みを作ることを目的として締結された。条約に基づきACTA委員会が設置されることになっているものの，各国内での抵抗が強くACTAは未発効である（2017年2月現在）。

(3) 多国間条約の動向

国際的にみて，条約による知財権保護が厳格に適用されたり，また保護範囲が常に拡大されているわけではない。すなわち，パリ条約は，特許権の対象について規定していないため，各国法に相違が生じる（非対象性）。また，TRIPS協定においては，各国法に委ねられた範囲を狭めたものの，TRIPS協定による義務を国内法化するにあたっては異なる選択肢がある（柔軟性）。さらに，知財権の国際的保護は国家間の合意に基づく条約や協定だけでなく，国家実行が繰り返されることによって確立される国際慣習法などによって行われる［木棚，2009：23］。こうした条約上および国際法上の許容性を理論的根拠として，また，先進国に有利だとして，開発途上国を中心とする国際社会からの知財制度への反感もあって，次節にて説明するように，知財権をむしろ制限する国際規範も現れている。

(2) 知財国際機構の概要・役割

パリ条約およびベルヌ条約の国際事務局を統合して，BIRPI（知的所有権保護合同国際事務局）が設立された（1892年）。その後WIPOへと改組され（1967年），国連の専門機関となった（1974年）。WIPOは，前述した諸条約締結の国家間交渉の事務局となり，締結された条約の運用，解釈適用を所掌している。知財権に関する多国間条約を最も数多く所掌している国際機関がWIPOである。

また，WIPOが所掌する条約のうち，公定訳の作成についてはWIPOと

UNESCOの事務局に委ねるものの，理事会や予算といった事務局の機能を予定していない条約（ブラッセル条約，ナイロビ条約，ローマ条約，ジュネーブ条約）もある。また，条約の寄託はWIPO事務局に委ねられるものが多いが，ブラッセル条約，ローマ条約，ジュネーブ条約については，国連事務局に委ねられている。

TRIPS協定を所掌するWTOは，WIPO・WTO協定（1995年）によりWIPOとの間で協力関係にある。また，国際通貨基金や世界銀行関連機関とも協力関係にある（WTO設立協定3条）。国連・WIPO協定（1974年），WTO・国連協定（1995年）により，WIPOやWTOは国連とも協力関係を有する。さらに，国連システムの専門機関であるUNESCOなどともWIPOやWTOは協力関係を有する。ただ，各機関はそれぞれ独立している。そして，WIPOは運営費用の多くをPCTなどの手数料収入から得ているのに対して，WTOやUNESCOは各国政府からの拠出金によっている。

前述したUCCを所掌するUNESCOは，ユネスコ憲章に基づき，諸国民の教育，科学，文化の協力と交流を内容とする国連の専門機関として設立された（1946年）。著作権保護においてUCCが適用される場面はほとんどなくなったものの，著作権の国際的保護のための研究機能は残っている（UCC11条）。ローマ条約，ジュネーブ条約については，UNESCOとWIPOおよびILO（国際労働機関）との共同所掌である。

UPOVはWIPOと庁舎を共有しており，事務局長をWIPO事務局長が兼任している。ただ，法的にそして予算上もWIPOから独立した国際機関である。また，加盟国も74カ国（2016年4月現在）と，国連加盟国のほとんどが加盟するWIPOよりもかなり少ない。

（3）世界的課題と知財との関連性の深まり

UNCTAD（国連貿易開発会議）において「技術移転に関する国際的行動指針」が検討される（1972年）など，知財制度に関する専門でない国際機関が，知財制度に関わる規範策定に従事する事例があったものの，従前は散発的であった。知財は高度に専門的な問題であると捉えられ，WIPOをはじめとする専門機関の独断場であった。しかし，21世紀に入ると，国連ミレニアム開発目標

(MDGs, 2000年) を念頭に, 新しい規範形成・修正への動きが活発になった。

こうした動きの端緒となったのは, TRIPS協定と公衆衛生に関する宣言 (ドーハ宣言, 2001年) である。医薬品へのアクセスのため, TRIPS協定の柔軟性について, ①TRIPS協定の解釈において, 国際法上の慣習的規則やTRIPS協定の目的を参照すること, ②各加盟国は, 強制実施権を許諾する権利および当該強制実施権が許諾される理由を決定する自由を有すること, ③「国家的緊急事態」の内容を各国が決定できること, そしてエイズ, 結核, マラリアを含む感染症は「国家的緊急事態」とみなしうること, ④知財権の消尽に関して, 各国が設計できることが確認された。ドーハ宣言の後, 「知的所有権の貿易関連の側面に関する協定を改正する議定書」(TRIPS協定改正議定書) が採択され, 強制実施許諾の付与が拡大された。

ドーハ宣言以降, 様々な国際機関における宣言や決議において, 知財制度が取り上げられる機会が増えている。知財制度を開発の側面から分析することを, UNCTADにおけるサンパウロ・コンセンサス (2004年) は宣言した。また, 国連人権委員会 (CHR) では, 「知的財産権と人権」が決議され, TRIPS協定の影響についてWIPOやWTOにおける検討を促した。そして, UNAIDSにおける「HIV/AIDSに関する政治宣言」(2011年), UNCTADにおける「後発開発途上国における医薬品生産への投資─政策決定者および投資促進機関のためのガイド」(2011年) が, 医薬品アクセスのための知財制度に言及した。WHOでは, 公衆衛生, イノベーションおよび知財に関する世界戦略と行動計画 (GSPoA) が決議される (2009年) など, 医薬品アクセスのみならず広く公衆衛生の観点から知財制度に関心を強めている。さらに, 国連総会で採択された「持続可能な発展のための2030アジェンダ」(2015年) により, 公衆衛生, とりわけ医薬品アクセスのためにTRIPS協定をドーハ宣言に基づいて柔軟に解釈することは, 開発途上国の権利であることが確認された。

環境分野では, ①生物多様性条約 (CBD, 1992年) とTRIPS協定との関係について, 多くの開発途上国はCBDとが抵触すると主張する一方, 先進国は抵触はないとし, 日本では生物多様性基本法が制定された。CBD締約国会議 (COP) において, 「遺伝資源へのアクセスとその利用から生じる利益配分の公正かつ衡平な配分に関するボン・ガイドライン」が採択された (2002年)。その

後，COP10で採択された名古屋議定書（2010年）では，遺伝資源へのアクセス・利益配分（ABS）における，知財制度とCBDとの調整の必要性が確認されている。②食料農業植物遺伝資源保護とCBDとの整合性を確保するため，国連食糧農業機関（FAO）において，食料及び農業に用いられる植物遺伝資源に関する国際条約（ITPGR，2001年）が採択された。③国連気候変動枠組条約（UNFCCC，1992年），京都議定書（1997年）は一般的な技術移転義務を規定するものの，知財権には言及がなかった。しかし，締約国会議（COP）14会合（2008年）以降，温室効果ガス排出削減技術や省エネ技術の移転における知財権の制限，とりわけ気候変動は「緊急事態」にあたるとして強制実施権が認められるべきと，開発途上国を中心に主張されるに至っている。

国際社会において知財制度への抵抗感も強まるなかで，WIPOも知財権保護強化のみを追求するのではなくなっている。WIPO開発アジェンダの策定（2004年）や開発・知的財産委員会（CDIP）の設立（2007年），WIPOグリーンの発足（2013年）による環境技術移転促進など，世界的課題に向けた取り組みがみられる。

開発途上国は権利者としての側面も有している。ILOは決議「公正なグローバル化―すべての人々に機会を作り出す」（2004年）の中で，開発途上国による技術利用のみならず伝統的知識保護に言及している。UNESCOにおいては，無形文化遺産保護条約（2003年），文化多様性条約（2005年）が採択された。また，UNESCO傘下の国際生命倫理委員会（IBC）において採択された「ヒト遺伝情報に関する国際宣言」（2003年）は，特許による独占に歯止めをかけた。

（4）非拘束的枠組み

IBCの宣言は，OECD（経済協力開発機構）の「遺伝子関連発明のライセンス供与に関するOECDガイドライン（2006年）でも敷衍された。ガイドラインの利用は，新しいことではない。BIRPI時代も含め，WIPOはかつて，専門スタッフが乏しい開発途上国の立法の参考にと，モデル法を数多く提示したことがあった（特許について1965年版，1979年版など）。今日では，条約形成に向けた多国間の合意形成が困難になったため，その代替として，法的拘束力を有しないソフト・ローの手法がとられる場合がある。例えば，不正商品および海賊品に対する税関手続に関するモデル法をWCOは改定した（2003年）。また，国連

国際商取引法委員会により策定された「UNCITRAL担保取引立法ガイド―知的財産を目的とする担保権に関する補足」(2010年)は，国連総会でも全会一致で採択された（A/65/17）。

　模造品・偽造品への取り組みについては，各国の主権行使に直接関わる局面であり，条約締結への抵抗感はより強い。そこで，国際的枠組みへの各国による自発的な協力関係の形をとる場合も多い。例えば，WIPOのみならず世界税関機構（WCO），国際刑事警察機構（INTERPOL）も参加して知的財産関連犯罪対策グループ（IPCAG）が設立される（2001年）とともに，世界模倣品・海賊版撲滅会議において「リヨン宣言」が採択された（2004年）。さらに，偽造医薬品対策タスクフォース（IMPACT）が設立され（2006年），WHOとINTERPOLが協力して国際的取締りに取り組んでおり，各国政府の関係機関も協力している。

3 地域および二国間協定

　欧州では，知財法の地域統合の程度が高い。欧州特許の付与に関する条約（EPC, 1973年）は，欧州特許庁（EPO）を創設した。EPOにおける単一の欧州特許出願手続・審査を経て，複数の被指定国における共同体特許が付与される。欧州連合知的財産庁（EUIPO）は欧州連合商標，欧州連合意匠を登録する。

　また，欧州連合においては，知財権に関して諸指令が出され，対象となる加盟国に対する国内法化も規定している。数多いがあえて列挙すると，半導体製品の回路装置の法定保護に関する指令（87/54/EEC），コンピュータプログラムの法的保護に関する指令（91/250/EEC），貸与権及び貸出権並びに著作権に関係する権利に関する指令（92/100/EEC, 2006/115/EC），衛星放送とケーブル再送信に適用される著作権と著作隣接権に関連する規定の調整に関する指令（93/83/EEC），知的財産権を侵害する商品の輸入，輸出，再輸出に関する措置を定める理事会規則（3295/94/EC），著作権と著作隣接権の保護期間の調和に関する指令（96/9/EC, 2006/116/EC, 改正2011/77/EU），データベースの法的保護に関する指令（96/9/EC），生物工学発明の法的保護に関する指令（98/44/EC），意匠の法定保護に関する指令（98/71/EC），情報社会における著作権と著

作隣接権の調和に関する指令（2001/29/EC），追及権に関する指令（2001/84/EC），知的財産権の執行に関する指令（2004/48/EC），商標ハーモ指令（2008/95/EC），孤児著作物指令（2012/28/EU）がある。

そして，医薬品の補充的保護証明書に関する規則（EC No.469/2009），地理的表示及び原産地名称に関する規則（EC No.510/2006）などの欧州規則は，国内法化を経ずに各国において国内法的効果を有する。さらに，知的所有権（商標および意匠）に関するベネルクス条約（2005年）によって独自のベネルクス機関が設立され，ベルギー，オランダ，ルクセンブルク3カ国に効力を有する単一の商標・意匠登録が行われる。

欧州以外の地域においても，地域条約が締結されている。アフリカ広域産業財産機関設立条約（ARIPO，1976年）およびアフリカ知的財産機関設立条約（OAPI，1977年）により，アフリカの地域知的財産機関が設立された。旧ソ連諸国間においては，EPCを模範としてユーラシア特許条約（EAPC，1993年）が締結され，ユーラシア特許庁がモスクワに設立された。ペルーのリマに本部があるアンデス共同体（CAN）は，共通工業所有権（2000年）および著作権・著作隣接権制度（1993年）をはじめ各国法制を拘束する域内規範を有している。また，サウジアラビアのリヤドに本部をおくアラブ湾岸諸国協力会議（GCC）は統一特許法，統一商標法を有し，さらに域内をカバーする統一特許庁も設置された（1998年）。

近年増加しているRTA（地域貿易協定），EPA（二国間の経済連携協定），FTA（自由貿易協定）では，TRIPS協定による保護が一層強化されている（TRIPSプラス）。地域内での共通知財制度には至らないものの，米国・カナダ・メキシコ3カ国からなるNAFTA（北米自由貿易協定）（1993年）は，権利行使に関する詳細な規定をはじめ，多国間条約よりも知財権保護の強化を締約国に義務づけている。米国は，20カ国とFTAを締結した（2017年2月現在。USTR調べ）。ドメイン名に関する紛争処理規定など，TRIPS協定にはない規定も含む。日本も，東南アジア諸国を中心にEPAやFTAを締結しており，その多くに知財権に関する規定が盛り込まれた。さらに，APEC（アジア太平洋経済協力）では，「知的財産権包括戦略」が合意された（2003年）。こうした地域間・二国間の合意は交渉相手が少ないため多国間協定よりも妥結しやすいものの，議論の透明性，公平

性や地球的課題への影響に課題があるとも指摘されている。知財保護拡大を含んだ規定を有するTPP（環太平洋戦略的経済連携協定）やTTIP（大西洋横断貿易投資パートナーシップ協定）に対しては抵抗も強く，とりわけTPPについては大筋合意にまで至ったものの，発効・批准に至る見通しは厳しい。

4 国際的知財紛争

パリ条約，ベルヌ条約，UCCは，各条約の解釈適用に関する紛争を，国家が国際司法裁判所（ICJ）に提訴することを認めているものの，利用されていない。他方，TRIPS協定に関する国家間の紛争にはガットの紛争解決手続が利用され（64条），違反に対しては貿易制裁措置が課される可能性がある。一方的制裁措置が禁止される一方（紛争解決に係る規則及び手続に関する了解〔DSU〕23条），協議が整わない場合には，小委員会（パネル）報告書の採択，その後上訴がある場合には上級委員会報告書の採択を経て，履行勧告を無視して敗訴国が是正措置をとらない場合には，紛争解決機関（DSB）の許可を経て，勝訴国は制裁措置を発動することができる（DSU22条）。

WTOによる紛争解決手続では，国家のみが提訴できるのに対して，NAFTA等の国際投資協定では，私人である投資家が国家を相手に仲裁を提起できる（ISDS）。最近では，多国籍企業が先進国を相手に提訴する事例も増えている［西村，2014：8-19］。さらに，先進国と開発途上国間のみならず，開発途上国間の国際投資協定も増加している。新興国を中心に技術力を高めている途上国も出てきており，知財権と公共政策との相克をめぐる国際紛争の当事者や内容は，今後さらに複雑化する見込みである。

私人間の紛争解決については，裁判外紛争処理手段（ADR）としてAMC（WIPO調停仲裁センター）が設立された（1994年）。AMCは，インターネット・ドメイン名に関する主要な紛争処理機関ともなっており，ドメイン名の不正取得等に対する解決に貢献してきた。ただ，ドメイン名以外の知財権をめぐる紛争解決においては，AMCが有する実効性は低く，その他普遍的な機関も現れるに至っていない。また，TRIPs協定を含む知財条約は最小限度の保護基準を定めるものの，統一実質法を実現しておらず，各国の知財法には未だに実質法

的相違がある。したがって，知財権に関する国際的紛争の解決においては，各国における裁判手続が重要な役割を果たすため，国際裁判管轄，準拠法，外国判決の承認・執行を含めた国際私法の明確化が必要である。

知財権に関する国際私法の国際的ルール作りは，WIPOやハーグ国際私法会議（HCCH）をはじめ，様々な場において検討されてきた［木棚，2009：201-214］。そして，限られた専属的合意管轄についてのみ適用されるものの，ハーグ管轄合意条約がHCCHにおいて締結された（2005年）。同条約を機として，米国法律協会（ALI），マックス・プランク研究所，早稲田大学グローバルCOEグループによって，知財権に関する国際私法の調和に向けた立法提案もなされた。しかし，英米法と大陸法の相違をはじめ，各国制度間の溝は未だに大きく，国際規範の形成は今後に残された課題である。この点，知財に特化した成果ではないものの，モデル法である「国際契約に関する法選択原則」がHCCHにおいて最近承認された（2015年）。こうした法的拘束力を有しないソフト・ローの方が合意形成しやすいため，知財に関する国際私法について，国際機関における国際的ルール作りの今後の方向性となるかもしれない。

◆参考文献

尾島明『逐条解説TRIPS協定』日本機械輸出組合，1999年

外務省ウェブサイト「『知的所有権の貿易関連の側面に関する協定を改正する議定書』について」

木棚照一『国際知的財産法』日本評論社，2009年

木棚照一編著『知的財産の国際私法原則研究―東アジアからの日韓共同提案』成文堂，2012年

小出邦夫編著『逐条解説 法の適用に関する通則法〔増補版〕』商事法務，2015年

田上麻衣子「生物多様性条約（CBD）とTRIPS協定の整合性をめぐって」『知的財産法政策学研究』Vol.12，北海道大学大学院法学研究科21世紀COEプログラム「新世代知的財産法政策学の国際拠点形成」事務局，2006年

西村もも子「国際投資協定に基づく知的財産権紛争とその政治的背景」『特許研究』No.57，工業所有権情報・研修館特許研究室，2014年

日本貿易振興機構『模倣対策マニュアル 中東編』JETRO，2009年

第16章 ブランド戦略

1 コモディティ化の要因

　現在,クオーツ式腕時計は,「コモディティ化」している。すなわち,腕時計分野における機械式からクオーツ式へのイノベーションに先行的に成功した結果,「日本が完成品の世界市場で高いシェアを占めている」。さらに,クオーツ式腕時計のキーデバイス(重要部品)であるムーブメントでもデファクトスタンダード(事実上の標準)となった結果,「ムーブメント市場でも日本が世界を支配している」。にもかかわらず,「日本メーカーの時計事業は赤字ではないにせよ,抜群に儲かったかつてのような輝きはないと推測される」という[榊原,2005:211]。

　なお,コモディティ化について確定した定義はないように見受けられる。本章では,差別化が困難となり,低価格化(価格競争)に陥った状態をコモディティ化という。

　榊原氏は,クオーツ式腕時計がコモディティ化した重要な要因として,①「オープンな特許政策」と,②「統合型企業のジレンマの構造」をあげる[榊原,2005:209-243]。

　オープンな特許政策とは,榊原氏の見解を要約すると,世界中でクオーツ式腕時計を量産し普及・一般化させるために,できるだけ特許権を取得し,当該特許技術を諸国・諸メーカーにオープンにしたということである。特にスイス勢とは無償のクロス・ライセンスをし,それ以外には有償のライセンスをした。しかし,知財戦略の観点からは,要所技術も含めてオープンにした点が失敗といえる(第18章参照)。

　統合型企業のジレンマの構造について,榊原氏の見解を要約すると,下記のようになる。すなわち,自社完成品の競争力強化・製品力強化のために,第1段階として「キーデバイスを内製化」する。しかし,キーデバイスの内製化は

投資負担が大きく,部品価格も製品価格も高すぎてしまう。そこで,第2段階として「大量生産によるコストダウン」が図られる。しかし,大量生産によるコストダウンにはまとまった大きさの設備投資が必要であり,開発投資と設備投資の回収のプレッシャーが大きくなる。そこで,第3段階として「量産規模の一層の拡大」が図られる。しかし,量産規模の一層の拡大により,合理性をもった部品生産の最小最適規模が自社完成品向けの社内消費量を大きく上回る。そこで,第4段階として「キーデバイスの外販」が行われる。しかし,キーデバイスの外販により,競業企業も同種の部品を利用できるようになる可能性が高く,完成品市場の製品価格が低下するプレッシャーが生まれる。そのため,最終段階として「自社完成品のコモディティ化」に陥る。

統合型企業のジレンマの構造は,クオーツ式腕時計に限ったことではない。むしろ,どの企業・どの製品にもあてはまりうる構造といえる。個々の各段階において,経営者は必ずしも誤った判断をしているとはいえない。それゆえ,統合型企業のジレンマなのである。キーデバイス重視とその内製化は,「一般的には『勝利の方程式』である」[榊原,2005:240]。

近年,標準化や部品のモジューラー化と機能等の高位同質化により,製品やサービスのコモディティ化が急速に進行している。そこで,脱コモディティ化の方策の1つとして,ブランド戦略および知財戦略(第17章・第18章参照)について説明する。なお,ブランド戦略については,知財経営および知財戦略に強く関連する「価値」を中心に説明する。

2 ブランド戦略の概要

(1) ブランド戦略の歴史

ブランド戦略については,多数の論者がいろいろなことを言っていて,分かりづらいということをよく聞く。以下に述べるブランド戦略の世代を意識することで,その論者の前提とする考え方が分かり,混乱することなく理解できるであろう。

ブランド戦略は比較的新しい概念であり,本格的な研究は1950年代以降である。ブランド研究の初期である1950年代には,「ブランド・ロイヤルティ」お

図1　ブランド・エクイティ

よび「ブランド・イメージ」が議論された。「マーケティングの手段」（断片的認識）としてのブランドである。ブランド・ロイヤルティとは，特定の製品カテゴリーの購買機会において，消費者が特定のブランドを選択する傾向のことである（R. M. カニンガム）。また，ブランド・イメージとは，特定のブランドについて，消費者が抱くブランド連想を体系化したものである（K. L. ケラー）。

1980年代に入ると，「ブランド・エクイティ」概念が登場した（図1）。「マーケティングの結果」（統合的認識）としてのブランドである。ブランド・エクイティとは，D.A.アーカーによれば，「あるブランド名やロゴから連想されるプラスとマイナスの要素の総和（差し引いて残る正味価値）」である［青木，2011: 4］。

1990年代後半に入ると，強いブランドを構築するために，「ブランド・アイデンティティ」概念および「顧客ベース・ブランド・エクイティ」概念が登場した。「マーケティングの起点」（統合的認識）としてのブランドである。ブランド・アイデンティティとは，特定のブランドについて，事業者が内外に示すブランド連想を体系化したものであり，結果論としてのイメージと異なり，事業者の目標・理想像として，長期的なブランド戦略の核となるべきものである（D. A. アーカー）。また，顧客ベース・ブランド・エクイティとは，特定のブランドのマーケティング活動に対する消費者の反応に差異がある場合に，当該ブランドについての消費者の知識構造による差異的効果こそがエクイティであるとするものである（K. L. ケラー）。

2000年頃からは，商品やサービスのコモディティ化が急速に進行していることを背景に（本章1参照），脱コモディティ化のための方策において，「経験価値」が注目されている（バーンド・H. シュミットほか）。そして，ブランドを介した顧客との「関係性」の構築，あるいは，ブランドと顧客との「情動的な絆」

表1　ブランド戦略のターニングポイント（★：ターニングポイント）

	研究前夜 19世紀末〜	第1期 1950年代〜	第2期 1980年代〜	第3期 1990年代後半〜	第4期 2000年前後〜
マーケティング歴史	統合の時代 →全国ブランド登場	細分化の時代 →ブランドの本格的な研究開始★			
位置づけ		マーケティングの手段	マーケティングの結果	マーケティングの起点	
中心論点		①ブランド・ロイヤルティ ②ブランド・イメージ	ブランド・エクイティ	ブランド・アイデンティティ	①価値（経験価値など） ②顧客との関係性
捉え方		断片的	統合的★		
着目主体		顧客		事業者★ →価値提供	事業者&顧客 →価値共創
価値		モノの価値			コトの価値★
備考					ブランド・ビルディング・ブロック

の構築が重要視されている。さらに，価値の創造についても，事業者による一方的な「価値提供」から，事業者と顧客による「価値共創」への転換が提示されている。経験価値については後述する（本章4（6）参照）。

　上述のブランド戦略の歴史をターニングポイントで分けると，4期の世代に分けられるであろう（表1）。

　R. S. テドロウによれば，米国におけるマーケティングは，①市場が地域ごとに分断されていた1870年代までの「分断の時代」，②市場が全国市場に統合されていった1880年代から1940年代の「統合の時代」，③市場が細分化された1950年代からの「細分化の時代」に分けられる。

　1950年代は，細分化の時代に伴い，ブランドの本格的な研究が開始されたという点でターニングポイントであり，ブランド戦略の第1期といえる。この時点では，ブランドは断片的に捉えられ，マーケティングの手段という位置づけであった。

1980年代は，ブランド・エクイティ概念の登場により，それまで別個の概念として取り扱われていた種々の概念が包括された。それにより，ブランドが統合的に捉えられ，マーケティングの結果という位置づけになったという点でターニングポイントであり，ブランド戦略の第2期といえる。

　1990年代後半は，ブランド・アイデンティティ概念の登場により，それまで顧客にだけ着目していたのが，事業者にも着目するようになったという点でターニングポイントであり，ブランド戦略の第3期といえる。それにより，事業者による価値の提供という発想が生まれ，ブランドはマーケティングの起点という位置づけになった。

　2000年前後以降は，ブランド構築における基軸として，①「価値」（経験価値等），②顧客との「関係性」（ブランド・リレーションシップ），③価値と関係性が交差する「価値共創」が議論されてきた。顧客の求める価値が単なる「モノ（商品自体・サービス自体）の価値」から「コト（商品・サービスの使用や消費）による価値」へと移り変わることに伴い，事業者と顧客による価値共創という発想の転換につながったという点でターニングポイントであり，ブランド戦略の第4期といえる。

（2）ブランド戦略と商標戦略の関係

　このように，ブランド戦略はその歴史のなかで，ブランドという器にどのような資産的価値（ブランド・エクイティ）を蓄積し，その蓄積した価値をどのように維持・強化・展開させるかという，個別具体的な「中身（価値）」のコントロールに主眼をおくようになったと考える。そして，その器の1つが商標であり，地理的表示（第14章5参照）なのである。価値が蓄積する限り，器は商標でなくとも，デザイン等でもよい。

　一方，日本の商標法は，商標を保護することにより，商標に化体された業務上の信用を保護する（商標法1条参照）。そのため，商標戦略は（特に日本では），化体された（抽象的な総体としての）業務上の信用を，商標という器もろとも一体的に管理するという，「器」のコントロールに主眼をおいていると考える。すなわち，商標戦略は，①他人に自分の器そのものを奪われる（商標権の専用権の侵害），②自分の器のそばに別の器を置かれて，本来，自分の器に入るべき

中身を横取りされる（商標権の禁止権の侵害），③自分の器のそばに似たような器をたくさん置かれる（ダイリューション：希釈化），④自分の器および中身を汚染される（ポリューション：汚染化）といった事態を避けるために，器をどのように管理するか，ひいては，器と一体となった（抽象的な総体としての）中身をどのように管理するかについての戦略であると解される。

３ 価値の変遷

　経済発展に伴い，産業構造の中心が第１次産業から第２次産業，第２次産業から第３次産業へと移行する（産業構造の高度化。ペティ＝クラークの法則）。さらに，B. ジョセフ・パインⅡ世とジェームズ・H. ギルモアによれば，経済発展に伴い，中心的な経済価値も１次産品から製造・加工品，製造・加工品からサービスへと変化し，「今や，『経験』という経済価値を中核とした『経験経済』への移行が始まった」という［青木，2011：32］。
　先進国のように，必要な商品・サービスが十分に手に入るようになると，次は自己の内面の満足を求めるようになる。経験産業は，このような人間の普遍的欲求に関するものである。すなわち，経験産業とは，「人々の経験拡大欲求を満足させる産業」であり，「同じ用途の製品・サービスであっても，規格量産品のコモディティではなく，カスタマイゼーションによる高付加価値サービスを主流とする産業構造」である［長沢：2005：25］。
　表２は，経済発展の歴史と中心的な経済価値の変遷を重ね合わせ，さらに，価値の所在・様式を重ね合わせたものである。
　第１次産業については，１次産品は代替可能（価値面での差別化が困難）であるため，価格の決定においては受動的となり，本来的にコモディティ化しやすい。第２次産業については，製造・加工品は規格があるが，コストや差別化等の自由度が高いため，価格決定においては自由裁量がある。第３次産業については，サービスは特定の顧客に合わせて提供（カスタマイズ）されるのが本質と解されるため，価格決定においては製造・加工品以上に自由裁量がある。そして，これらは需要の源と経済価値が同一であると考えらえる。そのため，価値の所在・様式の観点からみると，「モノ（商品自体・サービス自体）の価値」の

表2 価値の変遷

経済発展の歴史	農業経済	商品経済	サービス経済	経験経済
産業構造区分	第1次産業	第2次産業	第3次産業	経験産業
経済価値	コモディティ（1次産品）	製品（製造・加工品）	サービス（便益）	経験
需要の源	経済価値と同一			感動
特　性	価値面での差別化困難 代替可能	有形 規格	無形 カスタマイズ	思い出に残る
価格決定	受動的	自由裁量	より自由裁量	プライスレス
価値所在	モノ（商品自体・サービス自体）の価値			コト（使用・消費）による価値
価値様式	提供			共創

「提供」となる。

一方，経験産業については，顧客は経験自体を求めるのではなく，感動のために経験を求める。つまり需要の源（感動）と経済価値（経験）にズレが生じている。そして，経験は思い出に残るため，価格決定においては最も自由裁量があるか，またはプライスレスであると考えらえる。また，感動は顧客自身で獲得するものであり，事業者が提供するのは感動のための刺激（経験）である。そのため，価値の所在・様式の観点からみると，「コト（商品・サービスの使用や消費）による価値」の「共創」となる。第4期のブランド戦略が着目するのは，コトによる価値である。

4 価値の4分類

(1) 概　要

第4期のブランド戦略は，「価値」と「価値共創」，「関係性」の観点から論じられる。そこでは，ある商品・サービスについて「価値」があるといった場合，縦軸に商品・サービスの価値の内容を，横軸に価値の所在・様式を据えると，その価値には4種類あると考えられる（表3）。

表3　価値の4分類

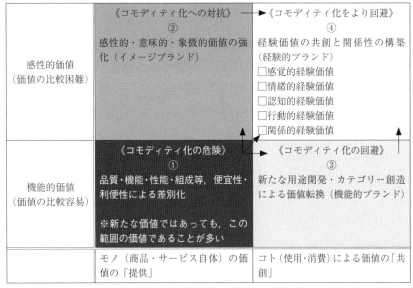

出所：[青木編著, 2011：43] に加筆・修正。

(2) モノの機能的価値（①の価値）

　1つ目は，モノの機能的価値，すなわち，品質・機能・性能・組成等や便宜性・利便性による差別化である（①：筆者は「属性的ブランド」と呼ぶ）。従来からいわれている価値であり，例えば，1次産品の糖度や外観・重量等による価値，デジタル家電のスペックによる価値である。

　この価値は，製品自体の属性的な価値であり，かつ，価値の可視性が高い（価値の比較が容易）ため，他者による模倣や追随がなされ，価値を保持するのが難しい。また，他者と差別化しようと躍起になって，オーバースペックになるおそれがある。そのため，常にコモディティ化の危険をはらむと考えられる（本章6参照）。

　実は，事業者自身が新たな価値といっている場合でも，この価値であることが多い。特に1次産品がコモディティ化しやすいのは，この価値に注力するからとも思われる。逆に言えば，1次産品であっても，これ以外の価値を訴求できれ

ば，価格決定においてある程度の自由裁量を確保できるのではないだろうか。

（3）モノの感性的価値（②の価値）

2つ目は，モノの感性的価値，すなわち，感性的・意味的・象徴的価値の強化である（②：イメージブランド）。例えば，デザインによる価値や使用感による価値，高級感という価値，ストーリーブランディングによる価値等はここに位置づけられるであろう。

この価値は，製品自体の属性的な価値ではあるが，顧客の「感性」に訴求するものであるため，価値の可視性が低い（価値の比較が困難）。そのため，コモディティ化に対抗することができる。

もっとも，②の価値に対する顧客の感度にはバラつきがあり，必ずしも価値が共感されるとは限らず（本章5（2）参照），コモディティ化を回避することまではできないと考える。

（4）コトによる機能的価値（③の価値）

3つ目は，コトによる機能的価値，すなわち，新たな用途開発・カテゴリー創造による価値転換である（③：機能的ブランド。筆者は「イノベーティブブランド」と呼ぶ）。例えば，音楽・動画の編集というPCの新たな用途の価値，カメラ付き携帯電話という新たなカテゴリーの価値，トクホ（特定保健用食品）による価値等はここに位置づけられるであろう。

この価値は，使用や消費によって生まれる価値であり，事業者と顧客が共創する価値である。そのため，コモディティ化を回避することが期待される。

もっとも，価値の可視性が高い（価値の比較が容易）ため，価値を保持する対策を取らなければ，コモディティ化の危険は残る。トクホの場合は，その審査が厳しいため，価値が保持されているといえる。

（5）コトによる感性的価値（④の価値）

4つ目は，コトによる感性的価値，すなわち，「経験価値」の共創と顧客との「関係性」（ブランド・リレーションシップ）の構築である（④：経験的ブランド）。経験価値とは，「過去に起こった個人の経験や体験のことを指すのではなく，

顧客が企業やブランドとの接点において,実際に肌で何かを感じたり,感動したりすることにより,顧客の感性や感覚に訴えかける価値」をいう[長沢,2005：28]。

この価値は,商品・サービスの使用や消費によって生まれる価値であり,事業者と顧客が共創する価値である。さらに,使用や消費の過程で,顧客の「感性」に訴求するものであるため,価値の可視性が低い(価値の比較が困難)。そのため,コモディティ化をより回避することができる。脱コモディティ化のための方策において,「経験価値」が注目されていることはすでに述べた(本章2(1)参照)。

そして,経験価値の共創と顧客との関係性の構築のためには,「プラットフォーム」(事業者や顧客ほか多くの関係者が参加できる場。第14章1参照)の構築が重要となる。それと関係して,ブランド・コミュニケーション(ブランド・アイデンティティの共有)とコンタクトポイント(顧客接点：購買前の広告,購買時の陳列,購買後の顧客サービス,間接的に影響を与える投資家情報等)も重要である。

(6)戦略的経験価値モジュール

経験価値をマーケティングに役立たせるために,バーンド・H. シュミットは,戦略的経験価値モジュールとして経験価値を5つに分類している。シュミットの見解を平たくいうと,次のように言えるであろう。すなわち,第1の「SENSE(感覚的経験価値)」とは,五感が感じる価値(五感が獲得する刺激)である。第2の「FEEL(情緒的経験価値)」とは,心が感じる価値(心が獲得する刺激)である。第3の「THINK(認知的経験価値)」とは,頭が感じる価値(頭が獲得する知的好奇心・創造力・思考力を満たす刺激)である。第4の「ACT(行動的経験価値)」とは,肉体的なもの・ライフスタイル・他人との相互作用など,身の回りで感じる価値(身の回りで獲得する刺激)である。第5の「RELATE(関係的経験価値)」とは,コミュニティ・文化との関連付けなど,自己のバックグラウンドについて感じる価値(自己のバックグラウンドについて獲得する刺激)である。

要するに,経験価値の各要素は経験価値創造のための「刺激」,言い換えれば,共感要素(共感させる要素,共感への動機)だと考えられる。

また，経験価値がターゲットに働きかける（訴求する）ものは，「共感させる」「共有させる」「一体感をもたせる」「感動させる」「追体験させる」「疑似体験させる」といった類のものである。

　経験価値を重視したマーケティング（経験価値マーケティング）は，直接的にモノを売るのではなく，一歩引いて評価・判断を顧客に委ね，その評価・判断のために，顧客の潜在意識を刺激するといったものといえる。こうして得られた評価・判断は，顧客が自分で出した結論なので容易には覆らない。従来のマーケティング（論理的マーケティング）では，事業者・販売者側が買わせるのに対し，経験価値マーケティングでは，顧客が自発的に買うのである。

（7）ブランド・ビルディング・フレームワーク

　ブランド戦略は非常に広範で多岐にわたる。そのため，ブランド戦略を論じる際は，どのテーマまたはどの段階の話なのかを意識して，混同しないようにする必要がある。そこで，筆者は「ブランド・ビルディング・フレームワーク」（図2）を提唱する。当該フレームワークは，K. L. ケラーのブランド・ビルディング・ブロックに，前述の価値の4分類を組み合わせたものである。

　当該フレームワークは，個々のハウツー的な戦略がブランド戦略全体の中のどこに位置づけられるのかを整理するのに役立つとともに，ブランド（知識構造）を構築するための工程表になる。すなわち，第1段階として，深くかつ広い「ブランド認知」を確立する。第2段階として，様々に形成されるブランド連想を体系化し，特定の「意味」をもたせる。認知的ルートからの意味は，モノの機能的価値（①の価値）に対応する。また，情動的ルートからの意味は，コトによる機能的価値（③の価値）に対応する。第3段階として，第2段階で形成した「意味」から，顧客の「プラスの反応」を引き出す。認知的ルートからの反応は，モノの感性的価値（②の価値）に対応する。また，情動的ルートからの反応は，コトによる感性的価値（④の価値）に対応する。第4段階として，認知的ルートおよび情動的ルートから構築された「意味」および「プラスの反応」を「統合」し，顧客との関係性（ブランド・リレーションシップ）において，調和のとれた（顧客とブランドが共鳴し合う）ブランド（知識構造）を構築するのである。いずれの段階が欠けても，強いブランドは構築できない。

図2　ブランド・ビルディング・フレームワーク

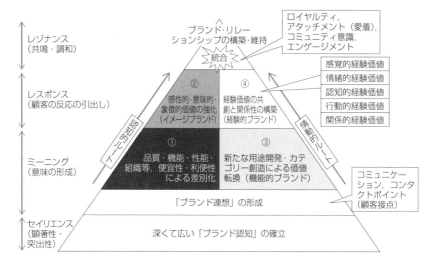

5 事業経営におけるブランド戦略および知財戦略の位置づけ

(1)ブランド戦略と知財制度の関係

　ブランド戦略は，事業者が示す（ブランド連想を体系化した）ブランド・アイデンティティと顧客が抱く（ブランド連想を体系化した）ブランド・イメージを相同じくすることを出発点にして，ブランド・ロイヤルティをブランドにコミットしている顧客にまで引き上げることを究極の目的とする。ブランド・アイデンティティとブランド・イメージの間にズレがあると，ブランド・エクイティの蓄積が非効率的になったり（本章2（1）参照），いつまで経ってもブランド・ピラミッドが構築されない（本章4（7）参照）。ブランド戦略において，経験価値は事業者側のブランド・アイデンティティと顧客側のブランド・イメージを架橋する（結びつける）ための手段と位置づけられるであろう（図3）。

　多くの場合，商品・サービス，企画開発，ネーミング，パッケージ等のブランド連想を生み出す各要素（必ずしもブランド要素とは限らない）には，知財が含まれている。すなわち，多くの場合，価値は知財により実現される。それら

図3　ブランド戦略と知財制度の関係

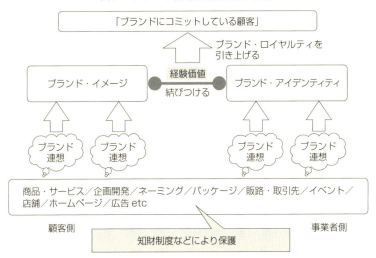

は，知財制度（知財法だけでなく，民法，肖像権・パブリシティ権等も含む）によって，かなりの程度保護される。また，知財権は，ブランド連想の各要素を保護するものであるとともに，それ自体が，例えば，技術力やデザイン力がある（特許権や意匠権の場合）という経験価値（主に認知的経験価値）を提供するものともなる。

このように知財は，ブランド戦略において，「価値を実現するもの」であり，その点からも，知財は「経営資源・経営資産」といえる。そして，知財制度は，事業者や商品・サービスの「ブランドを支えるもの」といえる。

なお，一般に「ブランド要素」とは，ネーム，ロゴ，キャラクター，スローガン，サウンドロゴ，パッケージを指す。

(2) 価値の3原則

筆者は，ブランド戦略の観点から，利益を上げる商品・サービスの条件として，下記の3つの条件を提唱している。これは，上述(1)のブランド戦略と知財制度の関係を，商品・サービス開発の側面から捉え直したものでもある。

第1に，価値がなければ顧客は対価を支払わないので，商品・サービスに「価

値があること」が必要である。「価値」の変遷や分類については前述した（本章3および4参照）。事業者にこれらの価値を創造する能力があることが必要となる。

　第2に，どんなに高価値であっても，共感されなければオーバースペックになってしまうので，その「価値が共感されること」が必要である。

　第3に，商品・サービスに価値があり，その価値が共感されていれば，第三者に模倣されてしまうので，その「価値が保持されること」が必要である。

　上記3つの条件のいずれかを満たせない商品・サービスは，「コモディティ化」してしまう。これを「価値の三原則」という。

　第1条件の価値の創造は，主に技術経営（MOT）やイノベーション論の領域であった。また，第2条件の価値の共感は，主にマーケティングの領域であった。第3条件の価値の保持は，知財権あるいは知財戦略が担う。「ブランド戦略」あるいは「ブランディング」の語は，最広義には「経営」と同旨である。それは，「価値」を連結点として，これらの議論を統合するからであろう。

　上記3つの条件はかけ算の関係にあるため，知財権あるいは知財戦略が大きな意味をもつのは，商品・サービスに価値があり，かつ価値が共感されている場合である。価値がなくなっているか，価値がオーバースペックである場合には，知財権や知財戦略の意味は小さくなるといえる。

　冒頭に取り上げたクオーツ式腕時計は，圧倒的な時間の正確性という価値があり，その価値が共感されたからこそ，ここまで普及した。しかし，価値は適切に保持されたのか。次章から知財戦略についてみていこう。

　◆参考文献
　青木幸弘編著『価値共創時代のブランド戦略―脱コモディティ化への挑戦』ミネルヴァ書房，2011年
　浅野卓『ビジュアル 知的財産マネジメント―知的財産法から知的財産経営への展開』DTP出版，2012年
　榊原清則『イノベーションの収益化―技術経営の課題と分析』有斐閣，2005年
　長沢伸也編著『ヒットを生む経験価値創造―感性を揺さぶるものづくり』日科技連出版社，2005年

第17章 知財戦略(1)：保護対象と存続期間の戦略

1 知財戦略の3つの軸

(1) 知財制度の要点

　知的財産（以下「知財」という）は「経営資源・経営資産」である（第16章5（1）参照）。また，知財はイノベーションを促進し，イノベーションは企業の持続的発展を支える。知財を活用した事業経営のことを「知財経営」という。

　なお，一般に「イノベーション」は技術革新と訳されることが多いが，「技術の革新にとどまらず，これまでとは全く違った新たな考え方，仕組みを取り入れて，新たな価値を生み出し，社会的に大きな変化を起こすこと」をいう（『長期戦略指針「イノベーション25」』内閣府，2007年，1頁）。

　知財経営を実践するためには，「知財戦略」が立てられなければならない。知財戦略は，商品・サービスの「価値」を保持するために必要であるし（第16章5（2）参照），世界的に「プロパテント」（特許重視），「プロイノベーション」（イノベーション重視）の流れがきて久しい。

　そして，知財戦略は「知財制度」への深い理解と綿密な「知財デューデリジェンス」に基づくべきであり，知財制度は知的財産法や独占禁止法等によって整備されている。そこで，まず，知財戦略の立案に最低限必要な知財制度の要点を確認する。

　知財とは概ね，人間の知的活動によって産み出された（知的な），価値のあるもの（財産）である。しかし，この意味での知財はとても範囲が広く，そのすべてが法律上保護されているわけではない。「知的財産法（以下「知財法」という）」で保護されている知財のみが法律上保護される（表1）。

　現行法上，知財の保護方法には2種類あり，①「知的財産権（以下「知財権」という）の付与」と②「行為の規制」である。知財法のうち，①知財権の付与によって，知財を保護する法律を「知的財産権法（以下「知財権法」という）」

表1 知財法と保護対象

分類			法律		保護対象
知的財産法	知的財産権の付与（知的財産権法）	産業財産権法	特許法		発明
			実用新案法		物品の考案
			意匠法		意匠
			商標法		商標
			著作権法	著作権（著作者の権利）制度	著作物
				著作隣接権制度	実演ほか
			種苗法	品種登録制度	植物新品種
				指定種苗制度（×知財制度）	
			半導体回路配置法		IC回路配置
	行為の規制		不正競争防止法（不競法）		
			地理的表示法（GI法）		地理的表示
	その他		民法，刑法，会社法，商法等		商号ほか
経済法	ライセンス等の規制		独占禁止法（独禁法）		

と呼び，さらに，知財権法のうち「産業の発達」に関するものを「産業財産権法」と呼ぶ。また，不競法や地理的表示法により，②所定の行為が規制され，知財が保護されている。なお，独禁法は「経済法」であり，知財法ではないが，知財の利用の場面で密接に関わってくるため，知財戦略の立案にあたっては留意が必要である。

知財の主流な保護方法は，「排他的独占権」である知財権の付与である。排他的独占権が付与されると，知財権の対象を「独占」，すなわち，①自分だけが用いること（自己活用）ができ，②第三者に用いらせること（ライセンス）もできる。また，「排他」，すなわち，③第三者が無断で用いることを禁止（権利行使）できる。したがって，第三者が正当な権原・理由なく，知財権の対象を用いれば，知財権の侵害となる。第三者が知財権の対象を用いるには，原則として，権利の譲り受けや権利者の許諾（ライセンス）が必要となる。

知財権は，このような強力な権利であるがゆえに，一定期間に限って認められている。すなわち，一定期間経過後は，知財は万人の公有財産（パブリック・

ドメイン)となり,誰もが当該知財を自由に用いることができる。

なお,本章では,「知的財産権の対象」とは,「特許発明」「登録実用新案」「登録意匠と同一・類似の意匠」「登録商標」「(自己の)著作物」「登録品種及び登録品種と特性により明確に区別されない品種」「(自己が創作した)登録回路配置」を指す。また,特許発明の「業としての実施」,登録実用新案の「業としての実施」,登録意匠と同一・類似の意匠の「業としての実施」,登録商標の「使用」,著作物の「利用」,登録品種および登録品種と特性により明確に区別されない品種の「業としての利用」,登録回路配置の「業としての利用」を,「用いる」と表現する。

(2)知財戦略の3つの軸

上述(1)から,知財制度について3つのことがいえる。第1に,知財法は,保護対象が多岐にわたる一方,保護対象が一部重複していたり,保護対象から漏れている知財もあること。第2に,知財権には,存続期間や保護期間があること。第3に,知財経営においては,排他的独占権の特徴である「自己活用」「ライセンス」「権利譲渡」「権利行使」といった仕組みを組み合わせて,収益の拡大をめざすことになること,である。

知財戦略には様々あるが,筆者の整理では,これまでの議論は概ねこの3つを軸に展開してきたといえる。すなわち,知財戦略は,①保護対象(価値)に係る戦略,②存続期間に係る戦略,③収益機会に係る戦略に大別できる(図1)。そして,これら3つの軸は相互に組み合わせることが可能である。

なお,知財戦略といった場合,研究開発戦略や出願戦略をあげることもある。研究開発戦略は,③収益機会に係る戦略のなかで扱い,出願戦略については,出願のテクニックであることから,各章に委ねる。

また,歴史的には,保護対象に係る戦略,次に収益に係る戦略,最後に存続期間に係る戦略が論じられるようになったと思われるが,叙述の都合上,保護対象に係る戦略,存続期間に係る戦略,収益に係る戦略の順に説明する。

(3)事業分野と知財戦略の3つの軸

知財戦略の重点は,事業分野により変わる(表2)。事業形態やビジネスモ

図1 知財戦略の3つの軸

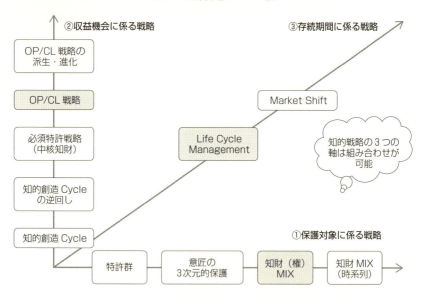

表2 事業分野と知財戦略の3つの軸

◎：特に有効　○：有効　△：適用可

事業分野	保護対象に係る戦略	存続期間に係る戦略	収益機会に係る戦略
製薬，バイオ，化粧品	○（主にノウハウ・特許群）	◎（主にライフサイクル・マネジメント）	○（主に必須特許戦略）
素材・材料	○（ノウハウ・特許群に加え，商標権も）	◎（主にライフサイクル・マネジメント）	○（必須特許戦略に加え，ライセンス戦略も）
食品加工	◎	○	○
電気機械器具	◎	◎	◎
ITビジネス，ソフトウェア	○	△	○
サービス業	○	△	△
農林水産業	○	△	△

デル，事業状況やシェアによっても変わる。

ITビジネスやソフトウエアの分野，サービス業，農林水産業では，一般に，練りに練られた知財戦略が必要になるわけではなく，むしろ「ビジネスモデル」が重要となるであろう。

また，コンテンツの分野や地域活性化の分野では，「アウトカム（社会的便益）」の獲得に向けたビジネスモデルが重要であり，知財はビジネスモデルの「プラットフォーム」を整備するための手段として機能する（第14章1参照）［浅野，2016a］。

2 保護対象（価値）に係る戦略

（1）特許群（権利群）ポートフォリオ

かつては，「広く強い特許権」の取得が唱えられた。しかし，実務においては，広く強い特許権などありえない。広ければ弱く，強ければ狭いのである。逆に，狭く弱い権利というのはある。そのため，どの程度まで広く，どの程度まで強くするかのバランスが実務上重要となる。

とはいえ，企業側の「広く強い特許権」のニーズは根強い。そこで従来から，関連する技術について，特許権を複数取得し，あたかも1つの広く強い特許権であるかのように捉える「特許群」という考え方が主流である。

権利の「群」という考え方は，特許権だけではない。商標権（異なる書体の商標やロゴの登録）や意匠権（3次元的保護）にも妥当する。この場合は，「権利群」と呼ぶ。

（2）意匠の3次元的保護

意匠権の効力の及ぶ範囲は狭い。そこで従来から，意匠について，意匠権だけでなく特許権・実用新案権を取得し，重畳的・補完的に保護する実務が行われていた。さらに，1998（平成10）年の意匠法改正で，部分意匠制度（意匠法2条1項括弧書）および関連意匠制度（意匠法10条）が導入された。これらに，組物の意匠の制度（意匠法8条）を加えることにより，下記のような意匠の保護が実現される。

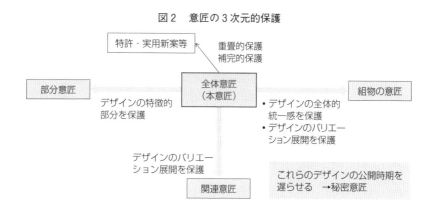

図2 意匠の3次元的保護

　すなわち，①全体意匠の意匠権のみによる「1次元的保護（点の保護）」から，②部分意匠（意匠の独創的で特徴ある部分の保護）・関連意匠（意匠のバリエーション展開の保護）・組物の意匠（意匠の全体的な統一感の保護）の活用による「2次元的保護（面の保護）」，さらに，③特許権・実用新案権・著作権（応用美術）による保護（知財権付与）と不競法による保護（行為規制）を加えた「3次元的保護」である。なお，これらに，意匠の公開時期を遅らせる秘密意匠制度（意匠法14条）を組み合わせることができる（図2）。「意匠の3次元的保護」の語は，筆者の造語であるが，この考え方自体は多くの企業で実際に採用されている。

(3)経験経済への移行

　特許群（権利群）や意匠の3次元的保護はかなり以前から実務で取り入れられており，特段新しいものではない。しかし，近年（特に先進国では），「感動」を需要の源とし，「経験」を核心の経済価値とした「経験経済」あるいは「経験産業」へ移行しているといわれる（第16章3参照）。「感動」が需要の源である経験産業においては，顧客の五感や心理に直接的に訴える，意匠や著作物，植物新品種等の非技術的な知財の保護が，今まで以上に重要となるであろう。また，「感動」を呼び起こす要素は，意匠や著作物，植物新品種だけにとどまらない。しかも，知財法の保護対象にズバリあてはまらないものも多い。それゆえ，すべての知財法を総動員して保護を図る必要が出てきた。

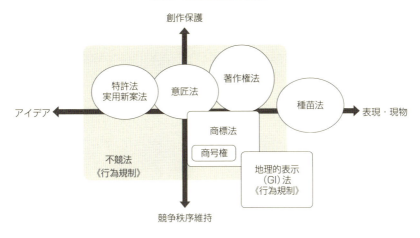

図3 知財権法と不競法

表3 不競法による知財法の補完

◎：特に関連する　○：関連する

不正競争行為（不競法2条1項） ※限定列挙（×例示列挙，×一般条項）	特許法 実案法	意匠法	商標法	著作権法	種苗法	地理的表示法
商品等表示に係る行為（1号・2号）		◎	◎			○
デッドコピーに係る行為（3号）		◎				
営業秘密に係る行為（4号〜10号）	◎					
技術的制限手段に対する行為（11号・12号）				◎		
ドメイン名に係る行為（13号）			◎			○
品質等誤認惹起行為（14号）			○		○	◎
信用毀損行為（15号）			○			
代理人等の商標冒用行為（16号）			◎			

　知財は，経験産業において重要な「価値」を実現するものである（第16章5(1)参照）。そして，知財法は保護対象が多岐にわたり，一部重複している（図3）。すなわち，1つの知財が複数の知財法により保護されうるし，とりわけ経験経済への移行とともに，複合的な保護が必要になってきたのである。

(4) 知的財産ミックス・地域価値ミックス

上述 (3) のような流れのなかで, 複数の法制度にまたがって知財権を取得するという「知財権ミックス」が普及している。すなわち, 1つの知財または1つの製品に係る知財について, 特許権だけでなく, 実用新案権や意匠権, 著作権, 育成者権, 商標権・商号権などを重畳的・補完的に取得し保護 (権利付与) を受けるという考え方である。知財権ミックスは, 特許庁の「事業戦略対応まとめ審査」(2013年4月開始) により, 制度面からも支援されている。

知財権法は, 排他的独占権の付与により, 知的財産の保護を図っている。一方, 不正競争防止法 (以下「不競法」という) は, 不正競争行為の規制により, 知財権法でカバーしきれない部分を補完し, 知財の保護を図っている (表3。また, 図3参照)。

そこで, 知財権ミックスに, 不競法による保護 (行為規制) を加える「知財ミックス」という考え方も普及している。

さらに, 知財は「価値」を実現するもの (第16章5 (1) 参照) という視点からは, 知財法に拘泥する必要はない。特に地域活性化の場面では,「特定農林水産物等の登録」(いわゆる地理的表示登録。第14章5参照) と「機能性表示食品」制度や「食と農の景勝地」制度を組み合わせたり,「6次産業化」の取り組み (第14章1参照) と「日本農業遺産・世界農業遺産」制度を組み合わせることが考えられる。筆者はこれを「地域価値ミックス」と呼ぶ [浅野, 2016b]。

(5) 時系列を意識した知的財産ミックス

特に意匠や営業標識 (商標等) については, 様々な法制度による知財ミックスが可能である。知財ミックスの戦略立案にあたっては, 保護の始期と終期を意識し (図4・図5), どこを, いつ (優先順位, 実施時期), どの制度で保護するかを検討すべきである。

なお, 図4中の「デザインイメージの市場での定着」とは, ヨーロッパにおいて, 模倣に対する事実上の防御方法として真剣に考えられているもので,「雑誌やニュースで世界へ向けてイメージ発信をし, 新商品の宣伝を強力に行い,『わが社のデザインはこれである』と市場に定着させるイメージのコントロールに力を入れること」である [経済産業省特許庁企画, 2009:90]。ひとたび,

図4 時系列による意匠の知財ミックス

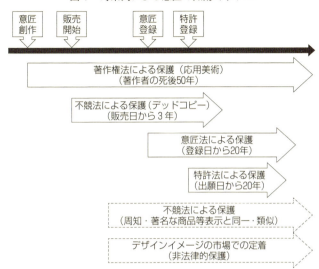

図5 時系列による営業標識の知財ミックス

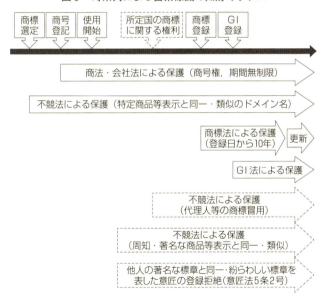

あるデザインのイメージが市場で定着すれば，当該イメージを想起させる他者のデザインは，取引先がフィルターとなって市場に出されることはないという。まさに「価値」の保持である。

【コラム】経験経済の進展に伴う，知財法の保護拡大と解釈視点の変容

　人間の知的活動によって産み出された価値のあるものとしての知財のうち，知財法で保護されているものは一部である。とすれば，経験経済・経験産業の進展とともに，今後，知財法の保護が広がっていく可能性が考えられる。2014（平成26）年度の商標法改正（保護対象の拡充）や2014年度の地理的表示法制定は，この流れのなかに位置づけることもできるであろう。

　さらに，いわゆるビッグデータそのもの（自動車の走行記録や携帯電話の位置情報等）は，既存の知財権法では保護が難しい。営業秘密（第5章参照）として不競法で保護されうるものの，秘密管理性等の保護要件が厳しく，広く活用することが難しい。そこで，政府は，不競法を改正し，ビッグデータの登録制度を新設する方針のようである（日本経済新聞2017年3月12日朝刊参照）。

　また，ブランド戦略において，次の指摘がある。すなわち，「『価値があるからその商品を買う』ではなく，むしろ『消費することによって価値は生まれる』のである。単なるハードとソフトの融合を超えて，価値を共創していくプロセス自体をどうデザインするかが問われる時代だと言えよう」という［青木，2011：50］。とすれば，知財法の解釈・運用も，価値共創のプロセス，または価値共創のプレイヤーに着目してなされるべきではないだろうか。

---

3 存続期間に係る戦略

(1) ライフサイクル・マネジメント

　本節では特許権を念頭に論じるが，期間制限を有する排他的独占権である知財権全般にあてはまるであろう。

　ある分野について革新的な技術が発明された場合，当該発明者は特許権（第1世代の特許権）を取得するのが通常である。多くの場合，当該特許権は必須特許となる。特許権は排他的独占権であるため，その存続期間中，他社は当該

分野に新規参入できない。

　しかし，第1世代の特許権が単発である場合，その存続期間満了とともに，他社は新規参入が可能となる。

　そこで，通常は，第1世代の特許発明に関する改良技術・周辺技術（第2世代の特許発明）について，第2世代の特許権を取得する。第1世代の当初から特許群として形成されたものだけでなく，このような必須特許と改良特許・周辺特許も「特許群」である。特許群により，独占排他的効力の及ぶ範囲が広がるだけでなく，第1世代の特許権の存続期間満了後も，他社の新規参入を阻止できる。すなわち，存続期間の満了した第1世代の特許発明の技術的範囲については，他社も実施可能であるが，当該技術だけでは市場が要求する製品スペックを実現することができず，事実上，他社は新規参入できない（図6）。

　さらに，この第2世代の特許権の取得時期をずらすことにより，特許権の存続期間を実質的に延ばすことができる。これを「ライフサイクル・マネジメント」という。

図6　ライフサイクル・マネジメントと特許権の有効性の限界

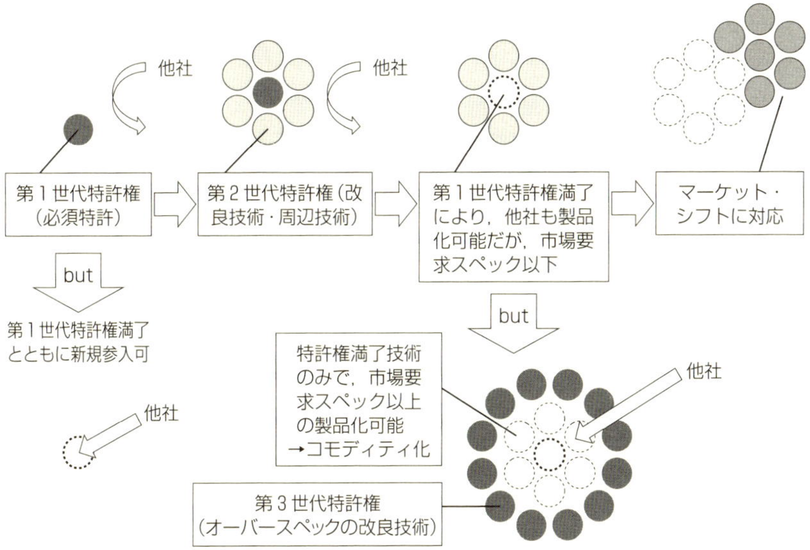

問題は，第2世代の特許発明に関する改良技術・周辺技術（第3世代の特許発明）について，引き続き第3世代の特許権を取得した場合に生じる。実は，第3世代の特許発明はオーバースペックの改良技術であることが多く，第2世代までの特許発明のみで，市場が最低限要求する製品スペックを実現できることが多い。そのため，第2世代の特許権の存続期間が満了すると，存続期間の満了した技術のみで，他社は当該分野に新規参入できるのである。後発の他社は，研究開発の費用を大幅に圧縮できるため，製品価格を大幅に下げることができる。このようにして，当該分野の製品は，「コモディティ化」（第16章1参照）する。

　これが，多くの日本企業が巻き込まれてしまった構造であり，昨今，自動車や家電をはじめとした日本のモノ作りが，成長著しいアジアのメーカーに世界市場におけるシェアを明け渡してしまった原因の1つと考えられる。経営学的にいえば，独占排他的効力の実効性がなくなった結果，①「後発の優位」による低コスト化，②「同質化戦略」による価格競争への誘導，③これらによる「コスト・リーダーシップ戦略」を採られてしまったのである。

　すなわち，特許権には存続期間があるため，独占排他的効力の実効性があるのは第2世代の特許権までといえる。第3世代以降の特許権では，コモディティ化を止めることはできない。特許権のライフサイクルとコモディティ化の状況は一致しており，同じ方向性の研究開発ではコモディティ化してしまうおそれが大きいのである。この結論は，クレイトン・クリステンセンの「イノベーターのジレンマ」とも軌を一にする。イノベーターのジレンマとは，かつての革新的企業（イノベーター）も優良大企業になると，持続的イノベーションを継続する結果，破壊的イノベーションに取って代わられてしまうことをいう。

　特許権のサイクルとコモディティ化の時期については，鮫島正洋［鮫島，2012］が具体的なデータをあげて説明している。

(2) マーケット・シフト

　上述の問題について，鮫島は次の3点を提唱する。第1に，必須特許を保有することが市場参入の前提条件である。第2に，スペックの高度化，環境の変化によって，マーケットは日々シフトしているので，シフトした部分をいち早

く察知して必須特許を取得すべきである。すなわち，新たなマーケットに係る必須特許を，すでに市場参入している企業が取得すれば，新たなマーケットへの新規参入を防止できる。一方，新たなマーケットに係る必須特許を，未だ市場参入していない企業が取得すれば，新たなマーケットに特許リスクなく新規参入できる。第3に，実際は，1つの製品にはいくつかのスペックがあり，そのすべてのスペックにおいてコモディティ化したときが，特許による支配力が及ばなくなる時点となる，と。

　鮫島の見解を考え合わせると，第2世代の特許権の取得後は，第3世代の特許権の取得に注力するよりも，「マーケット・シフト」に対応し，第2世代の特許権の存続期間が満了する前に，新たなマーケットに係る必須特許の取得に注力するという方策が考えられる。

　なお，マーケット・シフトに係る技術動向は，知財情報解析（パテントマップを使用することもある）によってかなりの程度わかる。

(3) クオーツ式腕時計におけるマーケット・シフトおよび特許権の有効性

　最後に，マーケット・シフトとはどのようなものか，また，特許権はどの時期まで有効に機能するのかを，具体例で説明する。クオーツ式腕時計を取り上げるが，他製品についてもあてはまるであろう。

(1) 腕時計の技術の変遷

　腕時計は，18世紀終盤から19世紀初頭に生まれたといわれている。動力は，懐中時計と同じ機械式（ぜんまい）であった（①）。なお，機械式腕時計の派生技術として，1931年にスイスのロレックス社が自動巻き腕時計を製品化している。

　その後，1957年にアメリカのハミルトン社が，動力を電子式（電池）とした腕時計を製品化した（②）。しかし，テンプ構造は維持された。

　さらに，1969年にセイコー社がクオーツ式腕時計を製品化した（③）。クオーツ式腕時計は，これまでの腕時計とは構造もまったく異なり，精度，故障の少なさ，生産のしやすさも圧倒的に優れていた。まさしく「イノベーション」といえる。なお，クオーツ式腕時計の派生技術として，1970年にハミルトン社がデジタル式腕時計を製品化している。

図7 腕時計の市場動向と知財戦略

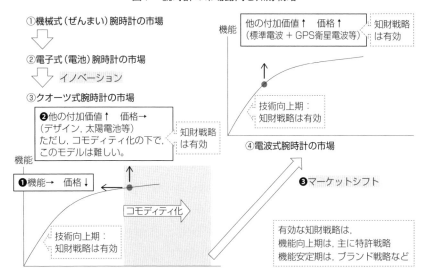

そして，1990年にドイツのユンハンス社が電波式腕時計を製品化した（④）。次いで，2011年にシチズン社が衛星電波式腕時計を製品化した。電波式腕時計は電波を受信して誤差修正するクオーツ式腕時計であるため，「マーケット・シフト」といえる（図7）。なお，新たなイノベーションとしては，スマート・ウォッチ（腕時計型ウェアラブルデバイス）があげられる。

(2) 技術向上期における特許権の有効性

およそ技術というものは，当初は急速に進歩する（図7③参照）。クオーツ式腕時計についても，当初は，生産方法や生産機械の改善，完成品の精度向上，部品の歩留まり向上，部品点数の減少，部品および完成品の小型化，製造における検査方法等の新技術や改良技術が続々と出てきたようである。

この段階では，特許権は非常に有効に機能すると考えられる。すなわち，ある技術を独占的に使用し，他者を排除できるだけでなく，当該技術が完成品自体もしくは部品の高度化を先導し，または当該技術が今後の完成品もしくは部品の改善過程を先導しうるからである。

(3) 技術安定期における特許権の有効性

　その後，時間の経過とともに，技術の進歩の速度も程度も緩やかになり，いずれ飽和状態になる。技術の進歩が緩やかになったときから，当該技術分野の製品はコモディティ化のおそれにさらされる。この段階では，特許権は，それほど大きく機能しないと考えられる（ライフサイクル・マネジメントの項を参照）。そのため，この段階で企業が取りうる方策としては，次の3つが考えられる。

　第1に，機能を維持したまま，価格を下げる方策である（図7③の❶参照）。かつて日本が得意とした分野において，1990年代の終わりからアジアのメーカーが仕掛けてきた方策といえる。しかし，これは利益の圧縮についてこられない他社の脱落を待つものであり，企業自身の体力を奪う。

　第2に，他の付加価値をつけることにより，価格を維持する方策である（図7③の❷参照）。クオーツ式腕時計の例でいえば，ソーラー電池式にするとか，デザイン性を高める等である。この方策においては，特許権や意匠権等は有効に機能すると考えられる。もっとも，コモディティ化の下では，この方策が必ずしも価格を維持するとは限らない。

　この点，「価値」の視点から，「ブランド戦略」（第16章参照）が有効と考えられる。例えば，機械式腕時計については，自動巻き腕時計以降，大きな技術の進歩はないにもかかわらず，価格を維持している。これは，スイスの腕時計メーカーのブランド戦略が功を奏しているためと考えられる。

　第3は，新たな市場を作り出し，当該市場へ誘導する方策（マーケット・シフト）である（図7③の❸参照）。クオーツ式腕時計の例でいえば，（衛星）電波式腕時計の市場への誘導等である。現在，主としてシチズン社，セイコー社，カシオ社が衛星電波腕時計を展開している。この方策については，技術水準がいったんリセットされ，新たな技術の進歩が始まるから，先行者利益が得られ，技術の進歩が再び緩やかになるまで，特許権は非常に有効に機能すると考えられる。もっとも，消費者が必ずしもマーケット・シフトに追随するとは限らないという懸念は残る。そのため，マーケット・シフトだけでは十分ではなく，クローズ・オープン戦略（第18章3参照）等の収益に係る知財戦略やブランド戦略等が必要と考える。

　なお，中小企業への当てはめについては，木棚・浅野［2015］を参照。

◆参考文献

青木幸弘編著『価値競争時代のブランド戦略―脱コモディティ化への挑戦』ミネルヴァ書房，2011年

浅野卓「地理的表示（GI）制度の概要とビジネスモデルの構築」『月刊JA金融法務』2016年4月号，経済法令研究会，2016（a）年

浅野卓「国が地域特産品の品質を保証 GI制度はブランド育成に有効」『月刊ニューカントリー』747号，北海道協同組合通信社，2016（b）年

木棚照一・浅野卓「知的財産権の地域活性化への活用に関する基礎的考察―保護期間による限界とその対策」『名古屋学院大学研究年報』名古屋学院大学，2015年

経済産業省特許庁企画『産業財産権標準テキスト［意匠編］』工業所有権情報・研修館，2009年

鮫島正洋「特許から考える失敗しない研究開発 第2回 必須特許の有効期間」『日経ものづくり』692号，日経BP社，2012年

第18章　知財戦略(2)：収益機会の戦略

1 知的創造サイクル

(1) 知的創造サイクル

　知財を「創造」（研究開発やデザイン創作、コンテンツ制作）し、「保護」（権利化やノウハウ・キープ［秘匿化］）し、「活用」（自己活用やライセンス、標準化、権利譲渡）することにより、「収益」を上げ、その収益を新たな知財の「創造」につなげるという連鎖を「知的創造サイクル」という（図1）。従来から、知的創造サイクルを早く大きく回すことが説かれてきた。

　しかし、活用が十分になされず、収益に結びついていない例も多いと思われる。前述のように、知財（権）は経営資源・経営資産であり（第16章5（1）参照）、活用して初めて意味がある。

図1　知的創造サイクル

(2) 知的創造サイクルの逆回し

　「プロパテント」（特許重視）または「プロ知財」（知財重視）という言葉が登場して久しい。しかし、知財権による保護強化を重視するあまり、ともすれば、知財の保護そのものを目的としたり、「知財（権）先にありき」といった

考え方に陥ってしまう。

　この点，現在では，「プロイノベーション」(イノベーション重視)の考え方が浸透している。すなわち，経営または企業の持続的発展の手段として，イノベーションを位置づけ，さらに，イノベーションを下支えする手段として，知財を位置づけるのである。

　そこで，知財経営においては，出口である「活用」の観点から，必要な知財権や知財を逆算して，知財を創造し，知財権をつくる(知財の保護)という視点が重要になるであろう。これを「知的創造サイクルの逆回し」という。すなわち，企画・開発の段階で，活用の見通しを整理し(マーケティング，予想される競合関係の検討等)，または自己のビジネスモデル実現のために必要な知財権や技術・コンテンツ等を逆算し，そのうえで，保護の戦略を整理すべき(特許権等の権利化の戦略，ノウハウ・キープ〔秘匿化〕の戦略等)と考えるのである。

2 必須特許戦略

　本節では，技術的知財を念頭に論じる。

　それがなくては製品が成り立たない技術を「要所技術」という。また，ある技術の実施またはある製品の生産のために，必ず実施される発明に係る特許権を「必須特許」という。つまり，必須特許を取得できれば，知財の活用可能性が高まる。

　知財の「活用」を出発点とした知的創造サイクルの逆回しでは，マーケティングを取り入れることが多い。このマーケティングに，知財情報解析(パテントマップを使用することもある)を組み込むと，必須特許の取得可能性が向上すると考えられる(図2)。すなわち，知財部門と研究開発部門，経営企画部門が相互に連携し，知財情報解析をマーケティングに組み込むことにより，必須特許およびその取得可能性を見極め，必須特許となるべき技術の研究開発に資本を集中し，その成果である知財について知財権を取得すれば，当該知財(権)は十分に「活用」されるであろう。これを「必須特許戦略」という。

　なお，必須特許の取得が市場参入の前提条件であるともいわれている［鮫島・溝田，2012］。鮫島は，これを「必須特許ポートフォリオ論」と呼ぶ。

図2　知財情報解析を組み込んだマーケティングに基づく必須特許の研究開発

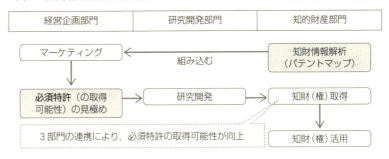

3 オープン・クローズ戦略

(1) 社会構造の変化

本節では，技術的知財を念頭に論じるが，創作活動を伴う知財全般にあてはまる箇所もあるであろう。

近年，3つの社会的構造の変化がみられる。第1に，製品の複雑高度化・ユニット化である。特に電気機械器具の分野では，自社の発明だけで製品を製造することが難しくなっている。そのため，ライセンス（本章3（4）参照）や標準化（本章3（5）参照）の検討も必要となってきた。

第2に，研究開発主体の変化である。研究開発主体が，個人の時代から，会社（職務発明）の時代を経て，複数組織（共同研究開発）の時代に突入した。そのため，研究開発スピードの増加や研究開発コスト・リスクの削減がますます重要となり，オープン・イノベーションやライセンス，標準化の重要性も増加してきた。

第3に，流通・通信の自由化・国際化である。IT技術の普及等により，知財や情報は短期間に国境を越えて広まる。そのため，海外での権利取得（第15章参照）や，中核部分のノウハウ・キープ（秘匿化）の検討も必要となってきた。

(2) オープン・イノベーション

上述の「オープン・イノベーション」とは，自社の技術的知財だけでなく，

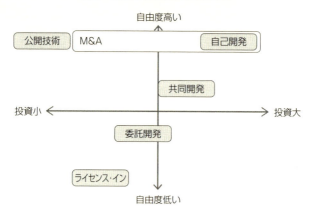

図3　実施の自由度と投資の大小

社外の技術的知財も導入して、イノベーションを実現することをいう。企画・開発の段階のオープン戦略であり、「コラボレーティブ・インベンション」（協業的技術開発）とも呼ばれる。

　公開技術があれば、最も少ない投資で技術的知財を導入することができるが、自己の事業と組み合わせ可能な公開技術を見つけるのは容易ではない。一方、技術的知財の自己開発や他社の技術的知財の買収、そのような知財を保有する企業や事業部門に対するM&Aは、投資が大きい。そこで、共同開発や他社への委託開発、他社からのライセンスの許諾（ライセンス・イン）を組み合わせることになるが、それらは、契約内容次第で当該技術的知財の実施の自由度は低下する（図3）。

　共同開発や委託開発、ライセンス・インの場合には、自社の秘密情報が相手方により漏洩されることを防止する必要がある。通常は秘密保持契約を締結する。

　また、M&Aや共同開発、委託開発、ライセンス・インの場合には、相手方の秘密情報やアイデアが自社の情報に混入すること（「コンタミネーション」〔情報混入〕という）を防止する必要がある。コンタミネーションしてしまうと、将来にわたり、自社製品の製造・販売を差し止められる潜在的リスクを抱えることになる。

(3) オープン・クローズ戦略

　必須特許戦略の下では，要所技術・必須特許とそれ以外の技術という概念が生まれ，それらを使い分けるという発想が生まれる。さらに，上述の社会構造の変化に伴い，知財経営においては，権利化だけでなく，ノウハウ・キープやライセンス，標準化という手法を組み合わせるという考え方が出てくる。

　具体的には，研究開発した複数の技術について，①クローズ（ノウハウ・キープ。秘匿化，ブラックボックス化ともいう），②クローズ（権利化），③セミオープン（条件付〔無償〕提供），④オープン（ライセンス），⑤オープン（標準化）を駆使し，「内インテグラル（擦り合わせ）・外モジューラー（組み合わせ）」，「内独自技術・外標準」，「内クローズ・外オープン」を実現するという考え方である。これを「オープン・クローズ戦略」という。製品化および普及段階のオープン戦略である。

　公開を伴う権利化と秘密管理性を要件とするノウハウ・キープは二者択一である。特許権の取得は，排他的独占権という強力な権利が付与されるものの，明細書について実施可能要件が課され，発明が公開されることと相まって，原則として出願日から20年経過後は誰でも当該発明を自由に実施できる。一方，ノウハウ・キープは，非公開かつ期間無制限で保護されるものの，不安定な保護である。一般論としては，研究開発した技術のうち，外部から認識できない部分はノウハウ・キープし，外部から認識できる部分は権利化すべきといえる。また，発明の実施に，他社の追随を許さないほどの技術力を要するのであれば，ノウハウ・キープでよい。しかし，先進国においては他社と技術力に大差ないことが多いから，技術のアウトラインは迅速に特許出願し（先願主義），インテグラルの部分はノウハウ・キープで対処する方策が，多くの場合にあてはまるであろう。

　一般的には，要所技術については，クローズ（ノウハウ・キープや権利化）にしたうえで，自社が独占すべきといえる。一方，周辺技術についてはオープンにし，ライセンスしたり，標準化を主導することにより，「仲間づくり」をすべきである。そして，仲間づくりにより市場自体のパイを増やし，普及につなげるのである。

　また，要所技術と周辺技術の間に，中間システムを形成（インフラを整備）

し，当該要所技術を販売する際，当該中間システムの無償ライセンスをつけて販売する等，中間システムをセミオープンにすることは，自社の要所技術の採用および普及にとって有効と考えられる。当該手法は，インテル社の「インサイド・モデル」や，アップル社の「アウトサイド・モデル」にもみられる。

インテル社は，CPUの設計開発・製造に関わる技術を「要所技術」としてクローズにする一方，USBやPCI等のインターフェイス規格を「周辺技術」としてオープン（標準化）にした。次に，マザーボードの一連の技術情報群を「中間システム」として，PCメーカーにCPUをマザーボードの一連の技術情報群をつけて販売した（セミオープン）。さらに，国際斜形分業（本章4（4）参照）により普及を図り，また，ブランド戦略と連動させた。これが「インサイド・モデル」である。

なお，アップル社の「アウトサイド・モデル」は，コンセプト主導による事業開発やモノとサービスの相乗化の点でインサイド・モデルと異なるものの，①要所技術のクローズ，②中間システムのセミオープン，③周辺技術のオープンを組み合わせる点はインサイド・モデルと共通する。

（4）ライセンス類型

オープンの手法であるライセンスについては，独占の有無（専用実施権，通常実施権，独占的通常実施権等）と契約の形態（クロス・ライセンス，マルチプル・ライセンス，パテント・プール等）の選択が重要となる。

専用実施権は，特許権の「一部切り取り」のイメージである（図4）。すなわち，①専用実施権は，排他的独占権である特許権の一部だから排他的独占権である（特許法77条2項）。そのため，専用実施権の範囲については，特許権者も実施できない。また，②専用実施権は特許権の切り取りだから，切り取って空権化してしまった部分（専用実施権の範囲）については，重複して専用実施権を設定できない。それゆえ，③権利の帰属を明確にするため，専用実施権の設定等は，登録しなければ効力を生じない（登録が効力発生要件。特許法98条1項2号）。

このように，専用実施権は特許権者に対する制約が大きいため，通常は，通常実施権か独占的通常実施権（契約の相手方以外には実施権を許諾しない〔独占さ

図4　専用実施権のイメージ

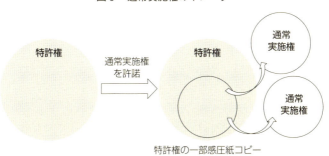

図5　通常実施権のイメージ

せる〕旨の特約を伴った通常実施権）が選択される。

　通常実施権は，特許権の「一部感圧紙コピー」のイメージである（図5）。すなわち，①通常実施権は，特許権の感圧紙コピーだから排他的独占権ではない。そのため，通常実施権の範囲について，特許権者も実施できる。また，②通常実施権は，特許権のコピーだからコピーしてもなくなってしまう部分はないので，重複して通常実施権を許諾できる。それゆえ，③通常実施権は，登録不要で，転得者等に対する当然対抗制度が導入されている。

　ライセンスは，特許権者が実施を希望する者にライセンスを許諾するのが基本の形態である。このとき，ライセンスをする者を「ライセンサー」と呼び，ライセンスを受ける者を「ライセンシー」と呼ぶ。

　そして，複数の特許権者がお互いが保有する特許権についてライセンスを許諾し合うことを「クロス・ライセンス」という。また，特定の特許権について複数の者にライセンスを許諾することを「マルチプル・ライセンス」という。

図6 ライセンスの形態

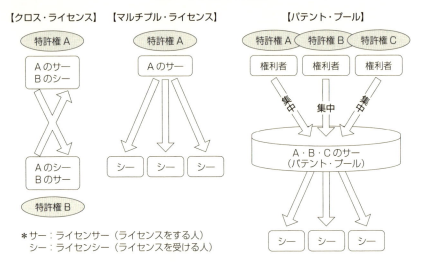

＊サー：ライセンサー（ライセンスをする人）
　シー：ライセンシー（ライセンスを受ける人）

　さらに，クロス・ライセンスとマルチプル・ライセンスを組み合わせたような形態として，「パテント・プール」がある（図6）。
　パテント・プールとは，複数の特許権者がそれぞれが保有する特許権または当該特許権についてライセンスを許諾する権利を特定の企業体や組織体に集中し，パテント・プールの構成員等は当該企業体や組織体を通じて一括してライセンス許諾を受ける形態である。パテント・プールは，標準化にあたって採用されることが多い。また，特定の製品に係る多数の特許を，多数の特許権者が入り組んで保有している状態を「特許の藪」というが，パテント・プールは特許の藪における解決策としてもあげられている。

(5) 戦略的標準化の類型

　オープンの手法である標準化とは，「①実在の問題又は起こる可能性がある問題に関して，（対象）②与えられた状況において（前提条件）③最適な秩序を得ることを目的として，（目的）④共通に，かつ，繰り返して使用するための（結果）⑤記述事項を確立する活動」をいう（JIS Z 8002：2006による定義。カッコ内は日本規格協会による）。

「最適な秩序」のために「共通に，かつ，繰り返して使用」されるので，自社の知財権を標準に組み込むことができれば，技術の改良・高度化の主導やライセンス料の安定的な獲得の観点から，事業活動にとって有利になると考えられる。そのため，オープン・クローズ戦略においても，自社の知財権を標準に組み込むことは有効であるとされている。

知財と組み合わせた戦略的な標準化には，大きく3つの類型がある（表1）。すなわち，①製品の仕様の標準化，②他社製品とのインターフェイス部分の仕様（例えば，インターフェイスの形状やファイルフォーマット等）の標準化，③自社製品・技術でなければ実現できない性能基準・試験方法の標準化である。なお，知財とは直接関係しないが，④新製品等の用語・記号の標準化がある。

②の類型は，「フリーミアム・モデル」でもある（本章5（3）参照）。これら

表1　戦略的標準化の類型

標準化の類型	標準と特許の組み合わせ（典型例）	標準の内容	特徴
①製品の仕様の標準化	自社特許を標準の必須特許として含めて標準化	必須特許を含める（必須特許をオープン）	製品普及による市場拡大を実現しつつ，標準の必須特許によるライセンス収入増
②他社製品とのインターフェイス部分の仕様の標準化	自社特許等の周辺技術を標準化	要所技術とは別個の技術やルール（要所技術はクローズ）	相互接続確保による市場拡大を実現しつつ，要所技術のクローズ化により価格低下抑制
③自社製品・技術でなければ実現できない性能基準・試験方法の標準化	自社特許等を含む製品の性能基準・試験方法を標準化	要所技術とは別個の技術やルール（要所技術はクローズ）	自社製品の差別化による市場創出・獲得を実現
④新製品等の用語・記号の標準化			認知度を高めて市場を拡大

出所：[中山，2016] に加筆・修正。

の類型を要所技術・必須特許の観点から分析すると，次のようにいえるであろう。①の類型は，標準の内容に自社の必須特許を含めており，必須特許を広くオープンにしている。一方，②および③の類型は，要所技術とは別個の技術やルールを標準の内容としており，要所技術はクローズにしている。特許権者にとっては，①の類型よりも，②および③の類型の方が，要所技術に対するイニシアティブを強く及ぼすことができるといえるであろう。

また，標準に含まれる知財権のうち必須特許について，①標準策定後（または普及後）にライセンスを拒否する事例や，②標準策定後（または普及後）に高額のライセンス料を要求する事例がある。これらは「ホールドアップ問題」と呼ばれ，その対処方法が試行錯誤されている。ホールドアップ問題については，木棚・浅野［2016］を参照。

4 三位一体の事業経営

(1) 知財経営モデル

オープン・クローズ戦略に，これまでみてきたブランド戦略（第16章）や知的創造サイクルの逆回し，必須特許戦略の考え方を組み合わせると，知財経営について，以下の知見を得られるであろう（図7）。

まず，①デザインのアプローチ・経験価値のアプローチから，顧客の側からみて，顧客に提供すべき「新しい価値」や優位点を発見・創造する。新しい価値は，機能的価値よりは感性的価値，モノの価値よりはコトの価値（経験価値等）の方が望ましい（第16章4参照）。また，新しい価値は長期的かつ根源的な価値であることが望ましく，顧客のニーズに適合することが重要である。

ここで，「デザインのアプローチ・経験価値のアプローチ」とは，開発者のシーズに基づく「モノ」を出発点とする「技術的なアプローチ」ではなく，個々の顧客の側からみて発見・創造された新しい価値に基づく「コト」を提案するアプローチである。そして，提案するコトおよびそこから生じるニーズに合わせて，個々の商品・サービスやブランドを創り上げるというアプローチである。シーズ先行の場合でも，その技術から当然に考えられる用法だけでなく，その技術が顧客に提供できる他の新しい価値がないか常に検討し続けることが

図7　知財経営モデル（三位一体の事業経営）

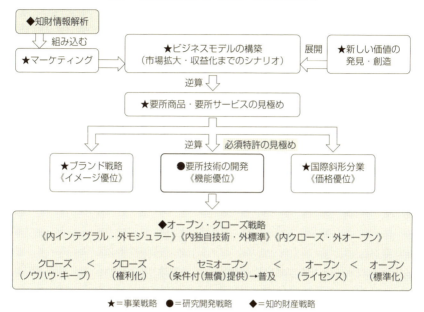

重要である。

　次に，②当該価値が顧客にもたらすライフスタイルを考え，「ビジネスモデル」（市場拡大・収益化までのシナリオ）を構築する。当該ビジネスモデルは，顧客の側からみれば，ライフスタイルの提案となる。

　そして，③当該ビジネスモデルから逆算して，ビジネスモデルにおいて押さえなければならない商品・サービス（以下「要所商品・要所サービス」という）を見極める。さらに，④当該要所商品・要所サービスから逆算して，「要所技術」の研究開発に投資を集中する。⑤当該要所技術については，クローズとオープンを適切に使い分けていく（オープン・クローズ戦略）。

　ただし，要所技術の研究開発のみに特化することには注意を要する。特化すると，技術革新の結果，製品アーキテクチャがモジューラー（組み合わせ）型からインテグラル（擦り合わせ）型へ揺り戻されたときに対応できないおそれがあるからである（モジュラリティの罠）。

第18章　知財戦略(2)　245

また，⑥要所技術の研究開発や適切なオープン・クローズ戦略の実施と並行して，「ブランド戦略」を推し進める。必要に応じて，後述の「国際斜形分業」を行う。

要約すれば，ビジネスモデルから逆算して知財をつくり，クローズとオープンを適切に組み合わせて持続的発展をめざすのである。また，モノを主体に考えるのではなく，ビジネスモデルまたは顧客に提案するライフスタイルを主体に考えるということであり，モノはビジネスモデルまたは顧客に提案するライフスタイルを実現するための手段に過ぎないのである。

(2) 三位一体の事業経営

このように，ビジネスモデルと知財（権）は両輪をなすと考えられる。すなわち，ビジネスモデルが想定されて初めて，知財（権）の価値は大きく評価され，知財（権）があって初めてビジネスモデルの実現は確実性を増し，ビジネスモデル実現の確実性が増すことによって，知財（権）はさらに大きく評価されるのである。

また，上述（1）の知財経営モデルのうち，①新しい価値の発見・創造，②ビジネスモデルの構築，③要所商品・要所サービスの見極め，⑥ブランド戦略（商標戦略は知財戦略である）や国際斜形分業は，「事業戦略」である。また，④要所技術の開発は「研究開発戦略」であり，⑤オープン・クローズ戦略は「知財戦略」である。

事業戦略・研究開発戦略・知財戦略を相互に連携させ，三位一体として事業競争力の優位性を追求する三位一体の事業経営こそ，プロイノベーション時代の知財経営といえるであろう。

(3) 要所技術の条件

上述（1）の知財経営モデルにおいて，要所技術の見極めを誤ると，市場が拡大しても，自社のシェアが拡大しても，自社の収益増にはつながらない。

要所技術の条件としては，当該技術が，①ビジネスモデル自体またはビジネスモデルにおける要所商品・要所サービス（以下「ビジネスモデル等」という）にとって，不可欠であること（不可欠性）のほかに，②少なくとも要所商品・

要所サービスが得る収益に伍した利益率を達成していること（高い利益配分率），③持続的に実施可能であること（持続可能性），④知財戦略（第17章および第18章）の結果，ビジネスモデル等の高度化を先導すること，または，今後のビジネスモデル等の改善過程を先導しうること（先導可能性）があげられるのではないだろうか（［経済産業省特許庁監修，2011：112-113］を参考に作成）。

(4) 国際斜形分業

かつては，技術革新と普及を1社単独で行っていた。これを「垂直統合」という。その後，技術革新と普及が分けられ（垂直分離），同列の企業群により分業された。これを「水平分業」という。特に，国際的になされたものを「国際水平分業」という。

さらに，先進国と新興国のように，技術力と人件費の差（これを「斜形」という）がある場合に，技術革新を先進国の企業が，普及を新興国の企業が分業するようになった。これを「国際斜形分業」という（図8）。

ただし，国際斜形分業は要所技術以外にすべきである。要所技術を国際斜形分業してしまうと，要所技術のモジューラー化と要所技術に係るノウハウの流出につながるからである。

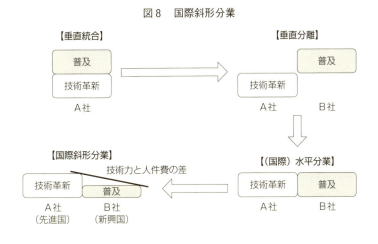

図8　国際斜形分業

5 オープン・クローズ戦略の展開

(1) オープン・クローズ・モデルの特徴

　知財戦略モデルの展開を振り返ってみると，自社創作物や自社商標等について，すべてをクローズにする（ノウハウ・キープ，権利化）というのが基本形である。いわば，「クローズ一辺倒」である。これを「伝統的知財権モデル」と呼ぶことにする（表2）。

　その後，「オープン・クローズ・モデル」によって，①複数の知財を使い分け，②クローズにするだけでなく，一部の知財をオープンにするという途が開かれた。例えば，インテル社のインサイド・モデルでは，CPUに係る技術をクローズにし，インターフェイス規格をオープンにし，さらに，マザーボードに係る技術をセミオープンにし，独占と普及を両立させた。この点については，アップル社のアウトサイド・モデルも同様である（本章3（3）参照）。

表2　オープン・クローズの対象と収益の源泉

	伝統的知財権モデル	オープン・クローズ・モデル（インテルのインサイド・モデル）	フリーミアム・モデル	プラットフォーム・モデル（ニコニコ動画モデル）
クローズ	自社創作物 自社商標等	CPUに係る技術	上級サービス 上級機能	―
セミオープン（見返り型開放）	―	マザーボードに係る技術	―	―
オープン	―	インターフェイス規格	基本サービス（一部）	コンテンツ（全部）
収益の源泉	自社創作物 自社商標等	CPUに係る技術	上級サービス 上級機能	視聴環境 投稿環境
知財のコスト	大	大	大	小（ユーザーの著作物）
備考	知財権で保護する対象（クローズの対象）と，収益の源泉が同じ			地理的表示は，プラットフォームとセットで効果を発揮

主たる事業や商品・サービスにおいて，中核となる知財を「中核知財」と呼ぶとすると，オープン・クローズ・モデルにおいては，「中核知財はクローズ」である。
　筆者の整理では，その後の知財戦略モデルは，オープン・クローズ・モデルの特徴である①複数の知財を使い分けるという側面と②オープンにするという側面を発展させたものだといえる。

(2) 複数知財の使い分けの側面を発展させたモデル
　「戦略的標準化・モデル」があげられる（本章3（5）参照）。戦略的標準化・モデルにおいても，「中核知財はクローズ」である。

(3) オープンの側面を発展させたモデル
　「フリーミアム・モデル」があげられる。これは，基本サービスについては無料（Free）で提供し，さらなる上級サービスや上級機能については付加料金・（Premium）で提供するというビジネスモデルである。例えば，動画配信の第1話無料や，AdobeのAcrobat等である。
　オープン・クローズ・モデルでは，クローズにする知財（CPUに係る技術）とオープンにする知財（インターフェイス規格）は別個の知財である。一方，フリーミアム・モデルでは，上級サービス等に係る知財と基本サービスに係る知財は別個の知財というわけではない。すなわち，フリーミアム・モデルは「中核知財の一部をオープン」にするのである。その意味で，オープン・クローズ・モデルのオープンの側面を発展させたモデルといえる。

(4) 中核知財と収益の源泉を分離させたモデル
　伝統的知財権モデル，オープン・クローズ・モデル，フリーミアム・モデル，戦略的標準化・モデルのいずれも，知財権で保護する対象（クローズの対象）と収益の源泉が共通する。また，「中核知財と収益の源泉が共通」する。すなわち，収益の源泉を知財権で独占し，中核知財から収益を上げるというビジネスモデルといえる。
　ところが，中核知財と収益の源泉を分離させたモデルも出てきた。すなわ

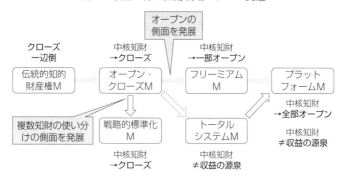

図9 収益に係る知財戦略モデルの変遷

ち、①本体・消耗品・モデル、②本体・メンテナンス・モデル、③モノとサービスの相乗化モデルである。これらを包括して「トータルシステム・モデル」と呼ぶことにする（図9）。これらは、垂直統合型のビジネスモデルであり、収益機会を分散したビジネスモデルということもできる。トータルシステム・モデルは、知財権で保護する対象と収益の源泉が異なる。また、「中核知財と収益の源泉が分離」していることが特徴である。個々のモデルをもう少し詳しくみていこう。

まず、①「本体・消耗品・モデル」は、製品本体を低利益で普及させ、消耗品で継続的に利益を上げるというビジネスモデルである。例えば、プリンターとカートリッジである。この中核知財は、「製品本体に係る知財」である。なお、製品本体と消耗品を異なる企業が製造販売する場合は、オープン・クローズ・モデルと同様になるので、同一企業の場合に限定して論じる。

次に、②「本体・メンテナンス・モデル」は、製品本体を比較的低利益で販売し、メンテナンス（保守、点検、修理、部品交換等）で継続的に利益を上げるというビジネスモデルである。重工業系の製品に多く、例えば、エレベーター、ジェット機のエンジン、発電所である。この中核知財は、「製品本体に係る知財」である。

しかし、本体・メンテナンス・モデルは、製品本体のコモディティ化および非系列企業のメンテナンス事業への参入により、利益を上げることが難しくなってきた。そのような流れのなかで出てきたのが、③「モノとサービスの相

乗化モデル」である。例えば，IBM社のソリューション・ビジネスモデルや月島機械のライフサイクル・ビジネスモデルがあげられる。

　IBM社のソリューション・モデルは，2つに分かれる。第1に，アウトソーシング・サービスであり，コンピュータに強みをもつIBM社のコンピュータ・センターを最大限活用できるサービスとして展開している。この中核知財は，「コンピュータに係る知財」である。第2に，システム・インテグレーションおよびコンサルテーション・サービスであり，高度な擦り合わせをしたシステムの構築である。なお，第2のサービスの中核知財は，「擦り合わせのノウハウ」であるため，伝統的知財権モデルと同様になるので，1つ目のサービスに限定して論じる。

　月島機械のライフサイクル・モデルは，主たる事業であるプラント（排水処理施設）の設計・建設，メンテナンスに加えて，オペレーション（維持管理，運営等）まで含めたビジネスモデルである。IBM社のアウトソーシング・モデルと同型といえる。この中核知財は，「プラントに係る知財」である。

(5) 知財の新しい活用方法を提示するモデル

　このように，オープン・クローズ・モデルは，①複数の知財を使い分けるという側面を発展させ，②オープンにするという側面を発展させ，中核知財自体をオープンにするようになった。また，複数の知財を使い分けることとも関連して，中核知財と収益の源泉を分離させたモデルも出てきた。

　近年，オープン・クローズ・モデルの特徴をさらに進め，また，トータルシステム・モデルの流れをくむビジネスモデルが現れた。ニコニコ動画である。これは，ユーザーがニコニコ動画サイトに投稿（アップロード）したコンテンツを，他のユーザーが視聴できるというビジネスモデルである。このモデルでは，知財はニコニコ動画というビジネスモデルの「プラットフォーム」（事業者や顧客ほか多くの関係者が参加できる場。第14章1参照）を整備するために活用されている。標準化の方法以外でプラットフォームの形成に資するモデルであることから，これを「プラットフォーム・モデル」と呼ぶことにする。

　プラットフォーム・モデルの中核知財は，「コンテンツに係る知財」である。そして，会員はコンテンツを自由に視聴できる。すなわち，このモデルでは，

「中核知財の全部をオープン」にしている。また、事業者は、コンテンツの投稿や視聴から利益を得ておらず、快適な視聴環境や投稿環境の提供等で利益を上げている。すなわち、このモデルでは、「中核知財と収益の源泉が分離」している。

(6) まとめ

自社技術の普及のために知財をオープンにする戦略は、クオーツ式腕時計だけでなく、VHS規格やIBM PC等、従来から枚挙にいとまがない。しかし、昨今では、複数の知財のうち何を、どの程度オープンにするか、収益の源泉との関係で緻密に判断することが、ビジネスモデル全体の成否を決めるといえる。

最後に、上述のプラットフォーム・モデルは、地理的表示を活用した地域活性化のビジネスモデルに示唆を与える。地理的表示(第14章6参照)も、ニコニコ動画におけるコンテンツと同様、生産者団体の構成員である生産業者に広くオープンにされている。また、プラットフォーム・モデルは、伝統的知財権モデルやオープン・クローズ・モデル、フリーミアム・モデルと比べて、事業者が負担する知財のコストが小さいため、地域活性化の取り組みに向いている。まさに、地理的表示は、プラットフォームとセットにすることで効果を発揮するといえる。この点、地域団体商標による保護は、伝統的知財権モデルに該当する。

◆参考文献

浅野卓『ビジュアル 知的財産マネジメント―知的財産法から知的財産経営への展開』DTP出版、2012年

木棚照一・浅野卓「知的財産のオープン・クローズ戦略における標準化に潜む問題―ホールドアップ問題への対処方法の整理と検討」『名古屋学院大学研究年報』名古屋学院大学、2016年

経済産業省特許庁監修『事業戦略と知的財産マネジメント』工業所有権情報・研修館、2011年

鮫島正洋・溝田宗司「特許から考える失敗しない研究開発 第1回 有効な特許とは」『日経ものづくり』691号、日経BP社、2012年

中山文博「知財と標準化の戦略的活用―標準化をビジネスツールに」『IPマネジメントレビュー』22号、知的財産教育協会、2016年

索　引

A–Z

ACT → 行動的経験価値
AMC（WIPO調停仲裁センター）......... 203
FEEL → 情緒的経験価値
GI 184
GI制度 184-188
GI登録 185, 188-191, 226
　──申請 188-191
　──の管理的要件 190
　──の客体的要件 189
　──の主体的要件 189
GI法 176, 184
　──上の農林水産物等 184
PCT → 特許協力条約
PDO 187
RELATE → 関係的経験価値
SENSE → 感覚的経験価値
THINK → 認知的経験価値
TRIPS協定 → 知的所有権の貿易関連の
　　側面に関する協定
UNESCO 198
WIPO → 世界知的所有権機関
WTO → 世界貿易機関

あ　行

アウトカム 223
アウトサイド・モデル 240
アクセスコントロール 171
アサインバック 58, 59
頭　金 58
安定性 178
依拠性 154
育成者 177
育成者権 9, 177
　──の効力 179-182
　──の効力の及ばない範囲 183
　──の侵害 183-184
　──の存続期間 179
意見書提出期間 188
意匠権 3, 9
　──の効力 92
　──の効力の制限 93, 96
　──の登録 91
意匠制度の歴史的沿革 84
意匠の3次元的保護 223, 224
意匠法による保護 170
意匠法の保護対象 84
一身専属権 161, 167
イノベーション 219
イノベーターのジレンマ 230
インカム 176
インサイド・モデル 240
引　用 162
ウィーン協定 195
内インテグラル（摺り合わせ）・外モジュ
　ラー（組み合わせ） 239
内クローズ・外オープン 239
内独自技術・外標準 239
営業（上の）秘密 64, 126
　──に関する不正競争行為 123
　──の不正取得・使用・開示行為 125
営業誹謗行為 123
延長登録の無効審判 46
応用美術 170
オープン・イノベーション 237
オープン・クローズ戦略 ... 237, 239, 243, 244
オープン・クローズ・モデル 248, 251
オープンな特許政策 205
お墨付き 184, 186-187, 190, 191

か　行

外観類似 112
回路配置利用権 9
学識経験者委員会 188
拡大先願（拡大された先願の範囲） 25, 71
カスケイドの原則 181-182
価値共創 208, 209, 211
価値提供 208
価値の3原則 217
価値の4分類 211-214
カラオケ法理 173, 174

仮保護制度 → 補償金支払請求権
感覚的経験価値 ………………………… 214
関係性 ……………………… 207-209, 213-215
関係的経験価値 ………………………… 214
刊行物記載 ……………………………… 22
願書 ………………………………… 36, 90
間接侵害 …………………………… 51, 173
観念類似 ………………………………… 112
関連意匠 ………………………………… 93
キーデバイス …………………………… 205
技術上の秘密 …………………………… 126
技術的思想 ……………………………… 19
技術的制限手段 ………………………… 171
　──回避装置 ………………………… 171
　──無効化装置提供行為 ……… 123, 127
技術的なアプローチ …………………… 244
技術的保護手段回避装置 ……………… 171
技術分野 ………………………………… 16
偽造品の取引の防止に関する協定 …… 197
共同著作物 ………………… 140, 156, 170
共同発明者 ……………………………… 29
拒絶査定不服審判 ………………… 45, 110
拒絶理由通知書 ………………………… 45
許諾通常利用権 ………………………… 183
許諾利用権 ………………………… 157, 167
均一性 …………………………………… 178
均等論による侵害 ……………………… 50
グッド・ウィル …………………… 186, 187
区別性 …………………………………… 178
組物の意匠 ……………………………… 85
クラシカル・オーサー ………………… 151
グラントバック ……………………… 58, 59
クロス・ライセンス ……………… 240, 241
経験価値 …………………… 207, 214, 215
経験価値のアプローチ ………………… 244
経験経済 ………………………………… 224
経験産業 ………………………………… 224
経済法 …………………………………… 220
刑事罰 ………………… 55, 83, 97, 116, 156, 183
刑罰規定 ………………………………… 132
契約自由の原則 ………………………… 61
契約の対価 ……………………………… 155
研究開発戦略 …………………………… 246
原産地称呼保護 → PDO
原産地・品質等の誤認惹起行為 ……… 128

原産地表示 ……………………………… 10
原産地名称の保護及国際登録に関する
　協定 …………………………………… 195
現地調査 ………………………………… 188
現物調査 ………………………………… 178
権利無効の抗弁 ………………………… 82
行為規制法（行為規制） … 3, 186, 219, 224, 226
工業上の利用可能性 ………………… 86, 87
貢献度・寄与度の認定 ………………… 30
交雑品種 ………………………………… 180
公示 ………………………………… 188, 189
公衆 ………………………………… 141, 142
公衆送信 ………………………………… 144
公衆送信権 ………………………… 144, 146
公知 ……………………………………… 21
行動的経験価値 ………………………… 214
高度性 …………………………………… 20
後発の優位 ……………………………… 230
公表権 …………………………………… 142
公用 ……………………………………… 22
顧客ベース・ブランド・エクイティ … 207
国際斜形分業 ……………………… 246, 247
国際水平分業 …………………………… 247
国内消尽 ………………………………… 81
国内優先権制度 ………………………… 42
コスト・リーダーシップ戦略 ………… 230
コトによる価値 ………………………… 209
　──の感性的価値 …………………… 213
　──の機能的価値 …………………… 213
ご当地一貫 ……………………………… 188
コピーコントロール …………………… 171
コモディティ化 … 176, 205, 210, 212, 213, 218, 230, 231, 233
コラボレーティブ・インベンション … 238
コンタミネーション …………………… 238
コンテンツに係る知財 ………………… 251
コンピュータに係る知財 ……………… 251

さ 行

最恵国待遇 ……………………………… 196
裁定実施権 ………………………… 78, 94
裁定通常利用権 ………………………… 183
裁定利用権 ………………………… 157, 167
先使用権の抗弁 ………………………… 53

差止請求	169	——の単一性	39
差止請求権	52, 79, 95, 116, 130, 156, 183	——の分割	74
産業財産権	8	——の変更	41, 74
産業財産権法	220	——の方式適格性（商標法）	103
産業上の利用可能性	20, 21, 71	出願公開	43
産業の発達	135	出願公表（種苗法）	178
事業戦略	246	出願書類（実用新案法）	71
事業戦略対応まとめ審議	226	出願人の権利適格性	103
試験または研究のためにする実施	53	出所表示機能	101
自己活用	221	出版許諾契約	157
自然法則の利用	18	出版権（設定契約）	157
思想・表現二分論	136	ジュネーブ条約	194
実演家	163	種苗法	177-184
実演家人格権	164, 169	需要者の利益を保護	184
——の侵害	167	使用意思	103
——の保護期間	166	上映権	144, 145
実施可能要件	25	上演権	144
実用新案技術評価書	76	使用回復措置	116
実用新案権	9, 69	称呼類似	112
——の沿革と動向	69	使用主義	103
——の間接侵害	79	消　尽	55, 97
——の効力	75, 81	消尽論	182
——の効力の制限	75	情緒的経験価値	214
実用新案権権利範囲判定書	79	情動的な絆	207
実用新案登録無効審判	77	譲渡契約における特掲	147
実用新案法の保護対象	70	譲渡権	144, 146
指定種苗制度	177	商　標	101
指定商品, 指定役務	101	——の使用意思	103
私的使用	161	——の消極的登録要件	105
——のための複製	160	——の積極的登録要件	103
私的独占	62	——の登録要件	102
私的便益　→　インカム		商標権	3, 9
私的録音録画補償金	161	——の移転	120
支分権の束	142, 143, 164	——の侵害訴訟における抗弁	116
氏名・肖像権	172	商標戦略	209
氏名表示権	142, 164	商標登録取消審判	110
社会の便益　→　アウトカム		商標登録無効審判	110
集積回路についての知的所有権に関する条約	194	商標法条約	194
従属品種	180	商標法の沿革・機能	99, 101
集中管理	157	商品・営業主体（の）混同行為	123
自由発明	33	商品化権	148
周辺技術	240	商品形態の模倣, 頒布行為	125
出　願		商品形態の隷属的模倣行為	123
——の効果	40	商品等表示	124
		証明商標	102

索　引　255

植物の新品種の保護に関する国際条約 …… 197
職務著作 …… 149
職務発明 …… 31, 151
　——について相当の利益を受ける権利
　…… 32
シンガポール条約 …… 194
新規性 …… 20, 21, 71, 86, 179
新規性喪失事由 …… 21
新規性喪失の例外 …… 22, 87
審　査 …… 45, 73, 91, 108, 188
審査請求 …… 34
審　判 …… 45, 91
進歩性 …… 20, 23, 71
信用回復措置 …… 52, 80, 96
　——請求権 …… 130, 183
信用毀損行為 …… 128
垂直統合 …… 247
垂直分離 …… 247
水平分業 …… 247
ストラスブール協定 …… 195
図　面 …… 36, 39, 90
摺り合わせのノウハウ …… 251
生産行程管理業務 …… 189
　——規程 …… 191
生産商標 …… 102
生産地の特定法（GI法）…… 189
生産方法の確立性（GI法）…… 189, 190
世界知的所有権機関 …… 194, 197
世界知的所有権機関条約 …… 194
世界貿易機関 …… 194, 198
絶対権 …… 138
先育成による通常利用権 …… 183
先願主義 …… 25, 178, 179
先願性 …… 71, 88, 103
先行技術文献 …… 16
宣伝・広告機能 …… 101
先登録主義（GI法）…… 190
専用利用権 …… 183
戦略的標準化・モデル …… 249
創作者主義 …… 149
創作性 …… 19
創作的 …… 137
創作非容易性 …… 86, 87
送信可能化 …… 146
相対権 …… 138

措置請求 …… 185
措置命令 …… 185, 186, 189
損害賠償請求権 …… 52, 80, 95, 116, 130, 156, 183

た　行

対　価 …… 58
貸与権 …… 144, 146
代理人等の商標無断使用行為 …… 123, 129
多国間条約 …… 193, 197
立入検査 …… 189
段階的行使の原則 → カスケイドの原則
団体商標 …… 106
地域価値ミックス …… 226
地域団体商標 …… 106, 107, 185
知財国際機構 …… 197
知財経営 …… 219, 244-246
知財戦略 …… 219, 246
　——の3つの軸 …… 221
知財デューデリジェンス …… 219
知的財産 …… 1, 64
　——の保護方法 …… 219
　——法 …… 219
知的財産権 …… 64
　——の種類と効力 …… 8
　——の対象 …… 221
　——法 …… 219
知的財産保護
　——の強化と知的財産権の活用 …… 10
　——の必要性と知的財産保護戦略 …… 4
知的財産（権）ミックス …… 170, 190, 226
知的所有権の貿易関連の側面に関する協定
　…… 24, 193, 195, 196
知的創造サイクル …… 235
　——の逆回し …… 235, 236, 244
中核知財 …… 249
中間システム …… 240
著作権（著作財産権）…… 3, 10, 134, 135, 138, 140, 141, 143, 152
　——の譲渡と特掲 …… 147
　——の侵害 …… 153-156
　——の制限 …… 159
　——の保護期間 …… 140
著作権者 …… 141
著作権等管理事業者 …… 157

著作権法 …………………………………… 134
著作者 …………………………………… 138, 149
　　──の権利 …………… 134, 135, 138, 141, 150, 164
　　──の権利と所有権との関係 …………… 155
著作者人格権 ……… 10, 138, 140-142, 145, 152
　　──の侵害 ……………………… 152, 156
　　──の保護期間 ………………………… 140
著作物 …………………………………… 136, 140
　　映画の── ……………………………… 150
著作隣接権 ……… 3, 10, 134, 135, 145, 163, 164
　　──と著作者の権利との関係 …………… 164
　　──の譲渡 ……………………………… 167
　　──の侵害 …………………………… 168-170
　　──の保護期間 ………………………… 166
著作隣接権者 …………………………… 151, 163
著名商品等表示の無断使用行為 …… 123, 124
地理的表示 → GI
地理的表示法 → GI法
地理的表示登録 → GI登録
通常使用権 ……………………………………… 121
訂正 ……………………………………………… 77
訂正審判 ………………………………………… 45
データベースの著作物 ……………………… 158
デザインイメージ市場での定着 …………… 226
デザインのアプローチ ……………………… 244
デファクトスタンダード …………………… 205
伝統性（GI法） ……………………………… 190
伝統的知的財産権モデル …………………… 248
同一性保持権 ………………………… 142, 143, 164
　　──と不行使特約 ……………………… 143
統合型企業のジレンマの構造 ……………… 205
同質化戦略 …………………………………… 230
登録主義 ……………………………………… 103
登録品種 ……………………………………… 180
トータルシステム・モデル ………………… 250
特性（GI法） …………………………… 187, 190
　　──の確立性 ………………………… 189
独占禁止法の規制対象 ……………………… 62
特定農林水産物等 …………………………… 184
　　──の登録 → GI登録
　　──の名称の表示 …………………… 184
　　──の名称の保護に関する法律 → GI法
特許協力条約 …………………………… 193, 194
　　──に基づく出願 ……………………… 43
特許群（権利群） ……………………… 223, 229

特許権 …………………………… 3, 8, 152, 223
　　──の効力 ……………………………… 47
　　──の効力の制限 ……………………… 53
　　──の有効性 …………………… 232, 233
　　　技術安定期における── ………… 233
　　　技術向上期における── ………… 232
　　　広く強い── …………………… 223
特許権侵害 ……………………………………… 49
特許出願 ………………………………… 33, 41
　　──の分割 ……………………………… 41
　　──の変更 ……………………………… 41
　　　実用新案登録に基づく── ………… 42
特許請求の範囲 …………………………… 36, 37
特許制度 ………………………………………… 12
　　──の意義 ……………………………… 14
　　──の沿革 ……………………………… 12
特許の藪 ……………………………………… 242
特許法条約 …………………………………… 194
特許法による保護 …………………………… 170
特許無効審判 ………………………………… 46
特許無効の抗弁 ……………………………… 54
特許を受ける権利 …………………………… 28
　　──の移転 ……………………………… 28
　　──の帰属 ……………………………… 31
　　──の担保権の設定 …………………… 29
　　──のライセンス（仮専用実施権・仮通
　　　常実施権） ………………………… 28
ドメイン名に関する不正競争行為 …… 123, 128
トレードシークレット ……………………… 67

な　行

内国民待遇 …………………………………… 196
ナイロビ条約 ………………………………… 194
ニース協定 …………………………………… 195
二次使用料を受ける権利 …………………… 165
二次的著作物 ……………………… 144, 145, 147, 158
認知的経験価値 ……………………………… 214
ノウハウ ……………………………… 57, 66, 67
　　──・キープ ………………………… 239
農林水産業の発展 …………………… 177, 184

は　行

ハーグ協定 …………………………………… 195
廃棄措置 ………………………………………… 80
背景技術 ………………………………………… 16

索　引　257

排他的許諾権	138
排他的独占権	183, 185
発明	16
——が解決しようとする課題	16
——課題を解決するための手段	16
——の効果	16
発明者	27, 28
発明者権	25
発明者主義	27
パテント・プール	240, 242
パブリシティ権	172
パリ条約	192, 193
——の優先権に基づく出願	43
万国著作権法条約	196
販売商標	102
頒布権	144, 146
非公知性	64
ビジネスモデル	223, 245
必須的形状・準必然的形状	89
必須特許	236
必須特許戦略	236, 244
必須特許ポートフォリオ論	236
秘密意匠	85
秘密管理性	64
秘密保持	58
表現	136
標準化	237, 239
品質保証機能	101
品種(植物の新品種)	177
品種登録出願	177
品種登録制度	177-179
フィード・バック	58
不可分性(GI法)	190
複製	145
複製権	143, 145, 154
不区別品種	180
不公正な取引方法	62
付随対象著作物	161
不正開示行為	127
不正競争防止法	
——による保護	171
——の沿革	122
不当顧客誘引行為	123
不当な取引制限	62
不当利得返還請求	53, 169
不当利得返還請求権	81, 96, 116, 156
不登録意匠	88
不登録事由(実用新案法)	71
部分意匠	84
——の効力	93
プラットフォーム	176, 214, 223, 251
——・モデル	251
ブランディング	218
ブランド・アイデンティティ	207, 209, 216
ブランド・イメージ	207, 216
ブランド・エクイティ	186-187, 190, 207, 209
——の効率的な蓄積	186
ブランド戦略	186, 206, 209, 211, 216, 233, 244, 246
——と商標戦略の関係	209
——と知財制度の関係	216
ブランドに係る知財	251
ブランド認知	215
ブランド・ビルディング・フレームワーク	215
ブランド・リレーションシップ	219, 213, 215
ブランド・ロイヤルティ	206, 216
ブランド連想	190, 207, 215, 216-217
ブランド要素	217
フリーミアム・モデル	243, 249
プロイノベーション	219, 236
プロ知財	235
プロパテント	219, 235
文化の発展	135
並行輸入の抗弁	55, 81, 97, 117
北京条約	194
ベルヌ条約	192
編集著作物	158
防護標章	106
——登録	107
報酬請求権	165
放送事業者・有線放送事業者	163
法定実施権	49, 78
法定通常利用権	183
冒認出願	30
方法の発明	17, 51
物を生産する——(物の製法の発明)	17
ホールドアップ問題	244

補償金支払請求権 …………………… 178
補　正 ………………………………… 44
補正通知 ……………………………… 188
補正却下決定不服審判 ……………… 110
翻案権 ………………… 143, 144, 147, 154
本体・消耗品・モデル ……………… 250
本体・メンテナンス・モデル ……… 250

ま　行

マーケット・シフト …………… 230–233
マーケティング
　　——の起点 …………………… 207
　　——の結果 …………………… 207
　　——の手段 …………………… 207
マドリッド協定 ………………… 194, 195
マラケシュ条約 ……………………… 194
マルチプル・ライセンス ……… 240, 241
未譲渡性 ………………………… 178, 179
水際措置 ………………………… 53, 81, 96
ミニマム・ロイヤルティ ……………… 58
民事上の救済 ………………………… 130
無方式主義 ……………………… 140, 165
無名・変名の著作物 …………… 140, 156
明細書 …………………………… 36, 38
名称の適切性 …………………… 178, 190
名誉・声望保持権 ……………… 142, 143
名誉回復措置請求（権） ……… 156, 169
モダン・オーサー …………………… 150
モノの価値 …………………………… 209
　　——の機能的価値 ……………… 212
　　——の感性的価値 ……………… 213
モノとサービスの相乗化モデル …… 250
物の発明 ………………………… 17, 51
文言侵害 ……………………………… 49

や　行

優先権主張 …………………………… 74
有用性 ………………………………… 64
要所技術 ………………… 236, 240, 245
　　——の条件 …………………… 246
要所商品，要所サービス ……… 245–246
要約書 …………………………… 36, 39

ら　行

ライセンサー …………… 58, 59, 241
ライセンシー ……………………… 58, 59
ライセンシング ……………………… 59
　　——戦略 ……………………… 58
ライセンス …… 57, 158, 183, 220, 221, 237, 239
　　——の対象 …………………… 57
ライセンス契約 ………………… 56, 58
ライフサイクル・マネジメント … 228, 229
ランニング・ロイヤルティ …………… 58
リスボン協定 ………………………… 195
利用（種苗法） ……………………… 183
類　似
　　意匠の—— …………………… 92
　　意匠に係る物品の—— ………… 92
　　指定商品・指定役務の—— …… 114
　　商標—— ……………………… 112
　　著作物の——（類似性） ……… 154
レコード製作者 ……………………… 163
ローマ条約 …………………………… 194
ロカルノ協定 ………………………… 195
6次産業化 ……………………… 176, 226

わ　行

ワンチャンス主義 ……………… 168, 182

【編　者】

木棚 照一（きだな　しょういち）　第1章，第8～10章
　早稲田大学名誉教授，元名古屋学院大学法学部教授，弁護士（東京第二弁護士会）

【執筆者】＊50音順

浅野　卓（あさの　たかし）　第11～14章，第16～18章
　浅野国際特許事務所副所長，農林水産省国立研究開発法人審議会専門委員

石田 正泰（いしだ　まさやす）　第5章
　青山学院大学法学部特別招聘教授，元東京理科大学専門職大学院知的財産戦略専攻教授

中山 真里（なかやま　まり）　第2～4章，第6・7章
　元大阪経済大学講師

菱沼　剛（ひしぬま　たけし）　第15章
　名古屋学院大学法学部教授，知的財産研究所客員研究員

Horitsu Bunka Sha

実践 知的財産法
—— 制度と戦略入門

2017年7月25日　初版第1刷発行

編　者　　木　棚　照　一
発行者　　田　靡　純　子
発行所　　株式会社　法律文化社

　〒603-8053
　京都市北区上賀茂岩ヶ垣内町71
　電話 075(791)7131　FAX 075(721)8400
　http://www.hou-bun.com/

＊乱丁など不良本がありましたら，ご連絡ください。
　お取り替えいたします。

印刷：西濃印刷㈱／製本：㈱吉田三誠堂製本所
装幀：白沢　正
ISBN 978-4-589-03858-6
© 2017 Shoichi Kidana Printed in Japan

JCOPY　〈㈳出版者著作権管理機構　委託出版物〉
本書の無断複写は著作権法上での例外を除き禁じられています。複写される場合は，そのつど事前に，㈳出版者著作権管理機構（電話03-3513-6969，FAX03-3513-6979，e-mail: info@jcopy.or.jp）の許諾を得てください。

滝川敏明著	知的財産権[特許権]に関わる企業活動と米国・EUや日本・中国の競争法との関係を解説。ビジネスパーソンを対象に基礎知識を丁寧に解説し、図表や具体例を盛り込んで、企業活動の競争法上の問題点と適用範囲をわかりやすく示す。
実務 知的財産権と独禁法・海外競争法 ―技術標準化・パテントプールと知財ライセンスを中心として― A5判・190頁・2800円	
植田 淳著 **国際ビジネスのための英米法入門[第3版]** ―英米法と国際取引法のエッセンス50講― A5判・308頁・2900円	第2版刊行(2012年)以降の、米国特許法の改正や、日本のWTO貿易円滑化協定受諾といった国際取引法分野における動向をあらたに盛り込んだ最新版。国際租税法の項目を加筆・修正することでより実務に対応した。
小林友彦・飯野 文・小寺智史・福永有夏著 **WTO・FTA法入門** ―グローバル経済のルールを学ぶ― A5判・226頁・2400円	WTOとFTAのルールをバランスよく記述。自由貿易の基本原則と例外を扱う総論から、分野毎の規律と紛争処理、さらに各国FTA政策や投資・開発・知財・企業の海外展開まで視野に入れ、基本をコンパクトにわかりやすく概説する。
鈴木加人・大槻文俊・小畑徳彦・林 秀弥・屋宮憲夫・大内義三著 **TXT経済法**（テクスト） A5判・312頁・2700円	「経済法」の中心がなぜ「独禁法」か。経済法の前提を問い、「経済法」≒「独禁法」の平成25年改正(審判制度の廃止、排除命令等に係る公告訴訟の裁判管轄、適正手続の確保)を踏まえ、突っ込んだ解説をしたテクスト。
山下眞弘編著 **会 社 法 の 道 案 内** ―ゼロから迷わず実務まで― A5判・200頁・1900円	学生だけでなく、実務で会社法の修得が必要な人のために改正法の全体像と実務に役立つ基礎知識を整理。学習課題の確認、「キーワード」や「一歩先に」、「Q&A」など具体的に考える素材を提供する。協同組合等の組織にも言及。
山下眞弘著 **会社事業承継の実務と理論** ―会社法・相続法・租税法・労働法・信託法の交錯― A5判・198頁・3000円	第一線の研究者が多分野にまたがる事業承継問題を縦横に論じる。重要判例・学説を漏れなく解説しながら、最新の実務と留意点を簡潔に紹介する理論実務書。手に取りやすい文体や体裁を意識し、各章冒頭に要旨を、章末に参考文献を付す。

―法律文化社―

表示価格は本体(税別)価格です